赵燕云

-著-

汉朝人的 日常生活

-长安-

生活指南

天津出版传媒集团

天津人民出版社

图书在版编目（CIP）数据

汉朝人的日常生活：长安生活指南 / 赵燕云著 . —
天津：天津人民出版社，2023.2
ISBN 978-7-201-19083-9

Ⅰ . ①汉… Ⅱ . ①赵… Ⅲ . ①中国历史—汉代—通俗
读物 Ⅳ . ① K234.09

中国版本图书馆 CIP 数据核字（2020）第 235312 号

汉朝人的日常生活：长安生活指南
HANCHAOREN DE RICHANG SHENGHUO：CHANGAN SHENGHUO ZHINAN

赵燕云 著

出　　版	天津人民出版社
出 版 人	刘　庆
地　　址	天津市和平区西康路 35 号康岳大厦
邮政编码	300051
邮购电话	（022）23332469
电子信箱	reader@tjrmcbs.com
责任编辑	郭晓雪
特约编辑	石胜利
装帧设计	MM 末末美书
制版印刷	三河市兴达印务有限公司
经　　销	新华书店
开　　本	710 毫米 ×1000 毫米　1/16
印　　张	16.25
字　　数	310 千字
版次印次	2023 年 2 月第 1 版　2023 年 2 月第 1 次印刷
定　　价	56.80 元

推荐序

　　燕云是个总能给人带来惊喜的人。两年多前，以自媒体平台为主阵地的他解读《水浒传》的一系列文史作品被出版机构挖掘，以《知宋》为题出版，在文史圈形成了次小旋风。"宋事不决问燕云"，一度也成为朋友间半真半假的熟语。两年后，在忙于其他写作和协会事务的同时，他利用见缝插针时间（用他的话是酒后时间）解读汉代社会的一系列文史文章又变成一本十几万字的纸书（虽然他常笑谈这是"很业余水准"的文史读物）。

　　汉代是中国发展史上的第一个黄金时期，汉族也因此而得名。汉代也是中国最早发明瓷器烧造的时代。而且汉代还发明了蒸馏法、水力磨坊、现代马轭和肚带的原型、漆器、用于冶金的往复式活塞风箱，还有出现于汉末的独轮车、水车和吊桥。而且汉代造船技术已经比较发达，开始使用防水隔舱、多重桅和船尾柱舵，并且开始使用罗盘导航。

　　此外，血液循环也是首先在汉代发现。

　　两汉时期，中国的冶炼技术也有长足的发展和进步，煮盐技术也不断提高。两汉时期还出现了蒸馏酒，酿酒水平臻于完美。农业技术大幅度提高，东汉早期出现了水排等新式灌溉工具。

　　西汉张骞出使西域时，就通过丝绸之路同中亚各国开展了经济和文化交流。张骞等人除了从西域引进了胡瓜、胡桃、胡荽、胡麻、胡萝卜、石榴等物产外，也把中原的桃、李、杏、梨、姜、茶叶等物产以及饮食文化传到了西域。

　　中国传统烧烤技术中有一种啖炙法，也很早就通过丝绸之路传到了中亚和西亚，最终在当地形成了人们喜欢吃的烤羊肉串。

比西北丝绸之路还要早一些的西南丝绸之路，北起西南重镇成都，途经云南到达中南半岛缅甸和印度。

这条丝绸之路在汉代同样发挥着对外传播饮食文化的作用。东汉建武年间，汉光武帝刘秀派伏波将军马援南征，到达交趾（今越南）一带，并且将中国农历五月初五端午节吃粽子等食俗带到了交趾等地。至今越南和东南亚各国仍然保留着吃粽子的习俗。

重阳节俗也始于汉代，成于魏晋。

汉代有完备的"老年人保护法"。西汉初期，皇帝就颁布了养老诏令。只要到一定年龄，每月国家会给一石米、二十斤肉和五斗酒。逢年过节会有官吏登门拜访，送礼慰问。有什么不顺心的事直说无妨，他们会尽力帮助解决。并且皇帝还会发一支鸠杖，从级别上来说，和父母官不相上下。而且汉代老人的"政治"待遇还体现在可以"行驰道旁道"。驰道是专为天子驰走车马的，绝对禁止他人行走。即便是皇子，也不允许。

假如我们生活在汉朝，恰好住在长安城内，会经常看见未央宫前有人上访。皇帝和官吏都不得怠慢上访者。就算他们没获得想要的结果而无理取闹，也不会有人蛮横地对待他们，否则会遭到社会舆论的谴责，以至于失去民心。

假如我们生活在汉朝，在长安的大街上经常能看见皇帝的仪仗车驾。汉代长安城皇宫不像后来的北京紫禁城那样被宫墙围起来，汉代皇宫和民居是交叉分布的。所以常常出现皇帝从一座宫殿去另一座宫殿时，需要路过民居大街。汉朝第二位皇帝刘盈为了不扰民，便在经常走动的未央宫和长乐宫之间修建了一条新路。

假如我们生活在汉朝，结婚会特别早，十二三岁结婚并不稀奇。政府鼓励生育，女子如果超龄不找人嫁了，将会被收取高额"单身税"。不婚族在汉代会被全社会唾弃。

假如我们生活在汉朝，如果不是名门望族，又没人推荐，想进入仕途只好拼钱了。没有十万钱的财产是做不了官的。做吏员最少也得四万钱。

假如我们生活在汉朝，有人说他在长安的北军和南军都当过兵，这人很有可能是在吹牛。因为北军只收京师及附近县的子弟，南军则是只收外地人。

假如我们生活在汉朝，想入行伍成为将军，那就去陇西混；想学四书五经入仕，那就去山东混；要学怎样赚钱过上好日子，那就去洛阳、南阳混。

假如我们生活在汉朝，弓弩之类的管制武器皆可以私藏使用（数目不要太大）。有仇报仇，有怨报怨。只要你道理大义站得住脚，那么你杀人放火的罪过就不算什么，可以免去罪罚。你可能会一腔热血，听从汉天子的号召，自备干粮、兵器、马匹，北上边地保家卫国。

假如我们生活在汉朝，如果皇帝车驾路过你的家乡，甚至是路过你的家门口，这将会带来很多好处。其中最实惠的就是很可能被免去赋税徭役。

假如我们生活在汉朝，绝对不可以做倒插门女婿和四处奔走的贩卖行商。前者为赘婿，后者是商人，两者皆会牵连到自己的子孙后代。汉代官府、法律和百姓不喜欢这群人。若有战争等危险性极高的活，这批人会被强制首先送上去。

假如我们生活在汉朝，虽然没有手机互联网，但那时却有藏钩、射覆、弹棋、六博、击壤、乐舞百戏等有趣的娱乐……

我们还是用一首汉代五言诗来结尾吧。

青青陵上柏，磊磊涧中石。

人生天地间，忽如远行客。

斗酒相娱乐，聊厚不为薄。

驱车策驽马，游戏宛与洛。

洛中何郁郁，冠带自相索。

长衢罗夹巷，王侯多第宅。

两宫遥相望，双阙百余尺。

极宴娱心意，戚戚何所迫？

中国文艺评论家协会会员、诗人、资深媒体人　许家强

目　录

一、没有 996，只有 120：西汉公务员的五天工作制　　　/ 001

　　番外篇：汉代公务员的假期与朔望朝　　　/ 003

二、长乐未央：吉祥话与权力场 l 汉代的宫廷称谓　　　/ 006

　　番外篇：汉代的朝会　　　/ 012

三、祖父王父：汉代称呼很奇葩 l 汉代民间称谓大全　　　/ 014

　　番外篇：汉代的称谓　　　/ 016

四、长安，长安：汉代首都变迁史　　　/ 022

　　番外篇：汉唐首都长安城　　　/ 026

五、五陵邑与五陵少年：西汉的首都副中心建设　　　/ 030

六、大汉荣光：汉王朝与汉族、汉人，"汉"的源头在哪里　　　/ 036

七、衣衿飘飘：汉服很文雅，内核挺尴尬，汉代人的裤子与汉服　　　/ 041

　　番外篇：汉代穿衣服颜色不能乱穿　　　/ 049

八、今日良宵会：喝酒看日子，汉代禁酒令与喝酒节　　　/ 051

　　番外篇：汉代酒的命名方式　　　/ 057

九、伯良一斛得凉州：汉代葡萄酒多珍贵，20 斤葡萄酒竟换了一个刺史　/ 058

十、"饔"与"飧"：贵族才吃三顿饭，也能吃火锅拍黄瓜，汉代饮食考　/ 064

　　　番外篇：汉代都有哪些肉食　　　　　　　　　　　　　　　/ 073

十一、燔炙满案：原来汉代也盛行撸串　　　　　　　　　　　　/ 076

　　　番外篇：汉代调味品　　　　　　　　　　　　　　　　　　/ 081

十二、武阳买茶：一纸契约里的汉代茶事　　　　　　　　　　　/ 085

　　　番外篇：《僮约》　　　　　　　　　　　　　　　　　　　/ 090

十三、孝治天下：汉代的老年证、老年人保护法与入仕渠道　　　/ 093

十四、察举 + 征辟：汉代要做官，名声很重要　　　　　　　　　/ 097

十五、官以石论：一石多重，汉代官员工资考　　　　　　　　　/ 101

　　　番外篇：汉代地方政权组织和退休制度　　　　　　　　　　/ 106

十六、男女平等不是梦：汉代女子也封侯，汉代女子社会地位考　/ 109

十七、既庶且富，娱乐无疆：藏钩、射覆、弹棋、六博、击壤，

　　　汉代人很会玩　　　　　　　　　　　　　　　　　　　　/ 116

十八、汉代的"Rap"与汉代的乐队组合　　　　　　　　　　　　/ 125

十九、从汉代"口香糖"略说汉代香道　　　　　　　　　　　　/ 129

　　　番外篇："吃药"与"喝药"　　　　　　　　　　　　　　/ 132

二十、贴门神、压岁钱、守夜、看春晚：在汉代过元旦　　　　　/ 133

二十一、"钦有帅""记有成"：汉代人的姓名学　　　　　　　　/ 137

二十二、女子单身费钱：从汉代的生育奖惩政策说起　　　　　　/ 141

　　　番外篇：古代如何解决人口问题　　　　　　　　　　　　　/ 143

二十三、夫为寄豭，杀之无罪：汉代做"赘婿"有多悲摧　　　　/ 145

二十四、南北军，执金吾，部曲：汉代的兵役制度 　　　　　　　/ 148

二十五、从士兵到校尉：汉代从军的晋升之路 　　　　　　　　/ 153

　　番外篇：汉朝的三种兵役 　　　　　　　　　　　　　　　/ 156

二十六、穿越到汉代，你也有机会当"海军"："楼船将军"

　　是西汉海军司令吗？汉武帝其实是靠"海军"一统版图 　/ 159

　　番外篇：杨仆移关 　　　　　　　　　　　　　　　　　　/ 167

二十七、儒以文乱法，而侠以武犯禁：汉武帝的"打黑除恶" 　/ 169

二十八、主问非常之人：汉代长安捕快"大谁何" 　　　　　　/ 173

二十九、三教俱兴："独尊儒术"还是"表彰六经"，佛教传入中国是

　　在东汉还是西汉，道家与道教是一回事吗 　　　　　　　/ 176

三十、"奇特的穿越者"：王莽的教育改革和科学实验及改地名 　/ 182

三十一、"算缗"与"初算商车"：汉代也有房产税和车船税 　/ 187

三十二、出手就是成千上万斤，西汉的"黄金"是不是真黄金 　/ 191

　　番外篇：汉代货币制度 　　　　　　　　　　　　　　　　/ 199

三十三、西汉外交大事件——张骞通西域给我们带来了什么：

　　汉代的"一带一路" 　　　　　　　　　　　　　　　　　/ 203

　　番外篇：投桃报李：汉代人能吃到哪些水果 　　　　　　　/ 209

三十四、厕所分男女，水冲式座厕设计人性化，还有厕管员：

　　汉代的厕所革命 　　　　　　　　　　　　　　　　　　　/ 211

三十五、"沤出纸，水漂帘"：造纸术发明于西汉还是东汉 　　/ 214

三十六、盐铁会议：西汉的一次经济政治总结大会 　　　　　　/ 220

　　番外篇：汉代的皇权与相权 　　　　　　　　　　　　　　/ 224

三十七、定季节、断月份、导方向：由西汉马王堆汉墓地图浅论古代对

　　　北斗的膜拜与应用　　　　　　　　　　　　　　　　／228

　　　番外篇：除夕是节日还是节气　　　　　　　　　　　　／234

三十八、一千多年前的豪车：汉代人的座驾　　　　　　　　　／237

三十九、"上言长相思，下言久离别"：从汉简书信看汉代的邮政　／242

一、没有996，只有120：西汉公务员的五天工作制

如果生活在西汉，很幸运地成为一名中央公务员，在首都长安工作，首先恭喜你，因为汉朝实行的是五日一朝的朝会制度（汉宣帝时期五日一朝）。即正常是皇帝每五天坐班一次，有什么事情集中到这天汇报讨论。忙完皇帝就给大家放一天假，回去洗澡洗头，即"休沐"。这很接近现在的五天工作制（PS，其实汉朝就实行了官员"五天工作制"，而且这个制度一直到隋朝才结束。唐至元都奉行"十天工作制"。这些假日称为旬假或旬休，在每月的十日、二十日和最后一天，即二十九日或三十日）。

如果今天是朝会的日子，参会完毕就可以回家休息一天，你心目中是不是觉得应该这样规划：

首先，你要早早起床。因为汉初长安城更像一个宫殿群，城内最多只有三分之一的面积供贵族、官员及平民百姓居住。因而很多官员大多居住在长安附近新建或扩建的"陵县"内，形成了一个人口比首都长安还多的城市带。

当然，这与汉初刘邦的移民政策有关。他接受郎中刘敬的建议，将关东地区俸禄二千石的大官、富人、豪杰及其家眷大量迁徙关中，以侍奉长陵，并在陵园附近修建长陵县邑，供迁徙者居住。

后来，汉惠帝刘盈修建安陵，汉景帝修建阳陵，汉武帝修建茂陵，汉昭帝修建平陵，都相继在陵园附近修造安陵邑、阳陵邑、茂陵邑和平陵邑。这就是史书中提到的"五陵邑"。

西汉时长安有九市，其中有五市在城外。汉代长安城内多为皇族及贵族聚居区，很多官员、富豪和平民主要居住在长安城周边的陵县内。

一般情况下，你早早起床后，应该要吃点东西垫吧垫吧。

汉朝时，平民百姓一天吃两顿饭。一日三餐，那是上层社会才拥有的特权。作为上层社会的最高代表帝王，一天要吃四顿饭。当然，你作为一名官员，有可能吃两顿或者三顿饭；也有可能早上起得有点儿晚，来不及洗脸吃饭，抓一块盐擦擦牙齿或者用淡盐水漱口就匆忙赶去上班。

那时没有高铁、火车、班车，甚至没有轿子。当然，你可以选择乘马车或者骑马。但作为中央公务员，断然不能想着坐牛车。这个后面再给你解释。

另外，作为一名能参加朝会的官员，你的级别不会低，最起码俸禄六百石以上，并会有陪同人员。

须知，汉代官员自公卿以下至县长出行时由属吏导行，并有伍伯（晋·崔豹《古今注·舆服》："伍伯，一伍之伯。五人曰伍，五长为伯，故称伍伯。"）和骑吏作为前驱。官员必须依照规定出行，如果不按照规定出行便要受到处罚。

宣帝时的京兆尹张敞就是因为不按规定出行，自己牵着马在街上溜达而被弹劾。

可能你进了城之后，天色还未亮。然后你要来到皇宫前待命。

貌似很完美，其实大有问题。

现在把早上9点上班，晚上9点下班，中午和傍晚休息1小时（或不到），总计工作10小时以上，一周工作6天称之为"996"。

在汉代，恐怕比996更吓人。因为汉代官员上班是"寄宿"制，"府舍分离"，以单位为家。一旦进入公堂，一连工作五天都不能擅自离开，吃住都在"单位"。

有些在京城长安上班的外地官员，上班骑马到郊区，把马寄养在朋友家里，五天后休息时再骑马回家。

汉代公务员平时是 24 小时待命，有公务随时处理，姑且称之为"120"（5×24）工作制吧。但彼时官衙估计除了厕所外，没有什么生活娱乐设施，就连洗澡也成问题。不能一身臭气去上班，于是每五天放假一天。《史记》记载："每五日洗沐归谒亲。"所以也称"休沐"。沐的本意为洗头发，也就是说官员每五天放假一天，回家洗头发，顺便探亲。

在单位宿舍休息的你不用起大早，只要不误了早上 6 点未央宫皇帝参加的朝会就行（注：你参加的这次应该是普通的工作朝会。汉宣帝时期朝会正式确定为五日一朝。除五日一朝外还有初一、十五照常进行的朔望朝及在丞相府百官朝会殿中召开的决策性会议）。

 ## 番外篇：汉代公务员的假期与朔望朝

汉代中央公务员和地方公务员的休沐制度采用双轨制。休沐的频率都是"五日一休"，其中中央公务员每五日休一天。

据从江苏连云港出土的《尹湾汉墓简牍》中《元延二年日记》（汉代，中央政府每年会发给基层吏员用来记录本年干支历日的历谱，出土的竹简上恰好有元延二年，即前 11 年东海郡功曹师饶所记录的历谱）推断地方公务员每五日休两天，且有调休、补休等制度。这种区别应该是实际操作层面公务员离家距离远近不同导致的。

西汉成帝元延二年一共有 354 天。在《元延二年日记》中，记载当时东海郡功曹师饶活动的一共有 173 天。通过对简文的分析，师饶在元延二年的一半时间里，在家住了 35 天，在某宅舍住了 32 天，在舍（即郡府中因公务留宿住的宿舍）住了 22 天，在传舍住了 37 天，在某亭、邮、置住了 31 天，在某乡住了 2 天。

除了家和某宅舍，其他几处指的都是外出公务旅途中的住宿地点。如果经过县治附近，则能够住在传舍中。如果没能及时赶到县治，则可以投宿乡、亭、邮和置。为什么师饶在有记录的173天中有一半的时间都在差旅中呢？这是因为按照汉代法令，郡太守不能随意离开自己的辖区，因此郡与郡之间的沟通，除了行政文书外，大部分沟通工作由郡太守的属吏来承担。

汉代除了休沐假外，还有节日假。汉武帝时，中国开始有春节假期。另外，冬至和夏至日也可以放假一天。这样，汉朝官员一年的假期总共有60天左右。

更奇葩的是西汉时官员还可以花钱买假休。宫中的郎官只要出钱给宫中添置财物，就可以出宫购物的理由获得休假。

汉代还有一些特殊的假期。比如官员生病需要向皇帝请假；家里长辈去世，需要回去丁忧请假；官员在外作战立功，皇帝需要批准一定的假期，让他进行

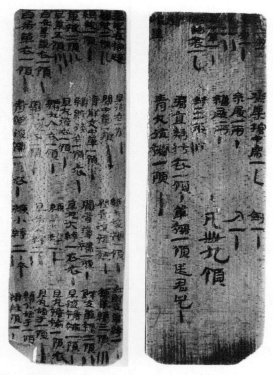

尹湾汉墓出土竹简，较为详细地记载了汉代地方公务员的活动

充分的休息等等。汉代公务员的休假制度，也是比较完善的。

官员生病需要请假，一般假期只有三个月。如果病情实在严重，三个月内不能痊愈，需要上奏，告诉皇帝需要继续请假的需求，在得到皇帝的批准后，才能继续在家休息。官员在没得到皇帝批准的情况下，擅自休息，将会被视为违反规定，直接革除官职。

重视孝道的汉朝在丁忧制度的放假规定上格外严格。

据《汉书·翟方进传》记载，方进为丞相时，"及后母终，既葬三十六日，除服起视事，以为身备汉相，不敢逾国家之制"。一开始汉文帝规定的丁忧时间是36天，主要是顾及国家机器需要持续稳定运转，不可能放很长时间的假期。但是，后来随着孝道思想对于社会的逐渐渗透，到了汉末时期，丁忧居然长达3年。《汉书·哀帝纪》记载，哀帝即位，始令"博士弟子父母丧，告宁三年"。

除去这两种主要放假模式，还有武将在外作战凯旋后，皇帝批准放假休息。这样的放假一般不是个人原因，一般都会被视为皇帝给予你的恩赐。

按照汉代礼法，春日谒见为朝，秋日为请。朔望，一般指每月初一和十五两天。古时无月为朔，满月为望，初一称朔，十五称望。朔望朝请，即指每月初一和十五两天前往太后、皇后宫中谒见，这在汉代是为定制。汉代前朝的朝会礼仪中也有朔望朝，但综合现有文献记载和学者考证，朝会中能够参加朔望朝的只是少数获得极大恩荣礼遇的人，性质与朝贺类似。如宣帝犒赏苏武之功："数进见，复为右曹典属国。以武著节老臣，命朝朔望，号称祭酒，甚优宠之。"元帝为犒赏自己的老师萧望之，特意下诏："……赐爵关内侯，食邑八百户，朝朔望。"王莽上疏乞骸骨时，哀帝考虑到自己初登大位，韬光养晦，而对王莽进行优待："以莽为特进，朝朔望。"

可见在朝堂之上只有皇帝特别下诏优待的那些重臣，才能参加朔望朝谒。普通臣子议事的常朝应为五日一朝，而后宫之中皇后谒太后、妃嫔谒皇后的"朔望朝"却属最基本的常制。

除朔望朝谒外，汉代后妃中也有五日一朝太后的，类似大臣朝会皇帝。

二、长乐未央：吉祥话与权力场｜汉代的宫廷称谓

公元前后，在今天俄罗斯境内叶尼塞河流域的阿巴坎曾有一座汉式宫殿。有人认为，这是西汉李陵投降匈奴后的府邸。也有一种说法认为，这是出塞和亲的王昭君长女居所。这座宫殿呈长方形，中央设有大殿，周围是许多小房间。屋顶有圆形瓦当，上面印着"天子千秋万岁长乐未央"的吉语。

在汉代，大臣们对皇帝的问候就是：愿陛下千秋万岁，长乐未央。汉初最著名的两座宫殿分别是长乐宫、未央宫，长乐宫和未央宫就是汉初的权力中心。如此美好的名字用在了权力场上。

其实，汉代之前，"长乐未央"就是一句流传久远的吉语（指吉祥的言辞，俗称吉祥话）。

"长乐"的乐，最早出于周公旦"制礼作乐"的乐。"乐者，天地之和也。"《礼记·乐记》中记载，"乐"的本质是"和"。此"乐"不是单指现代的音乐的意思。可以理解为"和谐社会"的源头。"礼乐"是西周一种极具亲和力的治国方式，以"礼"来区别诸侯等级，以"乐"的亲和力来落实"礼"的等级秩序制度。礼是下对上应遵从的规范；乐是上对下的亲和力，二者相辅相成。"长

俄罗斯阿巴坎出土的"天子千秋万岁长乐
未央"瓦当

长乐未央瓦当拓片

乐"的意思即：国君以亲和力善待臣民，国祚得以永续，而非表面的意思"长久的快乐"。西汉以"长乐"为宫名，体现了帝王自我激励的"君与臣民长和"的愿望。

"未央"意为未尽，没有穷尽。最早见于《诗经·小雅·庭燎》："夜如何其？夜未央，庭燎之光。"朱熹集注解释："央，中也。"未央就是未已，未尽，未到一半，没有完结的意思。未到一半的"未央"为什么会是吉祥辞？我们知道，中国文化中，有"日中则昃，月满则亏"盛极而衰的哲学思想。太阳升到中天，接下来就该偏西了。月亮圆了很快就会缺，万事万物到了最完满的全盛顶峰，就意味着接下来要走下坡路了。所以，最好的状态不是"中"，不是"盈"，而是不及一半的"未央""未满"，兴盛还在后面。

由此可知，汉宫命名为"未央宫"，是含有汉室帝祚传之无穷的祈愿。

所以"长乐未央"在前，用于宫殿命名在后。因而学者毛俊臣就指出：长乐未央系古人泛用吉语，不是专指长乐、未央两宫而言。

《汉书·高帝纪》：五年后九月治长乐宫，七年二月治未央宫。秦有兴乐宫在长安乡，汉易名为长乐宫。长乐宫就是在秦离宫兴乐宫基础上改建而成的西汉第一座正式宫殿，位于西汉长安城内东南隅，建于高祖五年（前202）。因在另一所宫殿——未央宫东，又称东宫。

长乐宫总面积约6平方千米，相当于约8个故宫大小。汉高祖刘邦在位时就住在长乐宫，汉高祖之后为太后居所。

汉惠帝以后的皇帝都居于未央宫。

西汉五日一次的朝会，地点一般在未央宫的宣室。

等钟声一响即意味着朝会的开始。

然后按照顺序进入，此时会有两名小黄门立于宫门监视百官脱履解剑（当然皇帝特许剑履上殿者除外）。皇帝驾临之时会有宦官喊：吉时到，陛下临朝。

由于秦始皇废除了复杂的冠冕，汉承秦制。此时皇帝着黑色朝服，戴通天冠出场。

电视剧《汉武大帝》中景帝刘启着深衣戴长冠的打扮在汉代只是祭祀时的着装。

皇帝升座时会有音乐（奏乐），然后两名谒者放下帘子，待散朝时再卷起。

然后众臣会下拜（下跪叩首之后舞蹈，称之为拜舞）。

在汉代，大臣们对皇帝打招呼就是：愿陛下千秋万岁（大朝会），长乐未央（日常）。

而对皇后则说：愿皇后千秋万岁，长生无极。

皇帝两口子咋回应呢？正常的是"起"或者"××起"！

"平身"是以后的事。

需要指出的是，汉代"朕"这个称谓一般是在大朝和诏书里出现，属于书面语言。私底下皇帝也和普通人一样用"我""吾"自称。

"朕"这个称谓在汉代不仅皇帝能用，太后、皇后也可以用。在出土文字中就有吕、窦两位汉朝太后当政时所发布的诏书皆称朕。有人认为，这不过是她们借皇帝名义行事而已。其实不然，同时代皇帝诏书上一般都自称"予"。

可见"朕"这个称谓代表着最高权力。

简要介绍一下汉代对皇帝的称呼。

夏代首领称为"后"。后，司的镜像，君后也，继体君也，象人之形。施令以告四方，故口之从一。口，发号者，君后也。"后"据传由夏启的史官在公元前2000年根据既有汉字"司"创造而来，方法就是把后者反写，并赋予新的读音。

据传这是因为夏王室出身于"司空"家族，是"群司"（司空、司徒、司马、司稷等）之一。为了表示子孙后代不敢与祖先大禹比肩等列，故以"司"的镜像"后"作为自贬一级的称号。"司"有"子承父业"的意思，"后"也有同样意思，符合夏后氏"家天下"的统治理念，所以"后"与"後"是两个字，古已有之，后来合并。

殷商称王，不过早期也用"后"称呼首领。"后"与"王"并用不悖。

周朝统治的地区叫"天下"，由周王分封的诸侯统治区域叫"国"，由诸侯再分的大夫领地叫"家"。所以周王又称"天子"，意为上天之长子受命于天在人间进行统治。

秦王扫六合后，觉得再称王有点儿体现不出自己的高大上了，于是李斯提议古代有天皇、地皇、泰皇，泰皇最贵，大王不如号曰"泰皇"。

但嬴政表示：去泰，著皇，采上古帝位号，号曰皇帝。

汉承秦制，但衍生出不少对皇帝的称呼。如后宫近臣后妃称呼皇帝为"大家"，前朝文武百官称呼皇帝为"天家"。

在汉代，常用县官作为皇帝的别称。而真正意义上的一县长官，则称为县令或县长（大县称县令，小县称县长。隋唐称县令，宋代改为知县）。

对皇帝称县官大约来源于："王畿内县即国都也。"这大约是上古曾把帝王所居之地称为"县"，王者官天下，故曰县官也。也就是说，皇帝所在的京畿县就是首都，而皇帝官天下，因此皇帝自然也就是县官了。《汉书·霍光传》中写道："县官非我家将军，不得至是。"注引如淳曰："县官谓天子。"《史记》中也有记载："庸知其盗买县官器。"这里的县官据《史记索隐》作者唐代司马贞考证也是天子的意思。他说："县官谓天子也。"由此可以推断唐杜甫的《兵车行》所写："县官急索租，租税从何出？"其中县官也是指皇帝。

东汉时期，中兴汉室的光武帝刘秀还被称为"国家"。东汉时，家逐渐变为机构代称。如尚书台，时人常称之为台家，而军事机构被称为兵家。因为对于皇帝不能够直呼，所以采用国家，以机构代称。此后，魏晋时代，国家就变为皇帝的代称。

当年曹操说："设使国家无有孤，不知当几人称帝，几人称王。"这里的国家应该说的是汉献帝。

当然，汉代大臣当面普遍尊称皇帝为"陛下"，关系亲密的或者元老重臣可以叫战国时期君主的称谓——君上。对熟人谈起称"县官"，对生人尤其是外国人要称呼"上""今上"。

当然，宦官等奴才也可以直接叫"皇上"（"皇"的意思是"大、美"）。之所以后世所有大臣都称呼皇帝"皇上""万岁"，大约是君权不断加强和臣子地位越来越低，皇帝握有生杀大权，臣子与奴才无异之故。

其实古装影视剧中天天喊的"万岁"在汉代很普通，普通到常用于普通人家祝寿。比如祝某某老万岁。当然汉军打了胜仗也可以用：大汉万岁。

至于"吾皇万岁"则是到唐朝才能听到。

拜舞后，各位大臣退至座位。

汉代以前所说的"拜"不等于"下跪叩头"。

宋人王楙在《野客丛书》中写道："古者拜礼，非特首至地，然后为拜也。凡头俯、膝屈、手动，皆谓之拜。按《周礼》，辨九拜之仪，一稽首，二顿首，三空首，四振动，五吉拜，六凶拜，七奇拜，八褒拜，九肃拜。注，稽首，拜头至地也；顿首，拜头叩地也；空手，拜头至手也；振动，以两手相击也；奇拜，一拜也；褒拜，再拜也；肃拜，但俯下手，即今之揖也。何尝专以首至地为拜耶？"

当然如果是最高级的三公级别：即丞相（东汉称司徒）、太尉、御史大夫（东汉称司空），见了皇帝行完礼后，皇帝对他们有还礼，叫"兴"，就是起立作为对他们进见的迎接礼，或对其叩拜的还礼。当然相比先秦时期君主向臣下行揖礼、空首礼要怠慢得多。

坐好后（当然是跪坐，彼时还没椅子、凳子之类的坐具），要保持一定仪容：足容重，手容恭，目容端，口容止，声容静，头容直，气容肃，立容德，色容庄，坐如尸。

手要放于膝上，神色要庄重。目光高不过皇帝的衣领，低不过皇帝的腰带。不能乱看，而且绝对不能看皇帝的眼睛，也不能看任何人的眼睛。因为这是最为失礼的举动之一，意味着挑衅和轻蔑——只有敌人或者仇人才会看对方的眼睛。更不要乱说话，皇帝未问或未说完，不要抢着说话或回答。回答要声音平和，不要高声喧哗。

议政朝会开始时皇帝抛出议题。提出议点的官员会叙述他的观点。这时提出议点的官员可以随意走动，他的话可以被打断，而且必须回答提问人的问题。但提问人必须坐在自己位子上，不可随意走动，称为"坐而论道"。

如果通过议论，丞相会把此论策大致记在笏板上。当然如果某位官员要奏事，也可以提前把事情记录在笏板上。不过如果某位官员衣衫不整或者论事时动手打人或者打瞌睡等，那么他不仅会被请出朝堂，还会被御史参奏殿前失仪，严重者可能被革除官职。

我们知道，汉代尤其是西汉初期，有时皇太后甚至太皇太后才是帝国的最高权力掌握者。如果朝会结束了，皇太后召见。对皇太后或太皇太后直接称呼太后或者太皇太后即可，而皇帝对于太后、太皇太后则称为母亲、皇祖母，或亲近些可直呼为娘。太后或者太皇太后比较正式的自称是"孤"，不过太后和皇太后在平常喜欢自称老身。汉朝皇后一般也自称孤，古代"称孤道寡"的"孤"，也会自称"我"和"吾"。对皇后，可以称"皇后"或者"中宫"。但皇帝称皇后可以是"皇后"或用爱称"梓童"。

如果不幸皇后突然不舒服，是不是需要传太医？其实汉代没有御医、太医甚至御厨这种叫法。汉代在皇宫服务的医生叫侍医，其他医生叫医工或医匠。很悲摧的是侍医作为医疗技术人员，他们和优倡商贾都被归入贱民一类。更悲摧的是，汉律明确规定，良贱不能通婚。通婚是指娶为正妻，至于娶来做妾可以自便。

在宫中办完事回府，遇到太子、王子、公主怎么称呼呢？

见到太子，你应该恭敬地称其为"殿下"，其他王子要称大（音代）王。而他们皆可自称孤，有时诸侯王也自称寡人。

需要指出的是"称孤道寡"其实不是谦辞。古人认为，寡是至尊之意，并非谦辞。"寡者，为人上者也；众者，为人下者也。"人上人，人数很少，寡也。所以清人龚自珍说："寡者，无二无匹最尊之词；孤亦无二无匹最尊之词。"王侯称寡人在春秋战国时为最盛，凡王侯公卿均可称"寡人"。

见到公主，则要称封号加公主；诸侯王的王女称翁主。而他们的官方自称就是自己封号，平时自称吾、予。

汉代王女还有一种奇特的称谓"任"。"任"是王莽改制时的一种奇特爵位。

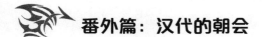 **番外篇：汉代的朝会**

汉代朝会形式主要表现为常朝、内朝、大朝会。根据内容又可以分为两种：朝贺和议政。朝贺在节日等特殊时节召开，规模较大；而议政则是正常议事，属于比较普通的朝会。

如果是大朝会，宫殿中陈列着车骑兵卫及各色旗帜、仪物。礼官传言"趋"，文武百官即整齐有序地依次疾步前行，东西向分班排列。皇帝则在一片钟鼓礼乐声中，由内侍簇拥着乘舆临朝。

朝贺时，百官自诸侯王以下至六百石官吏皆依次奉贺（贡献礼物）。礼毕置酒，以尊卑依次起身敬酒。

这个礼仪的由来也很有意思。西汉开国皇帝刘邦出身低微，当皇帝后一班大臣多是当年老乡好友，在朝堂上经常做出失礼的行为，如饮酒争论，醉后喧哗，甚至拔剑击打宫殿的支柱。刘邦也很无奈。儒生叔孙通向汉高祖建议制定宫廷礼仪。

公元前200年，长乐宫落成，汉高祖首次使用叔孙通制定的宫廷礼仪进行新年朝会。

《史记》记载是次朝会如下：天亮时，由谒者掌礼，来访者依次进入殿门。宫中设有车骑、步卒守卫，以及兵器、旗帜等。殿上传言"趋"，殿下郎中侠陛，陛数百人。功臣、列侯、诸将军及其他军官在西列队，向东而立；文官自丞相以下在东列队，向西而立。大行（古代接待宾客的官吏，西汉张骞二度出使西域后被汉武帝封为大行）依爵位高低宣示来宾上殿。于是皇帝乘辇出房，百官手执帜而传警，引诸侯王以下至领六百石薪金的吏员依次奉贺。这时，自诸侯王以下，各人无不肃然起敬。礼成后开始酒会，宫内侍从坐在殿上，全部伏下，以来宾尊卑依次敬酒。九觞酒后，谒者宣布"罢酒"。御史在场内执法，见到不依礼仪的人便立刻把他带走。

整个酒会过程中都没有人敢喧哗失礼。

刘邦对此次朝会非常满意，认为自己终于知道了做皇帝的尊贵之处。

议政是属于议事，比较普通。汉代五日一朝，朝会主要在未央宫宣室召开。朝会开始之前百官会在走廊等待。三声钟响意为朝会开始。如果是大朝会，在皇帝升座后有谒者依品级传唤官员职称及名字；如果是小朝会，则会有两名小黄门立于宫门监视百官脱履解剑。

如果是大朝会，皇帝会提前等候百官；如果是小朝会，则是百官等候皇帝。皇帝驾临之时会有宦官喊：吉时到，陛下（唐称圣人）临朝。

三、祖父王父：汉代称呼很奇葩 | 汉代民间称谓大全

忙完公家的事，你就可以回家洗头洗澡休息了。

汉代受儒家孝道思想的影响，官员们在放假后一般都要去探视父母，以表示自己的孝道。当时人们认为如果不及时回家，父母一定会很担心，而令父母担心就是一种不孝的行为。

据《汉书·石奋传》记载："建老白首，万石君尚无恙。每五日洗沐归谒亲。"万石君指石奋，石奋列为九卿，身为二千石，四子皆官至二千石，号为万石君。石奋长寿，长子石建虽然官高年老，事父一如往日。每隔五日回家休沐，见过万石君，退入旁屋，窃问侍者，取出万石君近身所穿衣裤，持向近墙沟边，亲自洗涤洁净，仍悄悄交与侍者。石建因恐他人洗得不净，所以必须自己动手；又恐被万石君得知，心中不安，故独自躲在一旁，背地行事。似此体贴关心，无微不至，在万石君诸子之中，算是第一孝子，很为社会称道。

而且，如果你放假后不探视父母和妻子儿女，会被当时人们非议："连家庭都不重视的人怎么能干好工作？"

你要是热爱工作，想加班，对不起，那会被上司和同僚笑话的。

西汉时薛宣守左冯翊，在夏至或冬至，所有官员都休假，只有贼曹掾张扶不肯休假，照常坐曹治事。因此，郡守薛宣下了这样的一个教令给他：

"盖礼贵和，人道尚通，日至吏以令休，所繇来久。曹虽有公职事，家亦望私恩意。掾宜从众，归对妻子，设酒肴，请邻里，壹笑相乐，斯亦可矣。"

搞得老张很惭愧地休假去了。

所以，休假第一件事一般是赶紧去看望老人。

如果家中还有祖父健在，你去看他时的称呼不是现在的"爷爷"，而是"王父"，是不是很奇怪？如果祖母也健在，要称王母，大父，大母。是不是更奇怪？看来"王母娘娘"这个称呼是有渊源的。如果祖父的妾也在一边伺候，你要叫妾祖姑。

如果和哥哥姐姐一起去，错了，汉代是没有哥哥姐姐这种称谓的，只有兄姊。姊姊还可以叫女兄，妹妹又叫女弟。

见到父亲要称：阿翁，大人。称父为爷，源自唐朝。称父为爹，源自宋朝。汉代"大人"是对父亲的称呼。所以汉代称呼官员只用姓加官职即可，如骠骑大将军霍去病称呼霍骠骑。但表示尊重，可不用姓，直接称呼官职，如大将军卫青称呼大将军，列侯直接称呼其爵，如留侯张良即称呼留侯。

汉代省亲画像石拓片

趁着休假工夫去拜见外舅外姑吧。外舅外姑这个称谓是不是很陌生？用现在话说就是走丈人家。丈夫自然要带着妻子，但是对妻子的称呼是"少妇"，当然此时称岳父为"丈人"也属正确。汉代及以后好几个朝代都称妻之父为外舅或者妇公，妻之母为外姑。《尔雅·释亲》："妻之父为外舅，妻之母为外姑。"《释名·释亲属》："妻之父曰外舅，母曰外姑。言妻从外来，谓至己家为归，故反以此义称之。"所以彼时女子称呼公公为舅、嫜、尊嫜、君舅；婆婆则是姑、君姑。对公公的妾则要称少姑。所以现在我们说"姑舅亲，辈辈亲"是有渊源的。

对丈夫的姐姐要称"女公"，对丈夫的妹妹则称"女叔"或"叔妹"，远比现在"大姑子""小姑子"复杂。

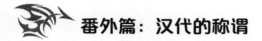

番外篇：汉代的称谓

子称父：阿翁、大人（称父为爹，出自宋朝；称父为爷，出自唐朝）

子称母：阿母、大人（称母为娘，出自南北朝；称娘娘，出自宋朝）

弟妹称哥：兄

弟妹称姐：姊姊、女兄

兄姐称妹：妹、女弟

兄之妻：嫂

孙子女称祖父母：祖父、王父、祖母、王母、大父、大母

孙子女称外祖父母：外祖父、外王父、外祖母、外王母、大父

祖父妾：妾祖姑

媳称公：舅、嫜、尊嫜、君舅

媳称婆：姑、君姑

媳称公妾：少姑

媳称夫姊：女公

媳称夫妹：女叔、叔妹

婿称岳父：外舅、妇公

婿称岳母：外姑

婿称妻之兄弟：舅、妻兄弟、私亲兄弟

对人自称其父：家严、家君

对人自称其母：家母

对人自称其兄：家兄

称人父母兄弟姊妹：尊大人、令尊、令堂、令兄、令姊、令弟、令妹

父母总称：严君

父自称：乃公

亡父：皇考、显考

生父：亲父

继父：继父（口语但称阿翁，不可加继字）

亡母：皇妣，显妣

生母：亲母

嫡母：嫡母

继母：继母（口语但称阿母，不可加继字）、假母、继亲、续母（后二称疑为东汉所称）

父妾抚养己身者：慈母

出继抚养己身者：养母

父妾：庶母、诸母、妾母

保母：内傅、傅母、保姆

乳母：乳母、食母、阿母（东汉称）

父之兄：世父、伯父

父之兄妻：世母、伯母

父之弟：仲父、叔父、季父、叔、大人

父之弟妻：叔母、季母

父之姊妹：姑

母之弟兄：舅、舅父

母之嫡兄：嫡舅、元舅

舅之妻：舅母

后母之兄弟：继舅

母之兄弟之子：甥、中表、内兄弟

母之姊妹：从母、姨、姨母

母之姊妹之夫：姨父

母之姊妹子：从母昆弟、中表、表兄弟

兄弟之妻：娣姒

同母异父兄弟：外兄、外弟、外姊、外妹

兄弟之子：犹子、侄、从子

兄弟之女：犹女、侄、从女

夫：夫、外、夫子、天

妻：妇、内、室、中馈、嫡、御

妻称夫：良、良人、子、君、君子、郎

妾称夫：君、男君、主父

夫称妻：小君、细君、良人

妻谦称：妾、下妾、贱妾、婢子、箕帚妾

妾称妻：女君、主母

妾：小星、侧室、小妇、旁妻、下妻、妻、女妾

父母称子：儿子、孩儿、儿、息子

父母称女：小女、阿娇

称人之妻：令室、令妻、内子

女之夫：婿、倩、卒便、平使、子婿、女婿、郎婿

老师：夫子、先生、外傅

学生：弟子、门弟子、小生

朋友：朋友、知己、刎颈交

同学：同门

臣称皇帝：皇帝、天子、今上、陛下、圣上、天辟、君天、君、县官、钜公、至尊、人主、主上（夏称元后、殷称素王、周称天王）

皇帝自称：朕（重大场合自称）、我、吾、予（平常称）

臣称太后：皇太后、太后、东朝

太后自称：朕、我、吾

臣称皇后：皇后、中宫、椒房

皇后自称：臣妾（在皇帝太后面前称）、我、吾

臣称皇帝妃嫔：姓＋封号

皇帝妃嫔自称：本＋封号

公主：公主、天女、帝子

臣尊称公主：公主＋封号＋卿

公主自称：妾（皇帝皇后面前自称）、我

太监：宦者、中傅、内臣

皇帝称大臣：三公、诸王、大将军尊称卿、以下称某君

称诸侯王：大王

称列侯：君侯

称太守：马足下

称县令：明庭

称现任官员：当轴

官员眷属：夫人

大员子女：公子、女公子

医生：医工、医匠、乳医（妇科医生）

御医：侍医

御厨：太官令、疱人

百工：某工

瓦匠：甄者

商人：商贾、贩夫、贩妇（谓女商）、贾人、末民

翻译：译官

船夫：舟子、辑濯士

画师：画工

歌舞艺人：倡伎

男倡：幸倡

捕快：求盗

法医：令使

间谍：间谍、谍

娼妓：科雉

嫖客：及老、姻嫪

自称：昂、我、吾、余、身、女子自称姎

谦称：仆、愚、走、下走、牛马走、鄙人、不才、小人

尊称：君（男女皆可）、公、叟、老、长者、方家、足下（男女皆可）、阁下

泛称：夫、夫子、之子、之人、斯人、伊人、匹夫、他、他人、彼

詈骂贱称：小人、役夫、竖子、鄙夫、鼠子

需要说明的是汉代百姓称黔首，游侠则被人称为大侠。对老者称太公，对有名望的老者称公，老妇称媪。

州郡长官称为使君。君侯是对丞相和封侯者的称呼。

陌生人间也要用敬称，如尊驾。对有权势的可称阁下。

老师称为讲席。

妻称夫为夫婿、君、郎君，夫称妻为细君。

称呼宦官为寺人，宦者首领称 × 常侍（对宦官称"公公"是杜撰和民间俗语，历代无此称呼）妾侍称正妻为"女君"，称男主人则是"男君"。

汉代称嫂子可以称"新妇"。侍女自称婢子，侍男自称奴婢（明代宦官也自称奴婢而不是奴才。奴才在清代之前是骂人的话。清代后，奴才"身价倍增"，很多大臣想自称奴才而不可得）。

四、长安，长安：汉代首都变迁史

"汉之西都，在于雍州，实曰长安。左据函谷、二崤之阻，表以太华、终南之山。右界褒斜、陇首之险，带以洪河、泾、渭之川。众流之隈，汧涌其酉。华实之毛，则九州之上腴焉。防御之阻，则天下之陕区焉。是故横被六合，三成帝畿，周以龙兴，秦以虎视。及至大汉受命而都之也，仰悟东井之精，俯协《河图》之灵。奉春建策，留侯演成。天人合应，以发皇明，乃眷西顾，实惟作京。"

东汉文学家、史学家班固作《西都赋》，开篇就写出了长安的基本概况。

西汉后，长安成为不少中国人心目中的梦想之城。

长安是现在西安的古称，也是中国历史上第一座被称为"京"的都城（周文王时就定都于此，筑设丰京，武王即位后再建镐京，合称丰镐。"丰镐"所在地区称为"宗周"），也是中国城市建置市（商业区）与坊（住宅区）分设典型。

中国历史上的两个重要阶段秦汉、隋唐，都是以长安或周边为国都。当然汉代的长安城和唐代的长安城位置不同，格局也不一样。后面会进一步介绍。

秦末汉初，长安其地时为秦都咸阳的一个乡聚（聚，类似现在村落），是秦始皇的兄弟长安君的封地，因此被称为"长安"。

公元前 202 年 2 月，楚王韩信、梁王彭越、燕王臧荼、赵王张敖以及长沙王吴芮共同上书老大刘邦，请刘邦即位称帝。刘邦于是在山东定陶（今山东菏泽市定陶区）氾水之阳举行登基大典，定国号为汉。

但关于把哪里作为首都众人意见不一。

按照项羽"富贵不归故乡，如锦衣夜行"的观点，刘邦的汉帝国都城似乎应该在东方一带。

当时齐国卢（今济南长清）人戍卒娄敬建议定都关中，但群臣大多是东边的，首都离老家太远不方便，纷纷反对。

刘邦征询张良的意见，张良认可了娄敬的意见："东周虽然比秦晋两世好，但雒邑城郭仅数百里，田地太薄，四面都是平地，容易遭受到攻击。反观关中有函谷关、陇蜀的沃野千里，南边有巴蜀的富庶，北边有胡人畜牧的便利，可以在三面防守，并向东方牵制诸侯，只要握住渭水通运京师，当东方有变，就可以顺流而下。正所谓金城千里，天府之国。"

于是刘邦决意入都关中，并拜娄敬为郎中，赐刘姓。

入关中后，刘邦先以古栎阳为临时都城，直至公元前 200 年才将国都迁往长安（今西安市西北汉长安故城）。

栎阳是战国时秦国都城，在今陕西省西安市阎良区武屯镇官庄村与古城屯村之间。

公元前 197 年 7 月，太上皇刘煓崩于栎阳宫，十月葬太上皇于栎阳北原（今阎良北之荆山），并设万年县以奉陵寝，治所在栎阳城中。

汉高祖五年（前 202）置长安县，在渭河南岸，阿房宫北侧，秦兴乐宫的基础上由相国萧何主持营造兴建长乐宫，由此开启了长安作为帝国都城的宏大基业。

汉高祖七年（前 200）又建造未央宫，国都也由栎阳迁移至此，因地处长安乡，故名长安城，取意"长治久安"。改长安城所在地区为"京兆"，意为"京畿之地"。

到了刘邦的儿子惠帝时期，北方匈奴对汉朝的威胁日益严重。为了加强防卫，汉惠帝元年至五年（前194—前190）在长安修起一圈城墙，把已有城区保护起来。这样长安才有了城墙。而这道可见的城墙又成为长安城的轮廓形状。

到汉武帝时，汉朝积攒了财力，进一步大建宫殿，先后修了桂宫、明光宫（位于长乐宫北，地点不详）等，几乎把城墙里的土地都占了。但还不够，汉武帝又下令在西墙外面修建了巨大的建章宫。长安城的大建设到此算是基本结束。今天我们看见的汉长安城平面图画的就是汉武帝时的样子。这幅图画的长安城，不但刘邦、吕后没见过，文帝、景帝也都没见过。从刘邦时算起，它的建设，由几个皇帝接力，断断续续地持续了90来年。

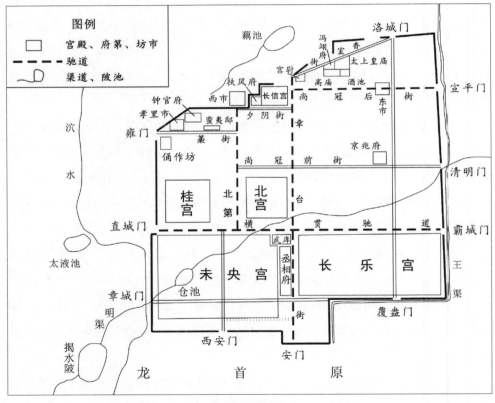

汉代长安城平面图

汉武帝还设京兆尹治理长安。长安作为帝国首都于是成型。

长安是中国历史上建都朝代最多（十三朝古都），建都时间最长，影响力最大的都城，居中国四大古都之首，也是举世闻名的世界四大文明古都之一，又是丝绸之路的东方起点。长安作为中国首都和政治、经济、文化中心的历史总共长达1000多年。

建都长安的周、秦、汉、隋、唐是中国古代最为强盛和文明的黄金时代。因此在唐以后，虽然长安不再为国都，但"长安"一词却成为国都别称。今天首都北京最重要也最知名的那条街——长安街，就是以古长安命名。

丝绸之路开通后，"长安"成为东方文明的中心。

隋时，隋文帝在"大兴县"营建新都（长安县东），命名为"大兴城"。

唐朝时，以中轴线重新划分长安县与大兴县，并更名"大兴县"为万年县，取意"万年长安"，重新恢复"长安"之名。

元代"长安"丧失首都地位，"长安城"所在地"京兆府"易名为"奉元路"。

明朝改"奉元路"为"西安府"，"西安"之名由此而来。但"长安城"仍称"长安"，归长安县管辖，"长安"之名并未废除，一直保存至近代将"长安城"剥离"长安县"，并独立设立"西安市"为止，"长安"之名废止。

汉代全盛时期的长安城中有8.8万户24.6万人（汉平帝元始二年，即公元2年），成为中国历史上第一座规模庞大、居民众多的城市。

西汉末年王莽执政时期，长安城一度毁于战火。

东汉光武帝刘秀光复汉室后长安改称西京。汉末，汉献帝曾迁都回长安。两汉时期，长安一直作为都城存在。

那么，汉代长安城位置与现在的长安城位置重合吗？答案是两者是不重合的。

汉长安城位于今西安市区西北郊外，面积约36平方公里，大约是同时期罗马城的4倍。

长安城有12座城门和8条主要街道，最长的街道长5500米。城内的宫殿、贵族宅邸、官署和宗庙等建筑约占全城面积的三分之二。

宫殿集中在城市的中部和南部，有长乐宫、未央宫、桂宫、北宫和明光宫等。

其中未央宫是从汉惠帝开始许多皇帝居住和处理朝政的地方，是中国历史上最有名的宫殿之一。

居民区分布在城北，划分为160个"闾里"。市场在城市的西北角上，称为"长安九市"。

在城西有面积广大的上林苑，苑内主要有昆明池、建章宫等。

在城南有一组王莽时期建造的礼制建筑。

汉长安城一改战国时期大小城相套的格局，把居民区、工商业区和宫殿区集中在一座城市里，后世的都城都沿用了这一构建体系。

汉光武帝刘秀光复汉室后定都洛阳，但历代东汉皇帝常常前往长安祭祀宗庙。

番外篇：汉唐首都长安城

汉长安城在今天西安市的西北部，遗址范围内没有进行大规模建设，许多地点都可以辨认。唐长安城却正好在西安市中心区的下面，遗址范围内现代高楼林立，除了几座古建筑，如大明宫遗址、兴庆宫遗址、大雁塔、小雁塔等大部分地点已经很难辨认。

汉代长安城是一点点地积累而成，建设都是因时制宜，缺乏统一的规划。唐长安城是隋朝兴建，当时叫大兴城。唐长安城由将作大匠（相当于建设部总工程师）宇文恺主持规划建设而成。一次规划，一次建设，一次成形。所以方方正正，规划整齐。

唐朝取代隋朝，现成的大兴城接着用，但把名字改为长安。

唐长安城首先有清楚的空间秩序，城市整体格局设置礼仪方位，比如太庙在东边，社稷坛在西边。而在所有礼仪方位中，最重要的是城市中轴线。

中国古代不但要择中立国，还讲究择中立宫。皇帝的朝宫正殿面南背北，坐落在全城的中轴线。隋唐（大兴）长安城是第一个具有中轴线的统一王朝的大都城。

汉长安城绝大部分地面都被宫殿占据，百姓的房屋院落在哪里，史书并没有准确的记述。所以有学者推断，有许多百姓的居住院落在城墙外。

《汉书》里面记载了一个关于汉长安城市生活的故事。

汉代的长安居民过了很长时间太平盛世的日子，人们的道德培养得很好。

昌邑王刘贺（就是那个墓中陪葬了很多财宝的海昏侯）手下有一位中尉叫王吉（字子阳）。始吉少时学问，居长安。东家有大枣树垂吉庭中，吉妇取枣以啖吉。吉后知之，乃去妇。东家闻而欲伐其树，邻里共止之，因固请吉令还妇。里中为之语曰："东家有树，王阳妇去；东家枣完，去妇复还。"其励志如此。（《汉书》卷七十二）

这个励志故事影响还不小，后来宋朝著名诗人辛弃疾有一首七绝《和郭逢道韵》，就是借用了王吉啖枣的典故：

枣树平生叹子阳，里歌虽短意偏长。

东家昨夜梅花发，愧我分他一半香。

辛弃疾诗中的东家邻居种的不是枣树，是梅花，所以与东家共享梅香。

唐代长安城皇帝活动的地方只在城市的北半部，城市南面的广阔空间都给了百姓做居民区。这些居民区称为"坊"。好几十座坊都是整整齐齐地排列着，想必是在规划图纸上拿着尺子画出来的，而工匠们在施工的时候也一定是相当认真，所以才有这样的景观。

这些整齐的方格网状的街区结构，引起唐朝诗人的注意，比如白居易在《登观音台望城》中就写道：

百千家似围棋局，十二街如种菜畦。

坊区表面的样子虽然很类似，但里面的活动内容却是多种多样。多数坊是一般百姓生活居住的，但有的坊被修建成大寺院，还有的坊被当作演兵场。坊里面还有开旅店的，一些进京赶考的士子常常到这里租住。有一个考生，年年来考，屡败屡战，都住在同一个主人那里。他有两句诗流传了下来：

年年下第东归去，羞见长安旧主人。

——豆卢复《落第归乡留别长安主人》

唐长安城图上画的那些方块的坊，都是有围墙的。大的坊四面开门，小的坊只有两面开门。门口都有门吏把守，负责启闭。早上要敲响城鼓，坊门开启，居民才能出来，傍晚城鼓又敲响，却要关闭坊门了，居民们都要回到坊里歇下。唐长安城的管理是很严的。

李贺在《官街鼓》中写道：

晓声隆隆催转日，暮声隆隆呼月出。

另有人在诗中称：

六街鼓绝行人歇，九衢茫茫空有月。

所以晚上的长安大街上，空空荡荡，而月色则显得更加清静了。

除了月色，长安的夕阳也很美。另一位长安居民李商隐，一天傍晚心情不爽，乘车到城内东南部的一块高地上去眺望夕阳。为此也作了一首诗：

向晚意不适，驱车登古原。

夕阳无限好，只是近黄昏。

　　的确，即便是到西安市东南部去看夕阳，你会发现落日不在山头，而是在平原之上，所以显得又大又圆。

五、五陵邑与五陵少年：西汉的首都副中心建设

唐代诗人李白曾作《少年行》："五陵年少金市东，银鞍白马度春风。落花踏尽游何处，笑入胡姬酒肆中。"而另一位诗人白居易的《琵琶行》中则有："五陵年少争缠头，一曲红绡不知数。"

唐代两位大诗人都是在描写五陵原上这些鲜衣怒马的少年子弟，踏花赏春，酒醉千盅，一掷万金，恣情地享受人生的快意。

他们都提到了"五陵"。"五陵"是什么地方？

这需要从汉代的"陵县"说起。

其实早在秦始皇在骊山下修建陵墓时，即公元前231年，就在寿陵东北十里左右设置了陵邑——丽邑。通常说汉承秦制，其实汉初很多东西都是向秦代学习。秦始皇开创陵邑的做法，也为西汉王朝所承袭并完善。

西汉前中期在帝陵旁设置陵邑，以保证陵园各项用度及陵区的繁荣。这些后来成为制度沿袭下来（设置陵邑是西汉丧葬制度中的一项重要内容，是朝廷强干弱枝的一项重要措施）。所以西汉前期，建了不少陵邑，而五陵只是比较重要的五座陵邑而已。

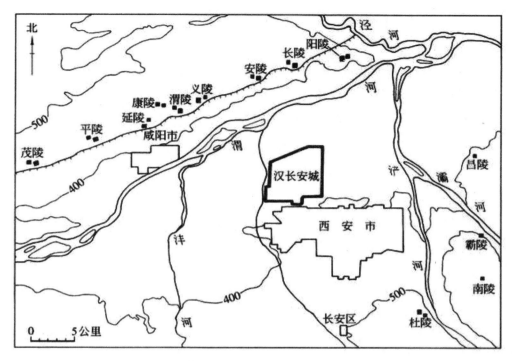

汉代的陵县分布

　　最初，刘邦为了消除东方的不稳定因素，大量迁徙关东豪强到关中。刘邦在修建了自己的陵墓——长陵后，在长陵附近今咸阳市东北设置长陵邑。于是很多关东豪强被迁至长陵邑。其后惠帝、景帝、武帝、昭帝均在陵旁置邑（汉惠帝刘盈在此修建安陵，汉景帝修建阳陵，汉武帝修建茂陵，汉昭帝修建平陵），相继建成安陵邑、阳陵邑、茂陵邑和平陵邑。它们和长陵统称"五陵"。

　　"五陵"在渭河以北，自东向西分布：阳陵邑、长陵邑、安陵邑、平陵邑、茂陵邑。在这些陵邑中，以汉高祖刘邦的长陵邑最为宏大。

　　其实"五陵"之外，还有长安南边的霸陵（汉文帝刘恒陵寝）邑和杜陵（汉宣帝刘询的陵寝）邑。除了帝陵邑，还有少数后妃陵邑，如文帝之母薄太后的南陵邑、昭帝之母赵婕好的云陵邑以及两个准陵县——太上皇陵（刘邦的父亲刘端）的万年县和史皇孙陵（汉宣帝刘询生父刘进）的奉明县。

我们知道，西汉初期长安城其实是一座宫殿建筑群，城市的商业服务功能并不强。著名学者杨宽指出，长安城属于内城性质，原为保卫宫室、官署、仓库以及贵族官吏的住宅而建，城内只能容纳小规模的市区。

长安城里的大贵族及官僚的住宅一般称为"第"或"舍"。"第"又分为大第和小第。大第一般称为"甲第"或"甲舍"，规模宏大。多在未央宫北门附近，所以又称为"北阙甲第"。这些住宅的主人自然不是一般人。比如滕公夏侯婴从沛县起兵时就跟随高祖打天下，又在战时救过汉惠帝和鲁元公主，功劳极大。所以后来惠帝和吕后就将距离未央宫北阙最近的大第赐给夏侯婴居住。汉代其他重臣如萧何、霍光等也都居住在大第中。汉哀帝曾为宠臣董贤起大第于北阙下，住宅标准甚至达到了天子的标准。

未央宫东面的甲第称"东第"，但数量较少。

长安地狭人多，住房比较紧张，能住大第的毕竟只是少数人，而陵邑正好解决了这一问题，所以西汉在渭河南北岸建的以皇帝陵墓群命名的陵邑就变成了首都长安的副中心。这些陵邑是独立的小城，面积大小不一。

根据考古发现，长陵邑三面城墙、一面壕沟；安陵邑北城墙外有壕沟；茂陵邑以壕沟为界，未发现城墙，其余陵邑四周皆环绕城墙。城内有闾里、市和手工业作坊区等等。陵邑的居民来源多是帝国的精英阶层。

如汉高祖长陵邑内的居民主要是开国功臣和原齐、楚贵族的后人，属于政治性迁徙。之后的皇帝则是以各种适应彼时形式的方式以迁徙天下高官、富人和豪杰兼并之家到陵邑。当然也有一定数量的倡优乐人和"乱众民"。

如安陵邑内主要居住的是关东的倡优乐人，尤其善啁戏，时人俗称安陵为女啁陵。

如元朔二年（前127），汉武帝颁布《迁茂陵令》，命令凡是财富在300万钱以上的巨富豪门，一律迁徙到京城附近的茂陵。这可以看作经济性质的移民。

有历史学家指出，按财富实力换算，这个标准大约相当于今天的亿万富豪。

汉代的财富形式大多是土地、房产。政府出面收购了那些迁徙者的这些不动产，然后以税收方式分给流离失所的无地农民耕种。这样就使政府的粮食税收激增。豪门利益集团的巨额财产，则在迁徙茂陵的过程中被强行"均富"了。

当然，政府对迁徙茂陵的豪门巨富有巨额的迁徙奖励——政府支付给每户迁徙者 20 万钱的高额"拆迁补偿款"，还奖以政治荣誉，可以脱去商家身份，跻身世家名门。

而且那些失去土地举家迁徙的茂陵子弟，不再囤积财富，而是一掷千金，使当时长安成为世界第一豪华都会。"茂陵子弟"与"五陵子弟"一样，也成了"富二代"专用的古代名词。

当然，陵邑移民主要来自西汉的 32 个郡国，多以淮河以北、山陕之间和黄河以东、燕山以南的关东地区最多。大批有钱有势者迁到陵邑，改变了当地人口的政治、经济和文化素质。

到汉末时，长陵邑有 5 万余户，将近 18 万人。茂陵邑有 6 万余户，近 28 万人；安陵邑最初有 5000 户，到汉末也有 2 万户，近 10 万人。

而整个汉代，首都长安的人口记载是："户八万八百，口二十四万六千二百"，即在籍人口 24 至 27 万，加上无籍人口（奴婢等不在户籍人口）至多不过 30 万（据《汉书·地理志》）。

一种说法是长安常住人口有户籍、无户籍，再加上长期驻守士兵，实际人口推测应当在 50 万左右。

但长安主要还是政治功能城市。所以从某个角度来说，陵邑之内才是长安真正的繁华之地。如果长安是权力的中心，这里便是市井的烟火。

帝国 32 个郡县的精英们在此汇聚，不同的文化在此相互碰撞、交汇融合。

不同于长安城内至高无上的天家威严，这里才是城市声色。

这五个陵邑作为长安的卫星城，住有许多豪强大族，成为当时人口最稠密的繁华都市。高官显宦、学者文人、俳优世家、市井子弟五方杂厝，形成了别具特色的城市生活。

城里的高官子弟们整日游走于都城内外，斗鸡走狗，四处游侠。而他们的传说故事影响很大，后来成为典故。所以唐代诗人的作品中会经常提到"五陵"。

其实在"五陵"以外，还有一个陵邑极为重要，甚至可以说这个陵邑成为西汉中晚期长安以外的另一个政治中心。

这座陵邑便是在渭河南边的汉宣帝杜陵邑。

有一种说法，西汉中期与晚期的政治中心在三辅（西汉时本指治理京畿地区的三位官员——京兆尹、左冯翊、右扶风，后来指这三位官员管辖的地区——京兆、左冯翊、右扶风），三辅中心在诸陵邑，而诸陵邑的中心在杜陵。

杜陵所在位置原来是一片高地，潏、浐两河流经此地，汉代旧名"鸿固原"。汉宣帝少时流落民间，好游于原上。汉宣帝即帝位后，遂在此选择陵地，建造陵园，设置杜陵邑。

杜陵邑在汉宣帝杜陵的西北方向，也在今天三兆村的西北。杜陵邑也是中国古代最后一个陵邑。

据考证，杜陵邑的城墙是五花土夯筑，东西长约4.5里，南北宽约1.5里。在汉代六个陵邑中，规模第二大，仅次于刘邦的长陵邑。

汉代居住在杜陵邑的人口约在30万以上。汉宣帝曾把"丞相、将军、列侯、吏二千石"迁到杜陵邑。

御史大夫张汤，大司马张安世，历位九卿的张延寿，右将军苏建，典属国苏武，丞相朱博，御史大夫杜周、杜延年，丞相韦贤、韦玄成，后将军赵允国，太守韩延寿，御史大夫萧望之，大司农肖咸，太守肖由，右将军冯奉世，大鸿胪冯野王，太守冯逡，右将军史丹，丞相王商等这些汉书中有传的名人都家居杜陵。

当时住在杜陵邑，不亚于现在自称"我是北京人"。

汉代陵邑地位特殊，类似特别市，不属三辅管辖，而隶属掌管宗庙礼仪的奉常（景帝时更名太常）。邑令级别很高，比如长陵令，所辖下不过一县之地，却是相当于郡太守的二千石高官。

万事皆有兴衰，陵邑也一样。随着西汉帝国的衰落，陵邑也逐渐走向没落。

由于陵邑内所居者多为特权阶层或富裕阶层，西汉后期对他们的管理疏松，以至于治安混乱，陵邑制度的存废遂成为议题。到汉元帝时便不再设置陵邑，并将原先的陵邑收归三辅辖治，大大降低了陵邑的规格。

王莽之后，五陵邑直接衰落，人去邑空，十不存一。曾经的喧嚣繁华渐成苍茫萧条。

与感慨五陵邑的繁华一样，五陵原的落日和遗迹也成为后世诗人感叹不尽的兴衰意象。明代唐寅便写道："不见五陵豪杰墓，无花无酒锄作田。"

六、大汉荣光：汉王朝与汉族、汉人，"汉"的源头在哪里

《汉书·张骞李广利传》记载："贰师闻宛城中新得汉人知穿井。"即贰师将军（汉武帝命李广利到大宛国的贰师城，现吉尔吉斯斯坦的奥什城取良马，所以委任李广利为贰师将军）李广利得知最近在大宛城中有中原来的汉人熟悉凿井技术。这被认为是"汉人"这个词的首次出现。

其实"汉"以及汉族、汉人、汉礼、汉字、汉语、汉服、汉文化、汉学等概念，皆与汉朝有关。汉朝以前中国一般称"华夏"或"诸夏"。汉的本义通常认为是天河、银河、星河。古人把天上的银河看作是天上的汉水，故有"河汉、星汉、霄汉"等说法。

《诗经·小雅》中有："维天有汉，监亦有光。"《诗经·大雅》中有："倬彼云汉，昭回于天。""倬彼云汉，为章于天。"王逸《九思·遭厄》中有："越云汉兮南济，秣余马兮河鼓。"

而汉朝之名，则来自一个地名——汉中（今陕西省汉中市）。

著名学者余秋雨曾说过："汉中是汉民族的根，汉族人的老家。"

在古人的认知中，根据天地一一对应的宇宙观，横亘天空的银河与地上的汉水形成天地对应关系。

古人认为，地上的汉水与银河的夏季走向一致，因而被称为地上的银河，故得名汉水。

"汉"之名称源于古人对上天的崇拜和敬畏，体现了古人对博大深邃的宇宙的一种虔敬情怀。

汉水（又称汉江、汉江河），发源于秦岭南麓的陕西省宁强县境内，流经陕西省、湖北省，在武汉市汇入长江。流域面积居长江水系各流域之首，是长江最大的支流。古代常与长江、淮河、黄河并列，合称"江淮河汉"。

汉水在《诗经》中的《大雅·瞻卬》有"哲夫成城，哲妇倾城"，《小雅·正月》则有"赫赫宗周，褒姒灭之"的诗句，均指周幽王宠幸褒姒，以致荒政亡国。褒国，历经夏商周三代，雄踞秦巴汉水之间，是秦岭之南著名的方国，也是北方中原文化向南传播的基地，其位置就位于汉中。

据《史记·周本纪》记载，褒姒并不姓"褒"，而是姓"姒"。众所周知，在我国古代社会，女子的地位普遍较低，对女子的称谓一般都是"姓"加上个"氏"字。所以，褒姒最早称为"姒氏"。也可理解为褒国姒氏。褒姒之所以历史留名，无非因为是"烽火戏诸侯"的始作俑者，女人祸国的典型。

但史学家钱穆在《国史大纲》中，对《史记》记载"烽火戏诸侯"之事提出异议："此委巷小人之谈。诸侯并不能见烽同至，至而闻无寇，亦必休兵信宿而去，此有何可笑？举烽传警，乃汉人备匈奴事耳。骊山一役，由幽王举兵讨申，更无需举烽。"

2012 年，清华大学整理获赠的战国竹简（清华简）时，发现竹简上的记述与"烽火戏诸侯"的故事也有所偏差。

清华简记载，周幽王主动进攻原来的申后外家申国，申侯联络戎族打败周幽王，西周因而灭亡。清华简上并没有"烽火戏诸侯"的故事。

清华大学出土文献研究与保护中心教授刘国忠称，史学界对"烽火戏诸侯"曾有过质疑，认为《史记》中所载只是"小说家言"。清华简的内容在一定程度上支持这种质疑，从而部分推翻了《史记》的记载。

而汉中也是《诗经》中多次吟诵的地点所在。

《诗经》中有《周南》《召南》，并称"二南"。周南是周公统治下的南方地域，召南是召公统治下的南方地域。因而"二南"包括长江、汉水、汝水流域的诗歌。

孔子曾说：不读"二南"，犹面墙而立，鼠目寸光。唐人指出："二南风雅道，从此化东周。""不读关雎篇，安知后妃德。"宋人则认为："诗教始二南，皆著贤圣迹。""关雎于周室，耿洁配后妃。"

西周时，汉中之地在周朝的南方，在"周南"地域范围之内。

中国第一部诗歌总集《诗经》开篇之作便是很多人耳熟能详的《国风·周南·关雎》："关关雎鸠，在河之洲。"

作为"二南"的方国，褒国歌咏汉水，祭祀汉山。汉山又称旱山，挺拔俊秀，耸立于汉江之畔。《南郑县志》载："旱山，汉山也。"《诗经》中的《大雅·旱麓》是描写祭祀情景，为君子（或指周文王）祝福的诗歌。它记载了周文王的使臣来到汉中，选择汉山作为宣喻政治、教化臣民的祭祀道场，行祭天

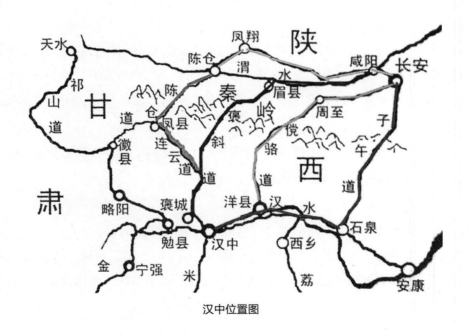

汉中位置图

之礼，祈祷上天将永久地赐福给周朝君民。这深刻体现了先秦时期汉中之地的礼乐文化与生态文明互相交融的历史文化特征。

秦惠文王更元十三年（前312），秦国置汉中郡，治南郑（今汉中市南郑区），辖境相当于今陕南、川北、鄂西北的各一部分。《华阳国志·汉中志》对此有记载："汉中郡，本庸国地。周匡王二年，巴、秦、楚灭庸，其地分属秦、巴。六国时，楚强盛，略有其地。后为蜀。恒成争地。周赧王三年，秦惠文王置郡。因水名也。"因为其地在汉水中游，故而得名"汉中"。

秦末群雄蜂起，约定"先入定关中者王之"。刘邦一路人马最先攻入关中。但盟主项羽主持分封时却未守信约，将刘邦分封为"汉王"，封地就在汉中郡一带。有人进言："汉水上应天汉。汉中，据有形胜，进可攻退可守，秦以之有天下。"汉中是汉水的发源地，"其称甚美"，而且是战略要地。从而有了"得汉中者得天下"之说。于是刘邦以汉中为根据地，韬光养晦，最后攻占三秦，逐鹿中原，一统天下。

宋代张少愚有"留此一抔土，犹是汉家基"的诗句，"一抔土"即指当时残存的汉王台。南宋辛弃疾则有《满江红·汉水东流》："汉水东流，都洗尽、髭胡膏血。……况故人新拥，汉坛旌节。"其中"汉坛旌节"指刘邦筑坛拜韩信为大将的典故。汉中是刘邦的福地，汉家发祥地，所以刘邦称帝后"汉"也就理所当然地成了国号。

刘邦创立的汉朝是强盛而且统治长久的大一统王朝，与罗马帝国并列为当时世界上具有先进文明的强大帝国，对后世产生了重大而深远的影响。

西汉之后，以国号为"汉"者众多。如刘玄创建的玄汉，刘秀创建的东汉，刘备创建的蜀汉，李雄创建的成汉，刘渊创建的赵汉，刘知远创建的后汉，刘岩创建的南汉，刘崇创建的北汉，李雄的成汉等。

另外还有一些流动性、临时性的"汉"政权，如两汉之际赤眉军扶持刘盆子建立的"赤眉汉"，北魏末年邢杲建立的"邢汉"，南梁末年侯景建立的"侯汉"，唐末朱泚建立的"朱汉"，金末郝定建立的"郝汉"，元末陈友谅建立的"大汉"等。

刘邦所建立的汉王朝国势强盛，在对外交往中，其他民族称汉朝的军队为"汉兵"，汉朝的使者为"汉使"，汉朝的人为"汉人"。尤其在两汉王朝通西域、伐匈奴、平西羌、征朝鲜、平西南夷、收闽粤和南粤，与周边少数民族进行空前频繁的各种交往活动中，汉朝之名遂被他族称呼为华夏民族之名。

历史学家吕思勉认为："汉族之名，起于刘邦称帝之后。"另一位历史学家吕振羽则认为："华族自前汉的武帝、宣帝以后，便开始叫汉族。"总而言之，汉族之名自汉王朝始称是毫无争议的。

汉族人口如果从其族源夏族算起开始大约有 200 余万人，历经夏、商、周三代，到战国盛时已有 2000 万人左右。在汉族形成的两汉之时，汉族人口已达 5000 余万人，到唐代前期达到 8000 万至 9000 万人之间，到北宋大观年间达到 10441 万余人。

元代以后，在中国统一的大趋势下，汉族人口这个雪球越滚越大。明万历二十八年（1601）人口达 1.5 亿。及至清道光三十年（1851 年）则达 4 亿以上，到新中国成立时，人口约 6 亿，到 20 世纪末已达 10 亿以上。

据 2021 年 5 月 11 日国家统计局局长宁吉喆通报数据：我国汉族人口为 128631 万人，是世界上人口最多的民族。

七、衣衿飘飘：汉服很文雅，内核挺尴尬，汉代人的裤子与汉服

要穿越到汉朝，做个汉朝人，首先对服装要了解，总不能"裸穿"。那么，就要先弄明白一个问题：汉代人穿不穿裤子。

在弄清这个问题之前我们先读一下《拾遗记》中的一个故事。

战国时期曾先后出任秦、魏国相的张仪有个好习惯——喜欢随手记录。那时没有手机和微信朋友圈，甚至连纸张还没来得及发明出来，记东西多用竹简、木简。我们知道，这些东西不是手机，很不方便天天带着出门，怎么办？

有办法，就是把要记的东西"以墨书掌及股里"，晚上回到家里再将它抄到竹简上。掌就是手掌，股即大腿。之所以这么方便，因为手掌及大腿无衣，墨书之后可以洗去，所以被用来代简题记。

《韩非子·外储说》中也讲到一个故事：齐国有个盗贼，为了避免人们的注意，专门披着一块狗皮出外行盗。他的儿子不知实情，向小伙伴夸耀道："吾父之袭独有尾。"就是他父亲的衣服有尾巴，挺洋气。

小伙伴的父亲是一个因犯了罪而被剁去小腿的人。小伙伴则"自豪"地反驳并吹嘘道："吾父独冬不失裤。"

有个没留下姓名的人在《韩非子》的这段话下加了一个注："刖足者不衣袴，虽终其冬夏，无所损失也。"

可见，被砍断了小腿的刑余之人，即使是在严冬，也不需要穿袴——因为无从依附。

"袴"可以视为现代裤子的原型，也作"绔"。《格致镜原》引《物原》：禹做袴，也就是说大禹做了袴。《格致镜原》又引《疑耀》："古人袴皆无裆。"《释名·释衣服》："袴，跨也，两股各跨别也。"在大腿上套上袴子，左右各一只，就是现代的高筒袜。这双高筒袜一般在冬天防寒时穿。这样的穿衣形式导致古人很容易走光。毕竟，他们没有遮挡的裆。

所以古人发明了很多礼仪来防止走光。

首先，古人的下裳，也就是裙子会做得很长。现代人似乎有些不理解为什么古人大夏天都穿得那么厚实了，其实人家只穿了个裙子，走起路来裙摆带风，里面又通畅无阻。

其次，古人跪坐。

第三，劳动的时候不要袒露，暑天的时候也不要提起衣裳。

《礼记》就明确记载：劳毋袒，暑毋褰裳。

从出土文物及传世文献来看，早在春秋时期，人们的下体已穿着袴。不过那时的袴不分男女，都只有两只裤管，其形制和后世的套裤相似，无腰无裆，穿时套在胫上，即膝盖以下的小腿部分。所以这种裤子又称为"胫衣"。左右各一，分衣两胫。

因其只有两只裤管，所以裤的计数与鞋袜相同，都用"两"字来计。居延汉简中就有这样的情况。穿着这种裤子，其目的是遮护胫部，尤其在冬天，可以起到保暖的作用，至于膝盖以上部分则无遮护。

所以张仪能很方便地抬起大腿写笔记，那个小伙伴的父亲冬天省下了布料。

由于袴都被穿在里面，所以常用质地较次的布制成。富贵之家也有用丝织品做袴的，但在社会上被认为是奢靡之服——因为此处第一很少显露，第二太滑溜也不舒服。后来延伸出称衣着华丽、不学无术的年轻人为"纨绔子弟"。

"纨绮"，即细绢制成的裤。当然，这个裤外面还要有内容，否则岂不走光了。裤外面是什么呢？

先要了解一下华夏文明中服饰礼仪最早的服装形制之一，也就是第一款汉服的样子——"上衣下裳"——上穿衣下穿裳，裳即裙。古代文献以及出土的人形陶器证明，上衣下裳的服装形制早在商代就已经形成。

"衣"为缝有袖筒，前开式的服装，衣襟右掩的称为右衽，衣襟左掩的称为左衽。

最初的"裳"只是将布裁成两片围在身上。

当然这都是汉代以前的情形。到了汉代，才开始把前后两片连起来，成为筒状，这就是所说的"裙"。

秦汉之际的裤子，虽然已从胫衣发展到可以遮裹大腿的长裤，但裤裆往往不加缝缀，那是为了便于私溺。因为在裤子之外，还穿有裳裙，所以不会显露下体。

在探讨汉代人的服装前，先了解下先秦时期人穿什么。

先秦时期没有棉花，棉花的原产地在印度和阿拉伯。在棉花传入中国之前，中国只有可供充填枕褥的木棉，没有可以织布的棉花。"棉"字是从《宋书》起才开始出现的。此前中国只有带丝旁的"绵"字，没有带木旁的"棉"字。可见棉花的传入，至迟在南北朝时期，而且多在边疆种植。棉花大量传入内地，当在宋末元初："宋元之间始传其种于中国，关陕闽广首获其利，盖此物出外夷，闽广通海舶，关陕通西域故也。"

从此可以了解，棉花的传入有海陆两路。泉州的棉花是从海路传入的，并很快在南方推广开来。至于全国棉花的推广则迟至明初，是朱元璋用强制方法推广的。

所以，先秦时期制作衣物主要用麻布。夏装用细麻布制作叫葛，冬装有袍和裘。袍是穿在里面的夹衣，内充丝绵，充填新绵的叫襺。充填旧絮的叫袍。充填碎麻的叫作缊袍。

袍因是内衣，所以只能居家穿着，不能作为礼服，外出时只能衬在正装里面。短袍叫襦，也就是后来所说的袄。质地粗劣的襦叫褐。裘是皮衣，先秦时代也是主要的冬衣。

那么外衣是什么？外衣也统称为袍。袍身长大的下摆叫袂，袖子宽松。紧窄的袖口叫袪。

战国及秦、西汉时期不论贵贱、男女、文武俱穿"深衣"。深衣始创于春秋战国之际。所谓"深衣"就是把衣、裳连在一起包住身子，分开裁但是上下缝合，"被体深邃"，因而得名。《礼记·深衣》记载："深衣衣裳相连，被体深邃，故谓深衣。"

深衣连衽钩边，穿时要束腰带。贵族用丝织的绅带，故称绅士或缙绅。此时皮带已经流行，皮带的两端分别用带钩和环相连接，叫作钩络带或蹀躞带。皮带上可以悬挂或佩戴刀剑、弓箭、印玺、荷包等各种物件。贵族以冕服为礼服、深衣为常服，平民以深衣为吉服、短褐为常服。

汉代时深衣也已成为女性的礼服。除此外女子也穿分体的襦裙。

深衣逐渐发展，形成两大变种——曲裾深衣和直裾深衣。

西汉前中期仍以战国时期流行的曲裾深衣为主，到了东汉就以直裾深衣为主。为什么发生改变，正是我们要说的主题——全是因为裤子。

先谈"深衣"。通俗地说，深衣就是上衣和下裳相连在一起，用不同色彩的布料作为边缘（称为"衣缘"或者"纯"）。

一套完整的曲裾深衣通常有三层：小衣（内衣）、中衣、大衣。

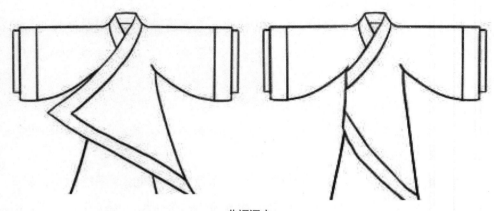

曲裾深衣

要做这么一套，你首先要来幅宽（指面料的有效宽度）半米的布帛（即二尺二寸，50厘米左右剪裁，分为领、襟、衽、衿、裾、袖、袂、带、袚等十部分）。

具体操作是取两幅相等长度的布，分别对折，作为前襟后裾，缝合后背中缝。前襟无衽即为直领对襟衣。若再取一幅布，裁为两幅衽，缝在左右两襟上，则为斜领右衽衣。

前襟后裾的中缝称为裂，即督脉、任脉，衽在任脉右侧，故称右衽。裾的长度分为腰中，膝上，足上。根据裾的长短，汉服有三种长度：襦、袿、深衣。袖子与襟裾的接缝称为袼，袖口称为祛。

深衣中左侧的衣襟与右侧的衣襟交叉于胸前的时候，就自然形成了领口的交叉，所以形象地叫作"交领"。交领的两直线相交于衣中线左右，代表传统文化的对称学，显出独特的中正气韵，代表做人要不偏不倚。如果说汉服表现天人合一的话，交领即代表天圆地方中的地，地即人道，即方与正。而袖子，则是圆袂，即代表天圆地方中的天圆。这种天圆地方学在汉服上的表现也是中国古代文化的一个体现。

深衣的领型最典型的是"交领右衽"，就是衣领直接与衣襟相连，衣襟在胸前相交叉，左侧的衣襟压住右侧的衣襟，在外观上表现为"y"字形，形成整体服装向右倾斜的效果。

衽，本义衣襟。左前襟掩向右腋系带，将右襟掩覆于内，称右衽，反之称为左衽。这就是汉服在历代变革款式上一直保持不变的"交领右衽"传统。这也和中国历来的"以右为尊"的思想密不可分。这些特点都明显有别于其他民族的服饰。而北方异族崇尚左，衣襟左掩，是为左衽。除了上衣左衽以外，胡服的下衣和足衣也与中原服饰明显有别。

另外，汉族传统习俗，死者之服（寿衣）用左衽，不用布钮，而是使用细布带系死结，以示阴阳有别。

曲裾深衣通身紧窄、长可曳地，下摆一般呈喇叭状，行不露足，衣袖有宽窄两式，袖口大多镶边。衣领部分比较有特色，通常用交领，领口很低，以便露出里衣。如果是穿了几件衣服，每层领子都要露在外面，最多的可达三层，时称"三重衣"。

直裾，即襜褕，直裾与直裾深衣不是同一概念。直裾样式出现于西汉，盛行于东汉。直裾深衣不绕襟，衣裾在身侧或侧后方。最初属于便服，不能作为礼服在祭礼、朝见等重要正式场合穿用。《史记·武安侯传》中记载："衣襜褕入宫，不敬。"直裾深衣当时但不能作为正式礼服的一大原因就是当时人的裤子问题或者说内裤问题。

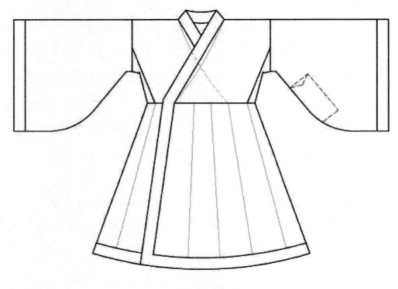

直裾深衣

古代的裤子雏形应该有两大类，一类叫作"袴"或"绔"，另一类叫"裈"。

袴也叫作"胫衣"。胫就是腿的意思，所谓胫衣类似于今天的吊带长筒袜，它只有两只单独的裤管，没有裤腰，上端用带子系在腰上，所以叫作袴。只有裤管的裤子当然是没有裆的，或者说是开裆的。从出土文物及传世文献来看，早在春秋时期就有胫衣存在。袴是内衣，不能外露。袴的外面一定要穿裙或深衣。

《礼记》曰："衣不帛襦袴。"因为襦和袴都是内衣，儒家崇尚俭朴，认为不应该用丝绸来制作内衣。到了六朝时，世家子弟用丝绸来做裤子，所以被称为"纨绔子弟"。

袴的主要作用是保暖，所以袴一般比较厚实，甚至会夹絮或使用毛皮缝制。材料较厚时，裆部的处理就变得比较麻烦，影响衣服的舒适性或有碍人体的运动，所以干脆不做裤裆。

当然光穿这种"长筒袜"很尴尬。不过不要紧，当时还有"下裳"可穿。所谓"下裳"其实就是前后两块布，遮住中间，男女都可以穿。

汉代胫衣有了变化，两只裤管连接起来，有了裤腰，但是属于开裆裤，叫"穷裤"。《汉书·上官皇后传》中记载："虽宫人使令皆为穷裤，多其带。"

穷裤一直到唐朝还有人穿。

裈即连裆的短裤，可以理解为古代人的大裤衩，即袴内要系一兜裆布。裈短如牛鼻，俗称犊鼻裈。司马相如拐带卓文君回到成都后，为了气卓王孙两口子卖酒，穿着犊鼻裈和仆人们一起在闹市洗刷酒器。

还有一种略宽大一些，酷似当代的沙滩裤，有两条明显的裤管，裤长齐膝。

裈通常见于农夫、仆役或军人穿用。山东汉墓出土的画像砖上就有农夫就穿着这种短裤耕作的场面。

"犊鼻裈"起源很早，据目前的考古发现，可上溯至新石器晚期。

晋代的名士们似乎对类似现代内裤的"犊鼻裈"很感兴趣。阮籍就用这裈来表达自己的不羁。如他在《大人先生传》中将那些循规蹈矩的人比作"群虱处裈中"，也就是把那些人比喻成裤裆里的虱子。

他的侄子阮咸看不惯别人晒华丽的衣服，就将自己的大犊鼻裈拿出来用竿高挂于中庭晾晒。这事想想都很有意思。

刘伶更为狂放，甚至说："我以天地为栋宇，屋室为裈衣，诸君何为入我裈中？"意思把人都放在裤裆里。

正是西汉中晚期内衣的不断改良，深衣也有了重大变化，从曲裾走向直裾。

汉代之后的魏晋南北朝时期，裤子已大行其道，成为时尚。彼时的裤子形制比较宽松，两只裤管做得十分肥大，俗称"大口裤"。和大口裤相配用的上衣则较为合体，名为"褶"。褶和长裤穿在一起叫作"袴褶"。男女通穿。

由于裤管过于肥大，行动不便，人们就用丝带将裤管的膝盖处系缚，这种缚带的裤子叫作"缚袴"。

魏晋之后，袴、裈合用，合裆之裤既可称"裈"，也可称"袴"。和上衣一样，为了御寒，裤可以做成夹的，或絮进棉、麻，称为"复裈"。

到唐代妇女虽然喜欢穿裙，但裤子并没有被废弃。军将、仪卫多穿缚裤。普通人的裤子与魏晋南北朝流行的大口裤相反，通常做得比较紧窄，裤脚部分也明显收束。宋代时又将胫衣重新纳入流行之列，改良成为类似现在袜子形式的"膝裤"（袜，足衣，今之膝裤。宋时男子之袜，亦称膝裤，今妇人称之，男子无称膝裤者）。

两宋时期的男女，不分尊卑，都穿膝裤。我们可以理解为和现代相似的一种长筒袜。这种袜子甚至能放匕首。

《朱子语录》记载：南宋权相秦桧死后，宋高宗对臣下说："朕今日始免膝裤中置匕首矣！"可见，连皇帝平常也穿膝裤。

裤子的改良，对古人的坐姿也发生了影响。

在汉代，标准的坐姿是跪坐。即席地而坐，臀部放于脚踝，上身挺直，双手规矩地放于膝上，身体气质端庄，目不斜视。现在日本人还流行这种坐姿。这种坐姿有效地解决了裤裆走光的问题。

汉代时臀部坐着，双膝在身前屈起，足底着地的现代坐姿称为"箕踞"，被认为极不礼貌。

连裆裤在魏晋南北朝的广泛使用使得人们已经开始放弃跪坐。有了连裆裤，坐椅子不怕走光。至宋朝，基本习惯于坐在椅子上了。

最后我们再回到深衣，应该说深衣是汉服形制的重要标准，对后世的服饰产生极大影响。从唐代的袍下加襕，元代的质孙服、腰线袄子，明代的曳散等，到现在的连衣裙，也可以看作古代深衣的发展。

深衣面料多为白布或麻布，其束腰的腰带原先用称作大带或绅带的丝带。战国时期，受西北游牧民族的影响，以皮带配钩制成带钩，由于其结扎便利，所以逐渐取代了丝带。《史记》载："满堂之坐，视钩各异。"说明当时带钩的形式多样，已普遍使用。

深衣的花边也很讲究。如父母、祖父母都健在，以花纹布料为衣缘。父母健在，以青色布料为衣缘，即青衿。如果是孤儿（三十不称孤），以素色为衣缘。

深衣制到了魏晋南北朝已不被男子采用，但在妇女中一直使用，其形式与汉代早期有差别。总体特征为"上俭下丰"式，服装的衣身比较简单，右衽，领袖俱施边缘，袖子宽敞肥大，服装特点集中表现在下摆部位。通常将下摆裁剪成三角，上宽下尖，层层相叠，并且从围裳中伸出飘带。由于飘带拖得很长，走起路来牵动着下摆的尖角如燕子飞舞。

到南北朝时，又去掉了长可曳地的飘带，而将尖角的"燕尾"加长，使两者合二为一。

深衣和深衣制式的袍服一直到唐代，还与其他制式的服装共为朝服和礼服，可见深衣在汉族服装中的地位。

而且后世的大儒们对复兴深衣的热情不亚于现在不少人复兴汉服的兴趣。他们根据古籍，身体力行地设计了大量的深衣款式的服饰。如司马光所制的"温公深衣"，朱熹复原的"朱子深衣"等。

最后略说一下"汉服"，笔者认为狭义的汉服在东汉明帝的永平二年（59）才有正式完备的规定。因为在此之前，汉朝的冠服制度大都承袭秦制，或者稍做改良。

我们现在要恢复的应该是古代服装中重要的形式——深衣。

《春秋左传》中有载：中国有礼仪之大，故称夏；有章服之美，谓之华。这个"华"，笔者认为非深衣莫属。

 ## 番外篇：汉代穿衣服颜色不能乱穿

冠服的颜色也是等级制度的重要体现。秦朝规定："衣服旄旌节旗皆上黑。"汉承秦制，颜色尚黑。到了东汉时期，改土德为火德，颜色尚红，于是皇帝的冠服改为红色为主。

汉朝规定皇帝、太后、皇后的佩绶是赤黄色，诸侯王的佩绶是深红色，诸国贵人、丞相的佩绶是绿色，公、侯、将军的佩绶是紫色，紫色以下分别是青色、黑色、黄色。

东汉时期还规定百官的冠服颜色分为青、红、黄、白、绛红五种，按照季节的变化而变化。如春季为青色，夏季为红色，季夏为黄色，秋季为白色，冬季为黑色。

古代布料染色也遵循阴阳五行，以黑、白、赤、青、黄为正色，汉代以深色为贵，浅色次之。汉朝尚火德，以黑色和红色为贵。所以正式礼服常用黑、红为主色调，饰以鲜艳华丽的刺绣。

汉代规定平民只能穿本色麻布衣，不许穿彩色，"散民不敢服杂彩"（《春秋繁露》）。也就是平民百姓只能用纯色或复色，如茶褐色、黄棕色、棕色、灰色、银灰色等。

所以古人把没有功名的平民百姓称为"白徒""白丁"，是没有资格穿色泽华丽的印染服饰，只能穿布衣、素衣，即所谓白衣。

汉代史书上有很多时候讲到"白衣"。如《史记》载，公孙弘因精通《春秋》成为"白衣三公"，即由平民成为三公；东汉张酺因精通《尚书》，被汉章帝赐官尚书，人称"白衣尚书"，即从平民升任尚书。

知道"白衣"的意思，再解释吕蒙"白衣渡江"就很好理解了：吕蒙让军士们脱掉军装，装束成普通百姓，穿着打扮跟做生意的商人一样，以此麻痹了荆州守军，从而出其不意一举夺取荆州，而非穿着白色衣服渡江。

但到西汉后期开始，也默许平民身穿青色、绿色等彩色服装。

由于汉朝实行重农抑商的政策，商人的社会地位低下，因而不准穿丝绸等华丽的服装。但是由于商人经济实力较强，他们往往会突破政府政策的限制，以至于"服文组彩牒，锦绣绮纨"。

八、今日良宵会：喝酒看日子，汉代禁酒令与喝酒节

汉代以前，酒主要用于祭祀和贵族们饮用。汉代由于酿酒技术的改进和酿酒业的迅猛发展，酒已经渗透到社会生活的许多方面。

据山东省社科院饮食史专家王赛时研究，汉代时酒已经不再神秘化和特权化，而成为各基层都可以享用的日常品。

《汉书》记载："酒者，天之美禄，帝王所以颐养天下，享祀祈福，扶衰养病，百福之会。"

汉虽承秦制，但由于汉初上层多为楚地人，楚文化对汉代风气的影响很大。楚文化中奔放、飘逸的浪漫主义色彩对汉代酒文化也有一定的渗透。

西汉初期，大臣们多出身草莽。刘邦组织大家聚会，经常出现"群臣饮酒争功，醉或妄呼，拔剑击柱"耍酒疯现象，把大殿搞成夜店，君臣聚会成了兄弟们的拼酒。后来刘邦采纳鲁地儒生叔孙的建议，由叔孙制定了汉朝礼仪制度，情况才开始好转。

包括在宫廷宴饮时饮酒的坐姿、座次，汉朝礼仪制度都做出了严格规定。

坐姿一般跪坐，以臀压足，两膝向外。如果致敬他人，则上身直立，膝盖着席，叫作膝席。

如果别人为你倒酒，则应该避席伏着，以示恭敬。

座次秦汉时期以东向为尊，以右为尊。《史记·项羽本纪》记载，鸿门宴时座次项王、项伯东向坐，亚父南向坐，沛公（刘邦）北向坐，张良西向侍。

因此饮酒虽然越来越规范，却失去了饮酒的放松与快乐。

汉文帝时期，西汉发布了"禁酒令"。

中国历史上最早的禁酒令大概是出自《尚书·周书》的《酒诰》。

汉文帝时，西汉实行了"禁群饮"制度，以律令形式公布："三人以上无故群饮酒，罚金四两。"

即三人以上饮酒会被罚款。这项法律应该是我国古代较早的禁酒令之一。

因此在汉代想要聚在一起喝大酒必须要有充分的理由。

当然汉代也专门设有饮酒日，饮酒日可以相聚一起开怀畅饮。

汉代为饮酒专门设立的日子是腊日饮酒、伏日饮酒、社日饮酒，此外还有各种节日饮酒。加之各种婚礼饮酒和大脯日饮酒，这样算下来汉朝人们饮酒的机会也并不算少。

其实我国的各种传统节日大部分是在汉代时期形成的，如元旦、元宵和重阳节。汉代的民俗文化除了元旦新年饮酒外，元宵节也是一个极其重要的饮酒日。这个节日对于今天的人们自然也并不陌生。相传元宵节源自汉武帝对于神仙和月亮的崇拜，在正月十五这天设坛祭祀，张灯结彩，于是元宵节便成了可以堂而皇之地饮酒理由。

"后汉之节令为上元、上巳等八日，皆社会游宴、饮乐之时。"

自先秦起，人们会在年末举行腊祭，即用猎物祭祀祖先和天地神灵，祈求来年五谷丰登、阖家平安。举行腊祭的日子被称为"腊日"，汉代腊祭的时间是在每年十二月的第三个戌日。南北朝时，腊日才固定在农历十二月初八，才有吃腊八粥的习俗。

汉代腊日祭祀活动结束后，官府会给老百姓和官员分发腊钱和腊肉，可以饮酒。"岁终大祭，纵吏民宴饮。"

"伏"有避匿之意，除此之外，"伏日"当与"伏腊祭"有关。古代一般是夏至后第三个庚日入初伏的第一天为"伏日"。汉时，伏日有酒食之会。汉和帝曾令伏日尽日闭门，不干他事。

社日节，又称土地诞。古代把土地神和祭祀土地神的地方都叫"社"，是古老的中国传统节日，社日分为春社和秋社。古代的社日节期依据干支历法来定，后来因历法变动改用阴历定节期。

春社按立春后第五个戊日推算，一般在农历二月初二前后。秋社按立秋后第五个戊日，约新谷登场的农历八月。按照我国民间的习俗，每到播种或收获的季节，农民们都要立社祭祀，祈求或酬报土地神。

汉以后仍实行二月、八月两个社日的春秋社祭。《汉书·五行志中》注说，国家规定二十五家为一社。而民或十家五家共为田社，是为私社。社祭后可以分肉喝酒。

汉代酒肆画像石拓片

汉代婚姻饮酒叫"合卺"，是新婚夫妇喝交杯酒的礼数。所谓"合卺"便是一个葫芦分两半的瓢而已，一瓢给新郎官，一瓢给新娘，两人共饮，因此这也是交杯酒的雏形。汉宣帝专门下发诏书说："夫婚姻之礼，人伦之大者也，酒食之会，所以行乐也。今郡国二千石，或擅为苛禁，禁民嫁娶不得具酒食为贺召，令民无所乐，非所以导民也。"

所以这天也可以敞开喝酒。

大脯日饮酒，属于国家重大节日，可以大喝五天。所谓大脯主要是包括册立太子、公主出嫁或者国家的一些重大喜事而设立的节日，来源于秦朝。

汉文帝在制定禁酒令的同时也曾经"赐大脯五日"。这一天老百姓可以"使民得酤酒，五日之内，可群饮也"。不过如果这五天不喝酒不聚会，过期作废，因此堪称国家级喝酒狂欢日。

汉代酿酒画像砖

中国的"元旦"这一概念，历来指的是正月初一。"正月"的计算方法，在汉武帝以前也是不统一的。因此，历代的元旦月、日也并不一致。夏朝的夏历以春一月为正月，商朝的殷历以冬十二月为正月，周朝的周历以冬十一月为正月。秦始皇统一中国后，以冬十月为正月，即十月初一为元旦。

从汉武帝起，规定春一月为正月，把一月的第一天称为元旦，并一直沿用到清朝末年。

其实古人的元旦，就是我们现在的春节。

所以元旦是汉代乃至以后中国最大的传统节日。汉代在这天要饮椒柏酒。

椒柏酒，是用椒实和柏叶酿制的酒。东汉崔寔撰《四民月会》云：元旦"子妇曾孙各上椒酒于家长"。宋刘颁撰《汉官仪》载："正旦以柏叶酒上寿。"据说饮椒柏酒，能蠲除百病。

这天，皇帝也要大宴群臣，庆贺新春佳节。

值得一提的是，女性饮酒在汉代成为一种普遍现象。在汉代，女性受到礼制的限制程度相对较轻，相对自由。上至皇后妃嫔，下到姬妾乐妓，饮酒群体之庞大，无论史书或汉画中都有诸多记载。汉成帝的妃子，汉代女文学家班婕妤也曾作赋："酌羽觞兮销忧。"借酒消愁的心绪可见一斑。更有甚者《汉书》记载英布的姬妾可以独自出门赴宴。

男女同席宴饮在汉代是相当常见的现象。四川彭州出土的宴饮画像砖刻画的就是三位男性与一名女性的宴饮场面，居于最左侧的女子高举酒杯与身旁的男性对饮。可见女性在这一时期的地位获得极大的自主性提升，饮酒风气的盛行也彰显出这一时期女性独特的性格魅力与豪爽作风。

其实汉代人对酒有着极大的热情。西汉的创建者刘邦微时就是个酒徒。很多诸侯王如中山靖王刘肥，除了喝酒，还是美酒收藏爱好者。

汉代的酿酒技术比较成熟，于是在酒的酿造工艺方面翻新了许多花样，酒的种类较以前更加丰富。总体上说分为四大类：谷物酒、配制酒、乳酒和果酒。

谷物是汉代酿酒的主要原料。不过当时的谷物酒只能称之为"米酒"，度数很低，一般以原料来命名，有稻米（稻谷）酒、黍米（黄米）酒、秫米（黏米）酒、粟米（小米）酒等。

谷物酒又分为"酒、醴"两大类。

西汉邹阳的《酒赋》道："清者为酒，浊者为醴。"浊酒是未经过滤的"原生态"酒，甜度高，称为甘醴。而清酒酿造时间一般比浊酒长，而且酒液中的渣滓被过滤后看上去较"清"，酒味也较醇厚。

所谓配制酒，就是按照需要将谷物与花、果、动物或药材等放在一起，共同发酵酿造而成，类似于今天的"保健酒"。区别是我们今天的保健酒是用"浸渍"方法得到的，而汉代是将材料直接放在一起发酵而成。受技术限制，汉代的酒度数较低，如果直接浸泡材料，酒容易变质，只能用“共同发酵”的方法来制作配制酒。

汉代配制酒主要有百末旨酒、菊花酒、兰英酒、桂酒、椒酒、柏叶酒等，其中桂酒在汉代被誉为“天下第一美酒”。

果酒是人类酿酒史上历史最为悠久的一种酒。汉代果酒种类非常之多，桃酒、李酒、梨酒、甘蔗酒、荔枝酒、山楂酒、枣酒、杨梅酒、桔酒、石榴酒、樱桃酒等极其广泛。其中甘蔗酒最为有名，也被称为“金酒”。

值得一提的是汉代自葡萄传入中原地区后就有了葡萄酒。

乳酒是用动物乳汁经过发酵酿造而成的。

在汉代，马（乳）酒深受上层人士的喜爱。朝廷甚至专门设置了制作马酒的机构，编制多达 72 人。可见这种酒的受欢迎程度之高，需求量之大。

汉代“酒局”

不同种类的酒颜色与口味也有很大的差别。汉代人按照颜色与口味的不同，将酒分为黄酒、白酒、甘酒、香酒、金浆、醽醁，还有被称为醽的红酒等等。

枚乘曾在《柳赋》中提道："于是罇盈缥玉之酒，爵献金浆之醪。"

金浆也就是桂花酒。直至今日，人们都有以桂花作酒的习惯。

醽醁是一种颜色呈绿色的酒。在西安汉墓出土的酒壶中就装有绿色古酿。

而百末旨酒在两汉佚名的《景星》诗中有记载：

"殷殷钟石羽龠鸣。河龙供鲤醇牺牲。百末旨酒布兰生，泰尊柘浆析朝酲。"

唐代著名学者、文学家颜师古为百末旨酒作注时，写道，其香且美也。

汉朝酒的度数，大约只有 3 度而已。一部分汉代酿酒者把精力关注在制曲方面，想方设法提高酒曲的发酵能力，以求酿出度数更高的酒。由于汉代所造酒曲的发酵能力比较弱，因此汉代酿酒虽然用曲量大，但酿出的酒度数仍然不高。

根据现代学者的研究，汉代酒可能是翠绿色的。这是因为当时酒曲的微生物种群就是绿色的，而且当时人们在培育微生物种群时并不能保证酒曲的纯净。

可见"灯红酒绿"是有渊源的。

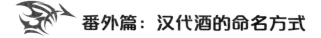 **番外篇：汉代酒的命名方式**

从《汉书·食货志》可知，汉代用酒量很大，其中有一句话说是"有礼之会，无酒不行"，没有酒就无法待客，不能办筵席。

汉代酒的命名，已经有了一些固定的法则。一般酒多以原料命名，如稻酒、黍酒、秫酒、米酒、葡萄酒、甘蔗酒等。另外还有以添加的配料来命名酒，如椒酒、柏酒、桂酒、兰英酒、菊酒等。

酒的质量是以酿的次数多少来划分的，酿的次数多为美酒，次数少为下酒。质量上乘的酒，往往要以酿造季节和酒的色味命名，如春醴、春酒、冬酸、秋酿、黄酒、白酒、金浆醪、甘酒、香酒等。

汉代的名酒也有以产地命名的，如宜城醪、苍梧清、中山冬酿、酃渌、酂白、白薄等。一般酿制时日较长，味道醇厚之酒则称"酎"或"醇"。

九、伯良一斛得凉州：汉代葡萄酒多珍贵，20 斤葡萄酒竟换了一个刺史

聊汉代葡萄酒要先从一个故事说起。

《图书集成·食货典》记载："有献西凉州葡萄酒十斛于张让者，立拜凉州刺史。"《续汉书》也记载了这个葡萄酒换刺史的故事：

扶风孟佗以西凉葡萄酒一斛遗张让，即以为凉州刺史。孟佗就是三国时期那位孟达的父亲。张让是汉灵帝时的大宦官，位列十常侍之首。张让专权朝政，宾客想见上一面都难。孟佗用尽家财，贿赂张让的家奴，才得以见到张让。孟佗因而四处吹嘘。别人都以为孟佗和张让关系亲密，便争着贿赂孟佗。孟佗倒是够意思，转手将礼物奉献给张让，张让很高兴。后来孟佗搞到了凉州特产葡萄酒，给张让送了一斛，随即被封为凉州刺史。

汉朝的一斛为一石，即为十斗，一斗为十升。东汉一升约合现在的 200 毫升，故一斛葡萄酒就是现在的 20 升。相当于孟佗用 20 斤西凉葡萄酒换得凉州刺史一职。

以至于千年之后，宋代苏东坡喝了葡萄酒后，大发感叹："将军百战竟不侯，伯良一斛得凉州。"伯良是孟佗的字。

当然这个故事有些夸大酒的作用，但也证明当时凉州葡萄酒的珍贵。

《图书集成》与《续汉书》记载的葡萄酒数量不同，笔者认为《续汉书》比较准确些。

但这个故事后世流传很广，被很多仕途不太得意的文人轮番作诗引用。如唐刘禹锡做《葡萄歌》："为君持一斗，往取凉州牧。"苏轼还有一句："自言酒中趣，一斗胜凉州。"范成大写道："一语为君评石室，三杯便可博凉州。"陆游有："君不见，葡萄一斗换得西凉州，不如将军告身供一醉。"辛弃疾作词道："笑千篇索价，未抵葡萄，五斗凉州。"

葡萄酒对于中国人来说，到底是本土起源，还是舶来品，一直有争议。其实在中国先秦时期也有本地野生葡萄的品种，但没有人工种植葡萄历史。《诗经》中就曾提道："六月食郁及薁"。薁就是蘡薁，李时珍在《本草纲目》里认为这就是一种野葡萄。

西汉武帝时期，张骞通西域，带回了葡萄种子。《史记·大宛列传》记载：宛左右以蒲陶为酒，富人藏酒至万余石，久者数十岁不败。俗嗜酒，马嗜苜蓿。汉使取其实来，于是天子始种苜蓿、蒲陶肥饶地。及天马多，外国使来众，则离宫别馆旁尽种蒲陶，苜蓿极望。

所谓葡萄，也做蒲桃。因为这是一个外来词，其对应的往往没有一个固定的词。中国古代曾有"蒲陶""蒲萄""蒲桃""葡桃"等称，葡萄酒也相应地称为"蒲陶酒"。在古汉语语境中，"葡萄"也指"葡萄酒"。李时珍在《本草纲目》中记述道："葡萄，《汉书》作蒲桃，可造酒，人酺饮之，则酶然而醉，故有是名。""酺"是聚饮的意思，"酶"是大醉的样子。按李时珍的说法，葡萄之所以称为葡萄，是因为这种水果酿成的酒能使人饮后酶然而醉，故借"酺"与"酶"两字，叫作葡萄。

中国在西汉以前也有本土野葡萄酿制的葡萄酒。

1980 年在河南发掘的一个商代后期古墓中发现了一个密闭的铜卣。后经北京大学化学系分析，铜卣中的酒类残渣含有葡萄成分。此外近年的考古中，山东日照等考古遗址也发现了野生葡萄酿酒残留。但这些应该都是中国古代本土葡萄品种，与后来汉代自西域输入者不同。

植物分类学认为，葡萄属于葡萄科葡萄属葡萄亚属，葡萄亚属〔或者被称为"真葡萄亚属"〕又被分为三个种群：欧洲种群、亚洲种群和美洲种群，其中亚洲种群主要分布在中国。由此可以推断，作为一种植物，葡萄在中国具有悠久的历史。现代地质化石研究也表明，山东临朐在2600万年前就有秋葡萄（亚洲种群的一个种）的存在。

与中国原产葡萄一样命运的还有苹果。古代中国原始野生苹果称为"柰"，中国苹果有2000多年的栽培历史。西汉司马相如的《上林赋》中就写道："楟柰厚朴。"其中"柰"就是后来的绵苹果，即中国苹果的古称。但现在因为"柰"的品质差，基本早已淘汰，由西洋苹果取代。

我们现在说的葡萄是欧洲种群葡萄在历经冰川时代之后的遗存——欧洲葡萄。葡萄酒所使用的专用葡萄品种——"酿酒葡萄"绝大多数属于这个种。中国汉代所饮用的葡萄酒也是如此。

张骞出使西域带回葡萄种子后引种于陕西、甘肃等地，并以之酿酒。汉代葡萄的种植和葡萄酒的酿造应该都达到了一定规模。有记载凉州地区大量栽种葡萄，并以此酿出了品质绝佳的葡萄美酒。上面孟佗贿赂张让即是凉州所产葡萄美酒。

汉代葡萄酒酿制

三国曹魏黄初年间，凉州葡萄酒贡进宫廷，甚至受到了当时皇帝曹丕的追捧。而且曹丕就是葡萄的顶级粉丝，给葡萄和葡萄酒写了不少文章。曹丕在《诏群医》中写道："中国珍果甚多，且复为说蒲萄（即葡萄）。当其朱夏涉秋，尚有余暑，醉酒宿醒，掩露而食。甘而不饴，酸而不脆，冷而不寒，味长汁多，除烦解渴。又酿以为酒，甘于鞠蘗，善醉而易醒。道之固已流涎咽唾，况亲食之邪。他方之果，宁有匹之者。"

但古代葡萄酒的具体酿造方法，中国古籍却缺乏记载。据《唐新修本草》记载："葡萄味甘，平，无毒。主筋骨湿痹，益气倍力，强志，令人肥健，耐饥，忍风寒，久服轻身不老，延年。可作酒，逐水，利小便。生陇西五原敦煌山谷……葡萄作酒法，总收取子汁酿之自成酒。"据《唐新修本草卷第十九米中》记载："酒，有葡萄、秫、黍、粳、粟、曲、蜜等，作酒醴以曲为。而葡萄、蜜等，独不用曲。饮葡萄酒，能消痰破。诸酒醇不同，惟米酒入药用。"有学者因此认为，古代酿制葡萄酒用的是自然发酵法，仅以葡萄外皮自带之霉菌作为发酵菌源，和现在有些人自己做的葡萄酒类似。

其实葡萄酒本身是一种果酒，早期的葡萄酒酿造法就是自然发酵法。所谓自然发酵法就是葡萄汁经过自然发酵后形成葡萄酒，其现代原理无非是在葡萄酵母菌作用下将果汁中的葡萄糖发酵生成酒精，并且产生二氧化碳和酶。因此葡萄酒与中国传统粮食酒酿制工艺不同，风味也大不一样。古代中国的葡萄酒往往有很浓的甜味，古诗中称之为"甘逾瑞露浓欺乳"。这说明，这种葡萄酒和现代葡萄酒——干红还是不一样的。汉代葡萄酒酒精含量比较低。比如前面曹丕就说过葡萄酒：善醉而易醒。

从历史来看，葡萄酒在汉代兴起，汉末三国时期得以发展。到了后来西晋及南北朝时期成为上流社会筵席上常用美酒。当时的诗文都有反映。吴国名臣陆逊的孙子、晋朝名士陆机在《饮酒乐》一诗中写道：

蒲萄四时劳醇，琉璃千钟旧宾。

夜饮舞迟销烛，朝醒弦促催人。

春风秋月桓好，欢醉日月言新。

南梁大臣庾信写过一首《燕歌行》：

蒲桃一杯千日醉，无事九转学神仙。
定取金丹作几服，能令华表得千年。

葡萄酒自西汉发端，而走向民间应该是唐代。据《太平御览》记载，唐贞观十三年（639），唐军在李靖的率领下攻破高昌国（今新疆吐鲁番），从高昌获得马乳葡萄种子和葡萄酒酿造方法。于是唐太宗不仅在皇宫御苑里大种葡萄，还亲自参与葡萄酒的酿制。在他的带动下，大臣们也纷纷成为葡萄酒大师。

据说《龙城录》是柳宗元所撰，其中记载名臣魏征就善于酿制葡萄酒："魏左相能治酒，有名曰'醽渌翠涛'，常以大金罂内贮盛，十年饮不败，其味即世所未有。"意思是说宰相魏征善于制作葡萄酒，取名"醽渌翠涛"，储藏十年，味道不变。唐太宗尝了后，表示不错，并作诗赞美："醽渌胜兰生，翠涛过玉薤。千日醉不醒，十年味不败。"

这里面提到葡萄酒的颜色是绿色。其实唐宋时期很多米酒也是绿色。所以"灯红酒绿"的说法应该来源于此。有诗词可以为证。唐李白《襄阳歌》："遥看汉水鸭头绿，恰似葡萄初酸醅。"唐代王翰《凉州词》中的名句："葡萄美酒夜光杯。"可谓家喻户晓，夜光杯多用碧玉，葡萄酒与杯皆澄碧玲珑，可相辉映。北宋词人毛滂写有："盘中水晶盐，碧酒葡萄秋。""春溪葡萄碧，饮渴谁当吸。"南宋赵崇嶓写有："玉槽夜压葡萄碧，石溜寒泉响凌历。"同时代的虞俦有："照坐彤盘花一簇，满瓮葡萄酒新绿。"曾协有："却尽春寒宾满座，深酌葡萄新绿。"方岳有："山城难觅葡萄绿，竹火终强鹁鸽青。"可知唐宋时期葡萄酒的颜色都是绿色。

但是到了宋末至元明，葡萄酒的酿酒工艺发生了改变。元代从西方引进了蒸馏制酒的方法（也有人认为辽国已经有蒸馏酿酒），葡萄酒的度数大大提高。李时珍在《本草纲目》中记载了这种用蒸馏法制作的葡萄露酒。这种酒应该和白兰地的工艺接近。葡萄酒颜色开始发生变化，绿色反为少见。

宋末元初汪元量的《湖州歌》中就写道："葡萄酒酿色如丹。"元耶律楚材诗作中虽有绿酒，如《西域家人辈酿酒戏书屋壁》："旋借葡萄酿绿醅"，但这只是沿用故典。其描写实物之作如《赠蒲察元帅七首其一》："酒泛葡萄琥珀浓。"《戏作二首其一》："葡萄新酒泛鹅黄。"《戏作二首其二》："葡萄酒熟红珠滴。"元末王翰《和陈克斋清明登瑶台有感其二》则写有："葡萄千斛紫霞醅。"明王世贞的《将还故乡醉别燕中友人其一》云："葡萄新酿紫霞文。"

可见葡萄酒的颜色随着酿造工艺的不同，从绿色逐渐开始有黄色甚至紫色。

从汉代开喝的葡萄酒到了清代基本退出了历史舞台。直到近代洋务运动兴起，红色葡萄酒（干红）才进入国人视线。

十、"饔"与"飧"：贵族才吃三顿饭，也能吃火锅拍黄瓜，汉代饮食考

现代人已经习惯了"一日三餐"。时间倒流到在汉代，一天吃两顿饭是寻常人家，甚至基层官吏们的常态。而且就算是两顿饭，有时候食量也是因人而异，比如士兵就被分成五个等级，按照等级分配食物。

古人把第一顿饭称为"朝食"，即"饔"（yōng），在太阳行至东南方（隅中）时（大约上午九点左右）进餐；第二顿称"飧"（sūn）或"铺食"，在申时（下午四点左右）进餐。

这也是朱熹《集注》中所说的"朝曰饔，夕曰飧"的由来。

对于进餐时间，古人讲"食不时不食"。在不应进餐的时间用餐，被认为是一种越礼的行为，除非是特别的犒赏。如《史记·项羽本纪》记载，项羽听说刘邦想要独霸关中，曾怒而下令"旦日飧士卒"。旦日是指明天一大早，太阳刚刚露出地平线。这时本不该吃饭的，项羽的意思是半夜做饭，天一蒙蒙亮就让士兵们吃饱饭，借此犒劳将士，激发士气，好和刘邦干仗。

能享用"三餐制"在汉代基本是王侯、贵族的专利。淮南王刘长以谋反获罪，汉文帝仍特批他可继续享受诸侯王的生活待遇——允许一天吃三顿饭

（《汉书·淮南厉王刘长传》里所说的"皆日三食，给薪菜盐炊食器席蓐"）。

而汉朝的皇帝则是"一日四餐"制，而且细分为"旦食""昼食""夕食""暮食"，相当于我们所说的早餐、午餐、晚餐、夜宵。皇帝的"四餐制"在汉朝时被制度化。中国古代饮食制度自古就带有明显的等级色彩和礼仪特征，皇帝的饮食安排自然要与众不同，以"别尊卑"。

"四餐制"在汉代被严格执行，即使帝王死后，祭祀时也要"日上四食"。但"四餐制"也并非一成不变，在特殊时候要"减餐"。比如国家遭遇严重的天灾人祸时，皇帝就得减少饮食量和次数，以此自我惩罚。

汉代以后，一日两餐逐渐变为三餐或四餐。并且，三餐开始有了早、中、晚饭的分称。早饭，汉代称为寒具，指早晨起床漱洗后所用之小食。至唐代，寒具始有点心之称。《能改斋漫录》云："世俗例以早晨小食为点心，自唐时已有此语。"至今我国许多地区仍称早饭为早点。午饭，古人曾称之为"中饭"或"过中"。

汉代进餐多以分餐制为主，宴饮时席地而坐，菜的多少按照等级高低而定。汉代对节日习俗也颇为重视，元旦、寒食、端午、重阳都有特定要吃的食物。

那么汉代的主食又是什么呢？

汉代的主食是"五谷"。"五谷"之说始于春秋、战国时期，虽然五谷说法不一，但有学者研究认为，汉代的五谷应是"黍（稷）、粟、麦、菽、稻"，即"黄米、小米、小麦、大豆、水稻"。

黄米是糜子或黍子去皮后的制成品，因其颜色发黄，统称黄米。所以黄米又称黍、糜子、黄米、夏小米、黄小米，有糯质和非糯质之别。糯质黍多作以醇酒。非糯质黍，称为稷，以食用为主，是古代黄河流域重要的粮食作物之一。在日常食用中，黄米要高于小米。人们拿它当江米（糯米的一种，即籼糯米）使用，有些地方还拿它做糕待客。小米就是现在常说的谷子去皮后制成品。

小麦、大豆、水稻就不用介绍了，这些在古代就是我们祖先的主要食物。

当然粮食也有地域性，黄淮及以北地区的人们以黍、稷、麦为主食，而南方和西南地区的人们则以稻米为主。

在西汉，随着杵臼、碓、磨等粮食加工技术的发展，谷物粉面制成的主食，已经改变了人们以前食用干饭和粥的习惯。特别是汉代开始有了石磨，人们已经掌握了把谷物磨成粉末或舂成粉末的技术，可以制作各种饼食。

江苏邗江胡场五号汉墓中出土的遗册上就记载了随葬物五橐：一粱米橐、二黄芩橐、三米橐、四酒米橐、五麹蘖橐。橐，即袋子，而蘖，为酿酒的曲，即酵母。麹蘖橐，就是装有发酵剂的袋子。据此可以推断，西汉时期已经能使用酵母发酵制作面点。

汉代人的粮食，根据加工粗细的不同分为四等：精米（又叫御米）、稗米、粲米、粝米；根据制作方式的不同，又大致分为"饼、饭、粥"三种。

在汉代乃至宋代以前，饼的概念和现代是不一样的，彼时的"饼"是所有面食的统称。蒸的叫"蒸饼"，烤的叫"烧饼"或"炉饼"，油炸的叫"油饼"，煮的面条或面块叫"汤饼"（类似现在的片儿汤，不过是死面做的，而且不是用刀切，直接用手撕）。其中，"汤饼"有豚皮饼、细环饼、截饼、鸡鸭子饼、煮饼等；"蒸饼"有白饼、蝎饼等；"炉饼"有烧饼、胡饼、髓饼等。汉代人主要以蒸饼为主。

相比谷物直接煮饭、熬粥，汉代人们在面食上的创造性显然更高。比如，上面说的胡饼，大约就是现在馕的一种。髓饼则是用动物油脂作为佐料，和在面里，风味更佳，营养更丰富。

另外汉代用麦粉蒸的叫饼，用米粉蒸的叫饵，糯米粉做的糍粑。

西汉元帝（前48—前33）时期黄门令史游写的《急就篇》中把饼和饵列为食物之首，可见其在食物中的地位之高。

但饼类食物是贵族的饭食，平民百姓可能只是偶尔为之，其概率大约等于当年我们包饺子的概率。

汉代普通百姓的主食是"饭"，如麦饭之类，可以理解为较稠的水饭或者干饭。

汉代的米饭跟今天的米饭没什么两样，将去皮的水稻、小麦、小米等煮熟食用，煮熟的米饭也可以晒干做成"干饭"，便于出门携带。那时候，南北饮食的差异就已经很明显了。黄河流域主要以小麦、黄米饭为主食，而长江流域主要以稻米饭为食，尤其爱吃带黏性的糯米饭。

粥，又称糜。一般人喝粥，有麦粥、米粥，米粥中又分糯米粥、黄米粥、小米粥、大米粥。当然，你还可以喝用淘米水和豆子熬成的豆粥。

汉通西域后，还引入了胡饼、胡饭作为主食。胡饼类似今天的芝麻饼；胡饭，根据北魏《齐民要术》的记载，把酸味酱瓜、烤肥肉、生杂菜放在饼中，迅速卷成卷，卷两层，并切成长不超过两寸的六段，就着调料（醋中撒葫芹）一起吃。《后汉书·五行志》所记："灵帝好胡服、胡帐、胡床、胡坐、胡饭。"当年汉灵帝刘宏就很爱这一口。《后汉书·五行志一》："灵帝好……胡饭，……京都贵戚竞为之。"

据北魏《齐民要术·飧饭》记载：将酸瓜菹切成长条，与炙肥肉、生杂菜一并放入饼中急速卷成卷。用两个卷饼，每个切为三段，再将其相连放好。一共六段。如此看来胡饭有点儿现在煎饼果子的意思。

主食之外，得有副食。

汉代副食主要有肉、蛋、菜、水果、酒之类。

汉代"六畜"（马、牛、羊、鸡、狗、猪）中，马主要为军用。汉武帝因为与匈奴打仗多年，需要大量骑兵部队，所以鼓励民间养马。牛是耕作的劳动力，在汉代随便杀牛是犯法行为。所以汉代"六畜"中只有"四畜"羊、鸡、狗、猪及鱼类可供食用。

需要特别指出的是或许受开国皇帝刘邦的影响，汉代人特别喜欢吃狗肉，并将狗肉吃出了新花样，以至于现在沛县狗肉仍然知名度极高。另外还有鹿、兔、雉、鸭、鹅、鹤、鸠、鸽、麻雀、鹌鹑、鹧鸪等等也是汉代人饭桌上的菜品。

在徐州翠屏山西汉墓中，还发现了鱼骨、鱼子和螃蟹等，说明这些都已成为汉代人饭桌上的食物。

至于蛋类跟现代人吃得差不多一致。

至于菜类，特别要说明一种菜——葵菜。这是汉代人的主打蔬菜。葵菜的栽培历史可以追溯到公元前 11 世纪的西周时期。中国 2500 年前的诗歌总集

《诗经·豳风·七月》中有"七月烹葵及菽"的诗句，表明葵已作为蔬菜食用。以后很多典籍都把"葵"列为由"葵、藿、薤、葱、韭"等组成的"五菜"之首。

春秋战国时期，中国中原地区葵菜的栽培已十分普遍，当时还出现过生产葵菜的大户"园夫"。

三国时（220—280）的《神农本草经》将葵菜称为"冬葵"。现在日本仍用"冬葵"一名。

中国古代最早的一部蔬菜园艺专著《尹部尉书》中就有《种葵篇》。北魏贾思勰的《齐民要术》中对冬寒菜的栽培有详尽记述，并将《种葵》列为蔬菜类第一篇。元代王祯的《农书》称："葵为百菜之主。"

实际上在中国古代直到明代，葵一直是中国蔬菜中的主打菜。进入明代后，由于蔬菜种类的增加，葵的地位有所下降，以至于李时珍的《本草纲目》把葵列入草类。

现在各地仍有野生葵菜，幼苗或嫩茎叶可食用，也可入药。湖南、四川、江西、贵州、云南等省目前仍有栽培葵菜以供蔬食者。

葵菜除冬葵外，也称冬寒菜、冬苋菜或滑菜。

清道光二十八年（1848）吴其浚著《植物名实图考》："冬葵，本经上品，为百菜之主，江西、湖南皆种之。湖南亦呼葵菜，亦曰冬寒菜。"

汉代人食用蔬菜除了以葵菜为主外，原产中国的及张骞通西域带回的大白菜、小白菜、芹菜、蚕豆、扁豆、黄瓜、冬瓜、莴笋、葱、蒜、韭菜、芋头、莲藕、蒲菜、蘑菇、木耳、香菜、豌豆等都出现在汉代人的饭桌上。另外笋、芥菜、薤菜、芜菁、荠菜、葫芦、荸荠及黄瓜也都成为汉代人的菜品。

所以汉代人饭桌上来个拍黄瓜之类也属正常。

在汉代主要调味品有盐、醋、酱、糖（饴糖，不是蔗糖，甘蔗制糖到唐代才从印度传入）、葱、姜、花椒、茱萸、肉酱、鱼子酱、蒜、肉桂、香茅草等。

至于胡椒原产印度，在唐代才传入中国。辣椒原产墨西哥，明朝末年传入中国。

当然汉代还有一大发明就是现在我们常吃的豆腐。据说是淮南王刘安炼丹的副产品。传说这位淮南王发明了不少吃食。难道他是个吃货？

说到豆腐，这可是涮火锅的好食材。根据现在出土文物和汉代生活记录相册——画像石来看，在西汉时期，一种青铜染炉非常流行。它主体为炭炉，下部是承接炭灰的盘体，上面放置一具活动的杯。考古界基本认定它应该就是一种类似现代的"小火锅"。

关于火锅的起源，有两种说法：一种说战国时期即有火锅，古人以陶罐为锅煮食肉类（此种说法比较牵强）。另一种说是火锅始于汉代，"斗"就是指火锅。

其实中国关于吃火锅的历史可以追溯到西周时期。西周贵族饮食中使用的10多厘米高的鼎就是很标准的火锅。鼎的下面可以烧火，上面可以涮肉、煮肉，基本就是火锅的原始版本。

中国国家博物馆有一件出土于河南陕县的青铜器具名为"铜染炉"，应该是西汉时期的"火锅用具"。

这件铜染炉为青铜铸成。构造分为三部分：主体为炭炉，下面有承接炭灰的盘，上置盛器耳杯。铜染炉多见于西汉，东汉很少见，其在湖南、江西、河南、陕西、山西、山东、江苏、四川等地都有出土，说明它使用的地域范围很广，是西汉人常用的器具。有些地方出土的铜染炉造型比国家博物馆馆藏的这件更加复杂和优美，如河北南和左村出土过饰龙首和浅盘装轮子的染炉，江苏徐州黑头山刘慎墓出土过带提梁的染炉，河南淅川李沟汉墓出土过镂刻"人"字纹和卷云纹图案的染炉，山西浑源毕村汉墓、陕西咸阳马泉汉墓出土过镂刻四神形象的铜染炉等等。

由于上有"染"字铭文，因而关于铜染炉的用途学界曾有温酒、熏香、染丝帛等争论。

文博专家孙机提出它是古代的一种饮食器具，这种观点也得到了广泛认同。

从史料和考古挖掘实物来看，汉代是有火锅这种用餐方式存在的。

染器上面的耳杯叫作染杯，下面带柄的炉子叫作染炉，有些还会在底下加一个托盘。还有一件带着四字铭文"清河食官"的染器。"清河"应指今天山东临清一带，汉初那里有一个小的诸侯国。而"食官"应该就是掌管饮食的官员。这组铭文从一个侧面反映了染器与饮食有关系。

但既然是饮食器具，那么为什么出现"染"字铭文呢？这是因为中国古代称调味品为染。

《吕氏春秋·当务》记载了一则故事，讲述了齐国两个武士，一次偶然相遇于路上，饮酒无肉，于是相约彼此割对方身上的肉下酒，"于是具染（高诱注：染，豉、酱也）而已，因抽刀相啖，至死而止"。

古代调味品比较单一。酱最初是用肉做的肉酱，所以古代时酱也叫"醢"。东汉许慎在《说文解字》这样解释酱：酱，醢也。从肉从酉，酒以和酱也。

酱起源于何时已不可考，但普遍认为早在商朝时就已经有了酱，当时的总称是"醢"。张岱在《夜航船》里记载：燧人氏作肉脯，黄帝作炙肉，成汤作醢。周朝时人们开始用植物或者草木类做酱。估计酱的发明和酒一样属于集体发明。

在古人心目中，酱有调和食物中各种毒物的作用，所以倍受贵族们喜爱。《尔雅·释名》解释道：酱，将也，制饮食之毒，如将之平祸乱也。就是说酱能调和各种味道。所以人们多以酱为佐料。早在周朝时，可供贵族们食用的酱种类已经非常多，并且设置专门的人去管酱。《周礼·天官》中记载，周天子平常对酱的储备达到了百二十瓮，也就是存放了一百二十缸酱。

古代酱作为调味料非常讲究。西汉礼学家戴圣的《礼记·内则》记载：濡鸡，醢酱实蓼；濡鱼，卵酱实蓼；濡鳖，醢酱实蓼。脣修，蚳醢，脯羹，兔醢，糜肤，鱼醢，鱼脍，芥酱，麋腥，醢，酱。

即在煮鸡时，加入酿酱。在煮鱼时，要加入鱼子酱。在煮鳖时，要加入酿酱。吃肉干时，配以蚁酱。吃肉羹时，配以兔肉酱。吃糜肉切片时，配以鱼肉酱。吃鱼切片时，配以芥子酱。吃生糜肉时，配以酿酱。

所以孔子也曾说过：不得其酱，不食。

据《吕氏春秋》记载，齐国勇士们在吃肉的时候要"染"，就是要蘸着调料吃肉。由此可以推断，染杯用来盛放以酱为主的调味品。染杯下面配上炉子，是因为先秦时期人们的饮食习惯和现代有所不同。当时烹制食物有烹、蒸、燔、炙等方法，还有一种叫作"熬"的加工方法，比较少见，类似于现在的干煎。它的具体做法是在火上慢慢把肉的水分烤干，将肉加工成肉干，然后把肉干泡在热的调料里面涮。

这样做，一来可以让肉干变软，二来可以让调料的味道渗入肉干中，使肉干更加美味。

很多人认为，秦汉时期人们用这种食品侍奉老年人。虽然青铜染器大部分出现在西汉，但也有学者认为，战国到秦代也有染器出现。染器底部带有盘子，这避免了炉子直接放在桌子上，防止炭火落下烫坏桌子。盘子里面还可以注水，既可以给炉子降温，也可以接住炉子上落下的炉灰。有的染器耳杯还横出长柄，而方便人们拿取。有的耳杯设计更为周到，在中部装带孔的箅子以避免肉食沾上调料中的渣滓，充分显示出设计者食不厌精的匠心。整件染炉加起来，高度也不过 10-14 厘米，设计十分精巧。

染器的这种设计很符合汉代人的饮食习惯。当时人们采取分餐制，一般是一人一案，一人一染。

估计汉代可用于"火锅"的器具不少。

海昏侯墓出土过一个火锅形状的青铜器，里面还有板栗的残留物。考古专家初步认定这是一个青铜火锅。

著名历史学者倪方六认为，汉代已有各式各样的火锅：从材料来看，不仅有青铜火锅，还有铁火锅、陶火锅；从用餐形式而言，除了分餐制的染器，还有可以放不同料汤、煮不同菜品的鸳鸯锅。

如江苏盱眙县境内大云山西汉江都王刘非墓出土的一件分格鼎，这个鼎很别致，打开盖子之后，鼎内分布着 5 个错落有致的小格子，中间圆格外面再分出 4 格。这种分格鼎与现在的九宫格火锅异曲同工。造鼎的工匠将鼎分成 5 个区间，既方便有酸、辣、麻、咸等不同饮食习惯的食客拥有不同的底料，又能让鸡鸭鱼肉放在不同格子内避免串味，一锅顶五锅。

这说明墓主、西汉江都王刘非可能生前比较青睐"鸳鸯火锅"。

《三国志·魏书·钟繇传》中有关于分格鼎的记载，并命名为"五熟釜"。东汉末年，曹丕赐给名臣钟繇一个五熟釜，还在上面郑重地刻上铭文。由此推测，分格鼎应该是宫廷贵族享用的炊具。

汉代实行分餐制，一人一案，比较宜当。

汉代也有"鸳鸯锅"　　　　　　　　汉代的火锅－青铜温鼎

著名考古学家王仁湘认为，染炉反映了汉代前后贵族饮食生活的一个侧面，是一种雅致的食器。

说到火锅就不得不说下烧烤。其实汉代不仅能涮火锅，撸串也是汉代人的最爱。很多人受新疆烧烤的影响，认为烧烤应该是从西域传到中原。实则恰恰相反，古人称烧烤为"炙"。炙肉在《诗经》上也被反复吟诵。徐州博物馆藏有1994 年出土于狮子山楚王墓的铜烤炉。

但据吕思勉先生在《秦汉史》中的考证，当时只有贵族和老人才吃肉（此皆古非老者贵者不食肉之旧法）。

其实在中国饮食文化史上，汉朝是一个重要的时代。随着铁制炊具的使用和烹饪技术的发展，这一时期的饮食形成了重要的体系和特色。

番外篇：汉代都有哪些肉食

汉代的肉食来源主要包括"六牲"和鱼。马、牛、羊、猪、犬、鸡是汉代最重要的家饲畜禽类，称为"六牲"。马、牛主要用于运输等，属于重要的物资，基本不作肉食。东汉光武帝建武四年（公元28年）诏令"毋得屠杀马牛"。

通常只有在国家发生重大事件时，皇帝才会"赐民百户牛酒"，一般百姓才得以吃到牛肉。汉代的养羊业十分繁荣。《史记·货殖列传》谈到汉代养殖业时，曾说当时很多人家拥有"千足羊"，"富比千户侯"。汉武帝反击匈奴取得胜利后，匈奴的马牛羊络绎入塞，也使汉代养羊业发展迅速。

传世文献记载，羊在汉代是肉食中的上品，常被当作奖赏赐给致仕和患病大臣、博士、乡里的道德楷模等。居延汉简中有大量关于羊的买卖记录，说明河西屯戍地区的吏卒拥有大量的羊肉可供食用。

猪、狗、鸡是汉代人食用最多的肉食。猪在古代又被称为彘、豕、豚等。《淮南子·氾论》说，猪"家人所常畜，而易得之物也"。

《史记·货殖列传》中有"泽中千足彘，……此其人皆与千户侯等"的记载，说明西汉时期已出现大规模的养猪专业户，并由此发家致富（反正看货殖列传做什么都能"富比王侯"）。

由于养猪业的迅速发展，猪成为汉代人饮食生活中的重要肉食来源。狗是我国最早驯化的动物，也是汉代餐桌上常用的佳肴。汉代文献关于狗的记载几乎全部出于北方，说明狗的主产区在北方。由于食用狗肉的流行，出现了职业屠狗者。樊哙等人最初都是"以屠狗为业"。至今沛县狗肉还是很有知名度。

马王堆汉墓遣策简中记载了许多关于狗肉的料理，如狗巾羹、狗苦羹、犬其肋、犬肝炙、犬肩等。

汉代民间养鸡业极盛。《西京杂记》记载，关中人陈广汉家中有"鸡将五万雏"，可谓规模宏大。《列仙传》还记载了一位名叫"祝鸡翁"的洛阳地区的养鸡专家，称其"养鸡百余年，鸡皆有名字，千余头，暮栖于树，昼日放散，呼名即至"。

敦煌悬泉置遗址中出土的《元康四年鸡出入簿》简册，还记载了悬泉置当年用鸡进行公务接待的情况。

鱼在汉代人的饮食生活中占有重要地位。《史记·货殖列传》称山东"多鱼"，濒临渤海的燕地有"鱼盐枣栗之饶"。

《汉书·地理志》载："江南地广……民食鱼稻。"即使地处内陆干旱地的河西地区也因有河流、水塘、湿地、湖泊等而出产很多可供食用的淡水鱼。居延甲渠侯官遗址发现的著名"建武三年候粟君所责寇恩事"简册，就是事关5000条鱼贩卖纠纷的司法文书。

如此大量的贩鱼记载，表明当地渔业资源比较丰富，当地居民日常生活中经常有鱼可供食用。

汉代的肉食烹饪法除使用染炉的涮食法之外，还有炙、蒸、煮、羹、腊、脯、脍等多种方法。但汉代人的烹饪仍然是以蒸、烤、煮为主。

炙肉即烤肉，是汉代人非常喜爱的料理（下文将有详细介绍）。

湖南沅陵虎溪山汉墓出土的《美食方》简文记载的烹饪方法中，蒸煮法占重要篇幅。汉代"庖厨图"中常见的厨具是釜和灶，因此蒸煮是主要的烹饪手段。

安徽宿县褚兰汉画像石墓中的"庖厨图"上刻有一只船头灶，灶上置釜，釜中露出鱼头和鱼尾。

马王堆汉墓遣策简中有"烝秋"的记载，"烝秋"即蒸泥鳅。

肉羹是汉代人经常食用的料理。《后汉书·刘宽列传》记载，汉灵帝时太尉刘宽夫人在丈夫朝会时，"使侍婢奉肉羹"。马王堆汉墓遣策简中有大量肉羹的名称，肉料包括牛、羊、狗、猪、鸡等。

腊、脯都是干肉。不同的是，腊是将动物肢解后直接晾晒成肉干，脯是经过腌渍、煮制、挤榨等工序曝晒或阴干而成的肉干。

马王堆汉墓遗策中有"羊腊""腊兔"的记载。居延汉简中有"鸡腊"的简文。

桓宽的《盐铁论·散不足》中记载："及其后则有屠沽，沽酒市脯肉盐而已。今熟食遍列，肴施成市。"可见，脯是汉代熟食市场中的重要商品。

《西京杂记》记载，陈广汉用"鹿脯"招待到访的友人。《东观汉记》中也有东汉光武帝刘秀在军中食用脯肉的记载。

由此可见，脯是汉代人常备的食品。

脍即生食。《汉书·东方朔传》中说："生肉为脍，干肉为脯。"

《说文》中说："脍也，细切肉也。"脍法常用于食鱼，类似今天的生鱼片。

辛延年的《羽林郎》记载："就我求珍肴，金鱼鲙鲤鱼。"鲙即脍，鲤鱼是作脍的常见原料。

除了鱼脍外，汉代还有人喜欢吃鹿脍。

《东观汉记》记载，东汉章帝曾对马光说他吃起鹿脍来连主食都不想再用。

人们对于汉代有无"炒"这种烹饪方式存在争议，但另一种常用的烹饪方式煎熬则已经存在。煎一为用水煎（中医现在还说煎药）；一为用膏（不长角动物提炼的油）或脂（长角动物提炼的油）煎。煎是直接加热，熬是间接加热。"煎"的加热方式比"熬"猛烈，用时较短，否则会烧焦。熬的加热方式比"煎"缓和，用时较长，没有烧焦之虞，但要多加水，否则水干了，食物还没有熟透。

有人认为，受当时炊具的限制，如釜、甑等根本不适合炒菜之类，而且那时没有植物油。因此有人质疑汉代没有"炒"这种烹饪方式。甚至有专家曾经断言，中国炒菜出现在魏晋，是因之前灶火温度不够。

其实战国时期的镬，大都是平底锅，炒菜、烙饼都能进行。而植物油一说，确实到宋代才有植物油炒菜，但汉代及以前是有动物油的。三千年前，我们的祖先就能会青铜冶炼技术，发明了一整套"鼓橐（气囊）吹埵（以管吹灶）"加氧加温法，铜铁都能溶化。炒个菜应该不难。

十一、燔炙满案：原来汉代也盛行撸串

现在涮个火锅撸个串几乎是生活消遣的常态。其实穿越到汉代，你也可以。前面只是简略地介绍了汉代的火锅和撸串，下面将就汉代烤串详细介绍一下。让大家感受一次穿越汉代撸串之旅。

或许很多人会认为烧烤是从西域流传到中原，其实恰恰相反。

中国古代传统烧烤技术中有一种啖炙法，也很早就通过丝绸之路传到了中亚和西亚，最终在当地形成了人们喜欢吃的烤羊肉串。

古代有个词"脍炙人口"。脍，本义是指切细切薄的肉；炙是用火烤的肉。原始人类发明用火后，烤肉就成了一种重要食物。当然，那时候就是简单地把肉类烧熟，谈不上烧烤的程度。

考古发现，早在西周期间就有了专门用于"炙"肉的器皿。据史料，周王膳单上就有脍和炙的记载。收集了西周初年至春秋中叶诗歌的《诗经》里《小雅·瓠叶》篇对炙肉进行了反复吟诵：

> 幡幡瓠叶，采之亨之。君子有酒，酌言尝之。
> 有兔斯首，炮之燔之。君子有酒，酌言献之。

有兔斯首，燔之炙之。君子有酒，酌言酢之。

有兔斯首，燔之炮之。君子有酒，酌言酬之。

瓠：葫芦科植物的总称。幡幡：翩翩，反复翻动的样子。亨：同"烹"，煮。酌：斟酒。言：助词。尝：品尝。斯：语助词。首：头，只。一说斯首即白头，兔小者头白。炮：将带毛的动物裹上泥放在火上烧。燔：用火烤熟。献：主人向宾客敬酒叫献。炙：将肉类在火上熏烤使熟。酢：客人回敬酒。酬：主人劝酒。

这首诗描绘了用各种方式把一只兔子（不是烤兔子头的意思）烤熟，主宾啃着烤兔喝大酒的场景。

其实古人早先没有"烧烤"食物的说法。"烧烤"食物其实出现得比较晚。一般认为"烧"作为烧烤的意思完善于宋代，而"烤"更晚。通常北方叫"烤"，南方叫"烧"。

古代对烧烤一般称为"炙"。因而在《礼记·曲礼》中就有"进食之礼"，专门讲"吃"的规矩，其中一项就是"毋嘬炙"。意思是说吃烤肉不要狼吞虎咽，而是要小口慢嚼，细细品味。

好像北京有家"炙子烤肉"，可见老板也是文化人。

从春秋战国到秦代，烤肉仍然流行。当然，应该是在贵族和中上层社会中流行，因为当时烧烤第一要有烧烤的物件，一般是铜制，一般百姓无力筹办。其次能把整块肉烤着吃的绝对不是底层老百姓。彼时恐怕也没有烧烤店大排档一类。彼时吃烧烤应该属于贵族上流社会的一种高档聚会。

汉代烤肉主要有两种，一种是用签子将肉穿成串烧烤，如山东嘉祥、江苏徐州地区的画像石上均有烤肉串的形象；另一种是直接将整只动物放在火上烧烤，然后切成块食用，称为"貘炙"。

西汉南越王墓出土的铜烤炉上配备多种供烤炙用的用具，有悬炉用的铁链、烤肉的铁钎和长叉等，应是用于烧烤整只乳猪的。

历史学博士、秦汉史专家邢义田认为两种烤肉可能都是北方游牧民族带入中土的烹饪方法。

汉代的烤串名字很雅，叫"燔炙"。

燔炙，孔颖达注疏《诗经》时言："燔亦炙，为胾而贯之以炙于火。"意思是说，燔炙就是将小块肉串起来，放到火上烤。基本上就是现在的烧烤。

燔炙因为其器具易得，操作方便，省时易熟，因而在汉代大为流行。

出土的汉代画像石上有不少"烧烤图"，基本就是燔炙。

山东临沂市内五里堡村出土的一座东汉晚期画像石残墓中发现了两方刻有烤肉串的画像石。经研究发现，这两幅画中的人物形象皆汉人，他们烤的肉串应该是牛羊肉串。

山东长清孝堂山石祠的画像石上画有两人面对面地在一只方炉前烤肉串的场景。

山东沂水出土的汉墓画像石上刻有一人手执肉串和便面（扇子），正在圆炉上炙烤。

东汉末烧烤画像砖

徐州汉画像石庖厨图中描绘了一些炊者在烧烤，上方挂着鱼和兔子，下方还有鸡和狗。说明当时烧烤的肉类非常繁杂，比现在要多得多。

古代烧烤的肉串种类，文献也有记载：黄雀、牛肉、牛心、鹅肉等都是常用品，羊肉猪肉反而不很常用。

长沙马王堆一号汉墓遣册上记录的烤肉多达8种之多，有牛炙、牛胁炙、牛乘炙、犬胁炙、犬肝炙、豕炙、鹿炙、鸡炙，而且唯独没有羊炙。

长沙吴阳墓也出土了遣册"美食方"，可以看到"狗干炙方""鹦脩炙方"（鹦脩应该是一种鸟类）等几种烧烤名称。

汉高祖刘邦就非常喜欢烧烤，他甚至还吃烤鹿肝、牛肝。

值得一提的是，汉代对烤蝉也颇为钟爱。

陕西历史博物馆藏有一架绿釉陶烤炉，长约25厘米，高约8厘米。四个底足为熊饰。烤炉底有漏灰孔。上面的沿口2枚签上分别串了4只蝉。而河南博物馆也藏有一件类似的釉陶质烧烤炉。

汉代人喜好捕蝉食蝉，有耀蝉、黏蝉等多种捕捉技巧见于史籍。

到了南北朝时期，烤串更为盛行。北魏贾思勰的《齐民要术》中"炙法"一章详细记述了各种烤肉的制法（大约20多种），其中便有"横穿炙之"的记载，并进行了细分。"裹著充竹弗上"，即小串用竹签；"两歧簇两条簇炙之"，即是大串用铁签。

还有"捣炙法"和"衔炙法"。两法都是以子鹅为原料，可称为烤鹅肉串。据说北朝时的烤肉串子鹅为上等原料。

看来烤羊肉串在古代并没有现在这么普及。

山东诸城前凉台村发现的一处庖厨画像石上就刻画了一幅"撸串"场景：一人串肉，一人在方炉前烤肉，炉上放有 5 支肉串，烤肉者一手翻动肉串，一手用扇子扇火，其余两个吃货则跪坐在炉前等着烤熟的肉串。

而且据考证，汉代人已经开始使用铁制烤签。

图中扇火的扇子为圆角方形，汉代称"便面"。和现在维吾尔族人烤肉串用的扇子样式基本一致。

不仅如此，贵族们都有专用的烧烤炉具。

徐州博物馆就馆藏有出土于狮子山楚王墓的铜烤炉。烤炉为圆形，平沿，平底，高 16 厘米，口径 45.4 厘米，烤炉腹部饰有四个兽首衔环铺首，器下部带有三个兽蹄足，纹饰精美，比起我们今天用的烧烤炉具简直不是一个档次。

据考证，烤炉是汉代常用的烤制肉食的器具。汉代广州南越王墓中出土有长方形的铜烤炉，烤炉内放置有两股和三股的铁插。

值得一提的是山东嘉祥武斑祠石室甚至刻有羽人向西王母献烤肉串的图像。一个身材修长的羽人高举着一支烤肉串，正毕恭毕敬地献给高高在上的西王母。神仙们据说是不食人间烟火的，西王母却要吃这烤肉串，大有"佛跳墙"的意思，也说明烤肉在汉代是一种高端食品。

汉代枚乘在《七发》里写到，他用美酒佳肴，配着烤好的肉和切好的生鱼片，用来宴请宾客。

根据记载，南方和北方的烧烤食材还是有差异的。北方的烧烤有牛肉、猪肉、羊肉、鹿肉等等，而南方的烧烤里面除了上面这几种肉，还有禽类、鱼类还有贝壳等。

汉代以后，烤肉串依然还是上流社会的常馔之一。在甘肃嘉峪关魏晋墓葬砖画上的宴饮场面里，有手拿肉串送食的"行炙人"和手握肉串端坐在宴席上的"食炙人"形象。

烧烤离不开酱料，汉代烧烤的调味料虽然没现在这么丰富，但在西汉初年就出现了饴糖这种甜味调料。当然烧烤还是以酱、盐为主。汉代最流行的调味品叫"鲁豉"，大约就是山东的豆豉。据记载，还有人因为卖豆豉成为富翁。

烧烤也离不开木炭。

"炭，烧木留性，寒月供然（燃）火取暖者，不烟不焰，可贵也。"木炭"不烟不焰"的优点在没有暖气的汉代尤其受到重视。而烧烤用的最好的木炭则是由桑木所制。

桑木坚硬、味辛，不仅耐烧，并且能增加烤肉香味。史料上就有"桑炭甚美"的记载。

说完这些，还得介绍下撸串的最佳搭档——啤酒。根据考古发现，早在5000年前古代中国人已经酿造出"中国啤酒"。

最后贴上两张汉代的菜单。

一个是《盐铁论·散不足篇》列举的西汉食品，计有烤羊羔、烤乳猪、韭王炒蛋、片切酱狗肉、红烧马鞭、豉汁煎鱼、白灼猪肝、腊羊肉、酱鸡、酥油、酸马奶、腊野猪腿、酱肚、焖羊羔、甜豆腐脑、清汤鲍脯、甘脆泡瓜、糯小米叉烧烘饭等。

另一个是枚乘的《七发》中列出的人间九种美味：小牛腩肉，红焖肥狗肉，云梦泽香粳米拌菰米饭，熊掌蘸五香酱，叉烧鹿里脊，鲤鱼片烩溜紫苏，打霜菜薹，兰香酒，清炖豹胎。

看到这些，是不是有点儿流口水？

番外篇：汉代调味品

汉代的调味品主要有盐、酱、豉、醯（酢）、糖等，而且汉代已经有了酱油，所以汉代的基本调味品和现在没有太大的差异。

盐乃人们的生活必需品。汉代盐的来源主要有沿海地区的海盐、西北地区的湖盐以及巴蜀地区的井盐等等。

据《后汉书·朱晖列传》记载："盐，食之急者，虽贵，人不得不须。"居延汉简中记载，西北边疆吏卒每人每月可以领取 3 升食盐。

除了盐以外，酱也是汉代人餐桌上必备的调味品。唐人颜师古曾形容酱在汉代饮食中如同领军之将："酱之为言将也，食之有酱如军之须将。"这个解释颇为贴切。

《汉书·货殖传》记载，汉时卖酱与卖貂裘等物资一样能致富，成为"千乘之家"。这说明酱的畅销以及巨大的社会需求量。

出土材料也能证明酱在汉代人饮食中的重要地位。马王堆 1 号汉墓、江陵凤凰山 167 号汉墓、云梦大坟头 1 号墓等墓葬出土的遣策简中都有"酱栀"若干的记载。而张家山汉简《二年律令》中的《传食律》和《赐律》对各级吏员伙食标准中酱等重要调味品的供给有详细的规定。悬泉汉简中也有悬泉置招待外国使者时消耗酱等调味品的费用记录。

由于酱经过了一段发酵期，所以它的味道较盐更为厚重。汉代的酱主要指豆酱。《论衡·四讳》记述了"作豆酱恶闻雷"的风俗，可知制作豆酱是汉代家庭生活的重要内容。到东汉时期，人们已经能够酿制豆酱油。东汉崔寔的《四民月令》中记载，正月"可作诸酱：上旬炒豆，中旬煮之。以碎豆作末都（末都者，酱属也）……可以做鱼酱、肉酱、清酱"。这里的清酱指的就是现在所称的酱油。这是酱油在文献中的首次记载。

用大豆调以佐料制成的豉也是十分重要的调味品。陕西历史博物馆馆藏一件长方形并排开有两口的陶器，一边写着"鲁豉"，一边写着"齐盐"。《释名·释饮食》："豉，嗜也，五味调和须之而成，乃可甘嗜也。"

居延汉简中记载西北边疆吏卒每人每月可以领取一定数量的豉。洛阳五女冢新莽墓出土过盛放"豉"的陶壶。豉在汉代的生产量很大，《史记·货殖列传》就有"蘖麴盐豉千苔"的描述。西汉后期长安樊少翁、王孙大卿通过经营豉成为高门富户。

酸味调味品则有醯（酢），是由粮食发酵而成，即今日的醋。《急就篇》颜师古注："醯、酢，亦一物二名也。"糖类调味品有饴和饧等。饴是用发芽大麦煎制而成的，类似今之麦芽糖。《后汉书·皇后纪》中"含饴弄孙"的记载证明饴是可以含服的。《释名·释饮食》："饧，洋也，煮米消烂洋洋然也。"可见，饧是熬成膏状的糖膏。

汉代人的饮食方式特点是席地而食和分餐制（这一点通过出土的铜染炉高度一般在10—14厘米来看很符合）。

汉代人席地而坐，席地而食，这一点从大量的汉代画像石资料反映出来。在中国古代，人们席地而居的习俗由来已久，延续的时间很长，至少保持到唐代。

唐代诗人李商隐曾经写过一首关于汉代贾谊的诗，名为《贾生》："宣帝求贤访逐臣，贾生才调更无伦。可怜夜半虚前席，不问苍生问鬼神。"

诗中说汉文帝对贾谊所讲的鬼神之事十分入迷，以至于身体前倾，向前移动了席子。

汉代的建筑技术虽然较此前有了很大发展，但与后代相比室内高度和空间还是有限。当时没有桌椅板凳类的高足家具，人们像进食一类的很多活动都是在席上进行的。

席地而食也有一定的礼节。座席摆放的方向要符合礼制，中规中矩。孔子说："席不正，不坐。"坐姿也有要求，必须双膝着地，臀部压在足后跟上。箕踞（两腿分开向前平伸，上身与腿成直角，形如簸箕）会被视为野蛮无礼的行为。

陆贾曾奉汉高祖刘邦之命出使南越。南越王赵佗会见陆贾时，箕踞而坐，被陆贾当面指责。

进食的器具如果都放在地上也不太方便，于是陈放饮食器皿的"案"随之出现。

汉代的食案有两种，一种无足，类似托盘，称为"棜案"。《后汉书·梁鸿列传》记载的梁鸿之妻"举案齐眉"故事中的"案"即指棜案；另外一种是有足之案，如北京丰台大葆台西汉墓所出的装鎏金铜蹄足的彩绘漆案。

汉代分餐制一般是一人一案。《史记·田叔列传》中记载："赵王张敖自持案进食。"《汉书·外戚传》记载，许皇后"亲奉案上食"。这都说明食案是很轻的，一般仅限一人食用。

鸿门宴上项王、项伯、范增、沛公和张良五人就是典型的一人一案的分餐制。

河南密县打虎亭一号汉墓内画像石的宴饮图也是汉代实行分餐制的体现：主人坐于方形大帐内，其面前设一长方形大案，案上有一托盘，主人席位两侧各有一列宾客席，已有三位宾客就座，几名侍者正在其他案前做准备工作。

除了席地而食和分餐制外，汉代还有其他饮食礼仪。如在举行宴会前，主人通常要打扫住所，清洗宴饮所要用的各种器具，以示对来宾的尊敬。魏其侯窦婴欲宴请丞相田蚡，与夫人"夜洒扫张具至旦"。

宴会前主人要在门前迎接客人。

汉代对宴会座次的排列颇为讲究。《史记·项羽本纪》记载，鸿门宴上："项王、项伯东向坐。亚父南向坐，亚父者，范增也。沛公北向坐，张良西向侍。"

可见西汉初的主位是坐西面东，也是最尊贵的席位。稍差一些的是南向，再差一些的是北向，最后则是坐东面西。

宴会上食物的摆放也有规矩。根据《礼记·曲礼上》的记载，应把带骨的熟肉块放在左边，不带骨的肉块放在右边。干的食品菜肴靠着人的左手方向，羹放在靠右手方向。细肉和烤肉放在外侧，肉酱放在内侧，蒸葱放在最边上，酒浆等饮料和羹放在同一方向。

如果要分陈干肉、牛脯等物，则弯曲的在左，挺直的在右。

汉代对用餐过程也与很多规定。如在宴会上不可以只顾自己吃饱吃好，而不照顾客人。如不能用手抓搓饭菜，不可以在客人面前吃出声来，不能大口喝汤，不能当场剔牙齿等等。

十二、武阳买茶：一纸契约里的汉代茶事

在谈汉代茶事之前，先讲个真实故事。

让我们回到西汉宣帝神爵三年（前59）。

这一年正月，蜀资中（今四川资阳）人辞赋家王褒要去"煎上"。煎上即渝上（今四川彭州市一带）。他走到成都时借住在安志里亡友之妻杨惠家里。杨氏家中有个名叫"便了"的长有一嘴胡子的奴仆，王褒经常指派他去买酒。

因王褒是外人，便了不愿伺候他，因而很不情愿替他跑腿。便了又怀疑他可能与主母杨氏有暧昧关系，所以内心激荡，竟然提条大杖跑到主人的坟头上倾诉："大夫您当初买便了时，只要我看守家里，并没要我为其他男人去买酒。"

王褒得知后，又气又好笑。他觉得这家伙很有些意思。于是他在正月十五元宵节这天用一万五千钱从杨氏手中买下便了，让他给自己当奴仆。

便了虽然不情愿，但自己实力不允许，不情愿也没办法。但便了确实很有意思，要求王褒在写契约时必须将以后要他干的事一条条写在契约中，契约里没有的不能安排他干。

便了大约没搞明白买他的是什么人。王褒此人擅长辞赋，精通六艺，写的辞赋连汉宣帝都赞叹不已。让他写个日常行为规范简直太简单了。

于是王褒为了教训便了，摸起笔来信手写了一篇长约六百字题为《僮约》的契约。里面列出了名目繁多的劳役项目和时间安排，使便了从早到晚不得空闲。

便了自作聪明，作茧自缚，后悔得双手左右开弓自打耳刮子，哭得鼻涕眼泪横流，哀告道："如果真照王大夫说的办，还不如早点儿进黄土，任凭蚯蚓钻脑袋。早知这样，真该替王大夫打酒去，实在不敢恶作剧。"

这篇契约的信息量十分丰富，其中关于茶有这样的记载："脍鱼炮鳖，烹茶尽具"；"牵犬贩鹅，武阳买茶"。即不仅要做饭，还要洗刷茶具，还要到武阳市（今四川彭山）上去买茶叶。

所以正是便了让我们清晰地知道了西汉时期茶叶成为商品的情况。

可以推断：汉代四川种植业发达，有适于茶叶生长的土壤和气候，又富灌溉之利，人工种茶在当时已经开始。当时在成都一带已有茶的买卖，如果不是大量人工种植，市场便不会形成经营交易。

另外，据考古可以佐证，西汉时期不仅巴蜀之地有饮茶之风，两湖之地的上层人物已经把饮茶当作时尚。

西汉时期已将茶的产地县命名为"荼陵"，即今天湖南的茶陵。

汉代采茶

西汉时期的茶，已经成为商品，可以进行流通。而茶文化的形成当在汉魏两晋南北朝时期。

《僮约》中关于茶事的记载不仅是中国，也是全世界最早的关于饮茶、买茶和种茶的正式文献记录。由这一记载可知：四川武阳（今四川彭山）地区是当时茶叶主产区和著名的茶叶市场。

茶被誉为神奇的东方树叶。先民最早在野生采集活动中发现这类树叶有止渴、清神、消食、除瘴、利便等功效，于是把它当作药物来用。

因而《神农百草经》记载：神农尝百草日遇七十二毒，得茶而解之。《诗经》里则有"谁谓荼苦，其甘如荠""九月叔苴，采荼薪樗"的诗句。

这里面都有一个"荼"字。"荼"字原意是指古书上说的一种苦菜和茅草的白花，古同"涂"。需要指出的是在唐代以前并无"茶"这个字。在古代，"荼"应该是泛指诸类苦味野生植物性食物。

有学者认为此"荼"即为现在的茶。笔者认为，这种说法并不准确，"茶"应只是"荼"的一个主要种类。

两晋时期著名文学家郭璞注《尔雅·释木》"槚"云："树小如栀子，冬生叶，可煮作羹饮。今呼早采者为茶，晚取者为茗，一名荈，蜀人名之苦荼。"

很多书籍把茶的发现时间定为公元前 2737– 公元前 2697 年，即中国古代的三皇五帝时期，这个不做讨论。

茶为贡品、为祭品在先秦时就已出现。《华阳国志》记载：周武王伐纣时，得了巴蜀之师的支持。那时，巴蜀地区献给周天子的"贡品"中，已有茶叶。

根据相关资料，中国茶原生地在云贵高原，后传入蜀地。由于蜀地合适的气候、土壤逐渐成为产茶盛地。

茶成为饮料普及最早的地区也是今天的四川和重庆区域，即古代的巴蜀之地。巴蜀在古代是疾疫多发的"烟瘴"之地，而且巴蜀人平常饮食偏辛辣，以此祛除湿气，又"煎茶"除瘴气，解热毒。茶逐渐成为一种日常饮料。

秦人入巴蜀时，巴蜀人饮茶已经比较普遍。中原地区的饮茶习惯，主要由四川传入。

值得注意的是，最早喜好饮茶的大多是文化人。王褒不用说。西汉还有两位大文学家在作品中都提到过茶。一位是司马相如，在其作品《凡将篇》中记录了西汉的二十种药物，其中"荈诧"就是茶，并从药物角度进行了诠释。另一位是扬雄，在其所作《蜀都赋》《方言》中从文字语言角度写到了茶。而司马相如和扬雄都是蜀人。

历代把司马相如和扬雄推崇为中国最早的饮茶名家。两晋张载的《登成都楼诗》中有："借问扬子舍，想见长卿庐。""芳茶冠六情，溢味播九区。"陆羽的《茶经》就指出，历代饮茶之家，"汉有扬雄、司马相如"。

西汉蜀地广大群众喝茶成风，那么其他地方，比如皇宫里面喝不喝茶呢？这里还有个故事。

宋代有个人叫秦醇，据说他在一位李姓书生家里发现了一部名叫《赵后遗事》的小说，写西汉成帝皇后赵飞燕的故事。赵飞燕梦中见成帝，遵命献茶。左右的人说："赵飞燕平生事帝不谨，这样的人献茶不能喝。"飞燕梦中大哭，以致惊醒侍者。

《赵后遗事》不知何人所作，小说当然不能做信史，但小说也反映了一定的史实。

2016 年，英国《自然》杂志推出的期刊《科学报告》上发文称，考古学家发现汉景帝墓出土了世界上最古老的茶叶，中国古代皇室好饮茶的历史至少可以追溯到 2150 年前。

其实早在 1998 年，考古专家就对西汉景帝的阳陵进行了详细钻探，在陵墓封土四周发现了 86 座外藏坑。考古人员先后试掘了封土东侧 11 座外藏坑。在外藏坑出土了木车马、漆盒、粮食、动物骨架等大量有机质遗存。在一个陪葬坑里发现了一些树叶状的东西。2008 年底将这些树叶状的东西送到中国科学院检测。专家发现这是茶叶，而且还是顶级品质，完全由茶芽制成。茶芽通常被认为比普通茶叶品质高。

汉景帝死于公元前 141 年。由此推断，该茶叶至少距今 2150 多年，也是目前发现最早的茶叶。但是没有发现茶具，所以这些茶叶的用途目前尚无定论。

但是从很多历史文献和汉代考古来看，西汉时期贵族饮茶也是一种时尚。到东汉时，喝茶习俗逐渐从巴蜀扩展到江南地区。东汉名士葛玄就曾在宜兴"植茶之圃"。

三国之时，宫廷饮茶已经很平常了。

据《三国志·吴书·韦曜传》记载：吴主孙皓每与大臣宴，竟日不息。吴主孙皓不管大臣会不会喝酒，都要灌他七大升。韦曜自幼好学，能文，但不善酒。于是，孙皓暗地赐以茶水代酒。

滇南六大茶山及西双版纳南糯山有许多大茶树。当地百姓相传为诸葛亮南征时所栽，称为"孔明树"。

那么汉代人如何喝茶呢？

简单来讲，一般是汉代煮茶，唐代煎茶，宋代点茶，明清泡茶。

明代以前喝茶都是件麻烦事。

如果想在汉代煮一碗茶喝，你要准备如下物品：炭炉、炭铗、捣茶石臼和杵、茶饼、陶罐、陶碗。

第一道工序是烤茶。

然后将陶罐置于火塘上，放入茶叶并不断翻动。待茶叶焦黄，香味溢出后趁热用纸袋装起来，以免茶叶的香气散失掉。等到茶叶冷了，再取出碾成末。好的茶末像细米粒，不好的茶叶则如菱角皮。

然后用开水煮茶。

煮茶对水的选择很讲究，所谓"八分之茶遇水十分，茶亦十分。八分之水，试茶十分，茶只八分耳"。

陆羽的《茶经》记载了煮茶的方法：

煮茶时，水烧至"如鱼目微有声"时为一沸，加入茶末，使茶的香味慢慢融入水中。

二沸时，水如涌泉连珠，水面浮起一层"沫饽"。"沫饽"就是茶汤的"华"。薄的叫"沫"，厚的叫"饽"，细轻的叫"花"。皆为茶之精华。此时将沫饽盛出，置于熟盂之中备用。再在茶汤中加入少许盐，盐中和了茶汤的苦涩之味，使茶汤口感更加滑润。

继续烧煮，当茶水犹如腾波鼓浪时，称为三沸。此时将二沸时盛出的沫饽浇入釜中，称为"救沸""育华"。

待精华均匀，茶汤便好了。茶汤煮好，均匀地斟入各人碗中，让"沫饽"均匀。

与三两好友一同举杯品饮，入口柔滑，细品之后回甘迅速。

还有一种简单的操作方法，就是茶烤好后随即注入沸水即可饮用。这个相对简单实用。

而且你没看错，汉代喝茶确实要加盐。其实唐宋人喝茶有时也会放姜片、盐。

东汉以后，相对煮茶有了更便捷的饮茶办法。

曹魏时张揖的《广雅》记载："荆巴间采茶作饼，成以米膏出之，若饮先炙令色赤，捣末置瓷器中，以汤浇覆之，用姜葱芼之……"

这说明当时的饮茶方式是先把茶饼炙烤一下，捣成茶末后放入瓷碗中，然后冲入开水，喝时还要加些葱、姜等调料。现在看来这是在做茶汤喝了，所以古代说茶就是茶汤。就像我们用蘑菇熬制蘑菇汤之类。

现在都说富人喝茶，穷人喝酒。

其实在汉代，喝酒要比喝茶普遍而大众得多。西汉开国皇帝刘邦就是个大酒鬼，而他的重孙子刘胜很爱喝酒，墓中随葬的酒缸可以盛近万斤的酒。所以翻阅汉代书籍，酒香扑鼻而茶香少。

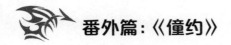 **番外篇：《僮约》**

蜀郡王子渊，以事到湔，止寡妇杨惠舍。惠有夫时一奴名便了，子渊倩奴行酤酒，便了提大杖上夫冢巅曰："大夫买便了时，只约守冢，不约为他家男子

酤酒也！"子渊大怒曰："奴宁欲卖邪？"惠曰："奴大杵人，人无欲者。"子渊即决买，券之。奴复曰："欲使便了，皆当上券；不上券，便了不能为也！"子渊曰："诺！"券文曰：

神爵三年正月十五日，资中男子王子渊，从成都安志里女子杨惠，买亡夫时户下髯奴便了，决贾万五千。奴当从百役使，不得有二言。晨起洒扫，食了洗涤。居当穿臼缚帚，裁盂凿斗。浚渠缚落，鉏园斫陌。杜脾埤地，刻木为架。屈竹作杷，削治鹿卢。出入不得骑马载车，跊坐大呶。下床振头，捶钩刈刍，结苇躐纑。汲水酪，佐酤醺。织履作粗，黏雀张乌。结网捕鱼，缴雁弹凫。登山射鹿，入水捕龟。后园纵养，雁鹜百馀。驱逐鸥鸟，持梢牧猪。种姜养芋，长育豚驹。粪除堂庑，馊食马牛。鼓四起坐，夜半益刍。二月春分，被堤杜疆，落桑皮棕。种瓜作瓠，别茄披葱。焚槎发畴，垄集破封。日中早慧火，鸡鸣起舂。调治马户，兼落三重。舍中有客，提壶行酤，汲水作哺。涤杯整案，园中拔蒜，斫苏切脯。筑肉臛芋，脍鱼炰鳖，烹茶尽具，已而盖藏。关门塞窦，馊猪纵犬，勿与邻里争斗。奴但当饭豆饮水，不得嗜酒。欲饮美酒，唯得染唇渍口，不得倾杯覆斗。不得晨出夜入，交关伴偶。舍后有树，当裁作船，下至江州上到煎，主为府掾求用钱。推纺䑣，贩棕索。绵亭买席，往来都雒，当为妇女求脂泽，贩于小市。归都担枲，转出旁蹉。牵犬贩鹅，武阳买茶。杨氏担荷，往来市聚，慎护奸偷。入市不得夷蹲旁卧，恶言丑詈。多作刀矛，持入益州，货易羊牛。奴自交精慧，不得痴愚。持斧入山，断轷裁辕。若有馀残，当作俎几木屐及彘盘。焚薪作炭，累石薄岸。治舍盖屋，书削代牍。日暮欲归，当送干薪二三束。四月当披，五月当获。十月收豆，抡麦窖芋。南安拾粟采橘，持车载轷。多取蒲苎，益作绳索。雨堕如注瓮，披薜戴子公。无所为当，编蒋织箔。植种桃李，梨柿柘桑，三丈一树，八赤为行，果类相从，纵横相当。果熟收敛，不得吮尝。犬吠当起，惊告邻里。枨门柱户，上楼击鼓。持盾曳矛，还落三周。勤心疾作，不得遨游。奴老力索，种莞织席。事讫欲休，当舂一石。夜半无事，浣衣当白。若有私敛，主给宾客。奴不得有奸私，事事当关白。奴不听教，当答一百。

读券文适讫，词穷诈索，仡仡扣头，两手自搏，目泪下落，鼻涕长一尺："审如王大夫言，不如早归黄土陌，丘蚓钻额。早知当尔，为王大夫酤酒，真不敢作恶也。"

十三、孝治天下：汉代的老年证、老年人保护法与入仕渠道

汉代推行"以孝治天下"的政策，对养老问题更加重视，而且还有一套相对完备的制度。两汉时代，除西汉开国皇帝刘邦和东汉开国皇帝刘秀外，汉代皇帝都以"孝"为谥号，如孝惠帝、孝文帝、孝武帝、孝昭帝等等，表明了朝廷的政治追求和对"孝"的尊崇。

提倡孝道，褒奖孝悌，是汉以孝治天下最明显的标志之一。

汉高祖西入关中时，就"存问父老，置酒"（《汉书·高帝纪》）。

汉文帝更是将养老政策具体到了赐予酒肉。他下诏令说："老者非帛不暖，非肉不饱。今岁首，不时使人存问长老，又无布帛酒肉之赐，将何以佐天下子孙孝养其亲？今闻吏禀当受鬻者，或以陈粟，岂称养老之意哉！具为令。"

《后汉书·光武帝纪》记载了刘秀的圣旨内容。诏曰："其命郡国有谷者，给禀高年、鳏、寡、孤、独及笃癃、无家属贫不能自存者，如律。"这里的律就是对养老的专项规定。

从一些文字记载来看，汉代的养老敬老政策非常务实。孤寡老人到市场上做买卖，规定免缴纳租税。汉代，酒是国家专卖品。但是，为了照顾孤寡老人，

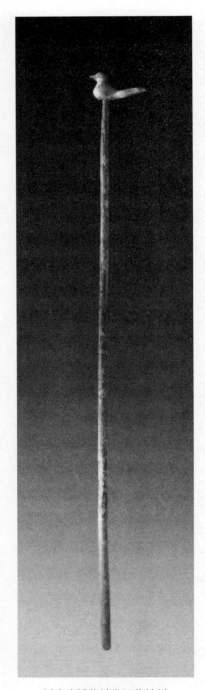

甘肃省博物馆藏汉代鸠杖

政府允许孤寡老人开设酒店卖酒。

汉代还给老年人发放"老年证"——鸠杖。为了保证鸠杖的权威性,汉帝国出台了相应的法规。1959 年至 1981 年,从甘肃武威磨嘴子汉墓中先后出土了 8 根王杖(鸠杖),还随之出土了《王杖十简》和《王杖诏令册》木简。

《王杖诏令册》全文近 600 字,规定了 70 岁以上老人应该享受的生活和政治待遇,堪称中国最早的"老年人保护法"。其中有一项规定:70 岁以上老人即使触犯刑律,只要不是首犯就可以免予起诉,继承了先秦时期老人"虽有罪,不加刑焉"的制度。

鸠杖,又叫"王杖",顾名思义是帝王赐予老人使用的拐棍。它是一种特殊权利的象征。从史料和考古发现来看,给老人"赐杖"的制度在汉朝被正式确立。开国皇帝汉高祖刘邦曾做鸠杖赠送给高龄老人,开了汉朝赐杖的先河。

汉宣帝刘询则使之成为一种制度,规定凡是 80 岁以上的老人,皆由朝廷授予王杖。但从张家山汉简中的相关律令来看,汉代较早时曾是"七十赐杖"。

东汉继承了西汉的做法。《后汉书·仪礼志》记载:"仲秋之月,县道皆案户比民。年始七十者,授之以玉杖,餔之以糜粥。八十九十,礼有加赐。玉杖长(九)尺,端以鸠鸟为饰。"意思是说，秋天的第二个月，朝廷就要入户调查，对古稀老人授予玉杖，并给老人送饭。对于耄耋之年的老人，朝廷还要赠送礼物，在九尺玉杖的顶端加一个鸠鸟的装饰。

获赐王杖者，免劳役赋税，政府定期赐粮食、酒肉、帛絮，此外还享有"入宫廷不趋"等特权。80 岁以上的老人，每月赐米 1 石、酒 5 斗、肉 20 斤。90 岁以上的老人，每人加赐帛两匹。由此可见，老人在汉代的生活很有保障。

汉律还规定：不赡养老人者，要被处弃市之刑，即在闹市执行死刑，并将犯人暴尸街头。对父母、祖父母等长辈不敬也是重罪。子女杀父母或祖父母，即使没有成功，也要被判处弃市之刑。殴伤长辈者同样要受弃市之刑。

诏书还明确规定，各级官府严禁对高龄老人擅自征召、系拘，也不准辱骂、殴打。"吏民有敢骂詈、殴、辱者，逆不道"，"弃市"。由此可见，在死刑罪名不胜枚举的汉代，有一种大逆不道的死法，就是因为殴打、辱没持有鸠杖的老人，各级政府官员也不例外。

诏书中还记载了一些遭遇弃市之刑的具体案件。汝南郡男子王安世因为"击鸠杖主，折伤其杖，弃市"。

汝南地区云阳白水亭长张熬仗势欺人，不仅殴打了持有鸠杖的老人，还"抓壮丁"般拉老人去修路。这件事影响非常恶劣，太守无所适从，廷尉也难断决，只好奏请皇帝定夺。皇帝毫不犹豫地判决道："对照诏书，就该弃市。"张熬因此暴尸街头。

此外，南郡亭长司马护、长安东乡啬夫田宣、陇西田子张汤都因为殴打辱骂持有王杖的老人而被判死刑。

从文献记载看，当时因此罪被判死刑的人很多："亭长二人、乡啬二人、白衣民三人，皆坐殴辱王杖功，弃市。"这说明不管什么身份，殴打、辱骂受杖老人，其下场都是弃市。

同时，汉代还在乡里设三老，选地方年长且德高望重者任职，负责教化地方，解决民间纠纷。

汉成帝刘骜元延三年（前 10）正月壬申下制诏御史："年七十以上杖王杖，

比六百石，入官府不趋。"意思是说，70岁以上古稀老人的待遇相当于"六百石"的官员，可以自由出入官府、郎第，也不必迈小步疾走。

当时"六百石"官职为卫工令、郡丞、小县县令，相当于现在的处级干部。

值得一提的是，汉代老人还能"行驰道旁道"。驰道是专为天子驰走车马的，禁止他人行走，即便是皇子也不例外。由此可见汉代老人享受的政治待遇之高。

不仅如此，汉代独尊儒术之后更是大力提倡孝道，举荐人才有一科就是"举孝廉"。

在政治制度上鼓励孝道，重视养老，选拔官员也把"孝"作为一个基本标准，兴"举孝廉"，察举善事父母、做事廉正的人做官。元光元年（前134），汉武帝采纳董仲舒的建议，"初令郡国举孝廉各一人"。元朔元年（前128），武帝又下诏，凡二千石以上官吏必须察举孝廉，否则按不敬和不胜任论处。

自此以后，以孝为本就成为选拔官吏的标准。汉武帝以后，从中央到地方各级政府官吏多为孝廉出身。举孝廉被视为仕宦之正途。举孝廉者往往被任为"郎"，在东汉尤为求取官职的必由之路。

十四、察举＋征辟：汉代要做官，名声很重要

　　我们知道，科举制是隋唐才开始的一种人才选拔制度。汉代进入仕途很大程度上取决你的名声好不好。上文我们说从"孝"子中选拔人才，其实就是汉代两种官员选拔渠道中的一种——察举。

　　汉代的选官制度有以下几种。

　　察举。举孝廉；举茂才；各种特科，如贤良方正、贤良文学、明经、明法、至孝、有道、勇猛知兵法、明阴阳灾异等。

　　征辟。皇帝征，公府辟。

　　任子。即当官的保举自己子弟为官。

　　纳赀。即花钱买官。

　　私人荐举。主要是公卿一类大官向朝廷荐举自己的门生故吏，这和察举、征辟偶尔交叉。

　　此外，还有其他入仕途径，比如给皇帝写信（东方朔），以"材力"为官（李广一类武将），但这些都不是主流，而且与小吏们基本没有关系。

　　因此，汉代的选官制度最主要的还是察举制和征辟制。

察举即选举，是一种由下而上推选人才为官的制度，是两汉选用官吏最主要的途径。

察举制，初期以"乡举里选"为依据，注重乡里舆论对某位士人德才评判的权威性。察举制的弊端是出现了一批世代为官、把持中央或地方政权的豪门大族。累世公卿的世家地主因此形成并发展起来。后期，宦官把持用人大权，选官制度更加腐朽，出现"举秀才，不知书；察孝廉，父别居"的荒谬情形。

征辟始于西汉而盛行于东汉。除了由皇帝下诏征辟，公卿、州郡长官也可以征辟士人为官。但如举非其人，要负连带责任。

征辟是一种自上而下选拔官吏的制度，主要有皇帝征聘与公府、州郡辟除两种方式。

皇帝征聘是采取特征与聘召的方式，选拔某些有名望、品学兼优的人士，或备顾问，或委任政事。

征聘之方，由来已久，如秦孝公公开下令求贤即属征聘性质。秦始皇时叔孙通以文学征，王次仲以变仓颉旧文为隶书征，亦皆属征召性质。

到了汉代，汉高帝十一年（前196）发布求贤诏，也是继承了这一方式。

此后自西汉武帝以至东汉，相沿成例。对于德高望重的老年学者，且特予优待。如武帝即位之初，即"使使者束帛加璧，安车以蒲裹轮，驾驷迎申公"，可谓开了汉代安车蒲轮以迎贤士的先例。

皇帝征聘，为汉代最尊荣的仕途。被征者来去自由，朝廷虽可督促，如坚不应命，亦不能强制。且于既征之后，地位也不同于一般臣僚，大都待以宾礼。

察举是两汉选拔官吏的常设制度，始于高祖十一年（前196）求贤诏。惠帝、文帝也先后下诏求"孝悌力田""贤良方正""直言极谏"。武帝初令

《袁安碑》"以孝廉除郎中"

郡国举"孝廉"各一人。

此外，也有经过考试被任命为官的，如翟方进、何武均以射策甲科为郎。公孙宏、董仲舒也以临轩对策，擢入高第，叫作"郎选"。

至于二千石以上的高官，任满3年可以保举子弟1人为郎，称为"任子"。苏武、刘向均以荫袭为郎。

郎官是属于光禄勋下面皇宫里的侍卫。依旧例，凡是二千石官（汉朝这样的官很多，中央虽只有三公九卿十多个，地方上的太守就有一百多个）的子侄后辈都得照例请求，送进皇宫当侍卫。在皇帝面前服务几年后，遇政府需要人，就在这里面挑选。

这一制度，虽非贵族世袭，但贵族集团，同时便是官僚集团，仕途仍为贵族集团所垄断。

汉武帝时，为了解决财政困难，实行卖官鬻爵，又为大商、富贾"选为官"开辟了途径。

汉代中央、地方官吏都按品级由国家统一发给俸禄。官吏不仅享受俸禄，而且免除各种赋役。六百石以上官吏，除军赋外免除全家人一切徭役。

汉初官吏还有身份限制，如商人不得为官，宗室子弟不得担任公位高官。

汉代对官吏的任用方式有"守"，是试署性质；有"假"，是摄理的意思；有"行"，指尊官行卑官之事；有"领"，类似兼任；有"平"，助理之意；有"兼"，一身任二官以上；有"待诏"，即候补。

西汉铨选官吏很少有籍贯限制，如朱买臣以会稽人任会稽太守。东汉实行"三互法"，规定婚姻之家及两州之人不得交互为监临官。

两汉官吏的任期没有限制，皆重久任，如于定国任廷尉17年，冯为郡太守27年。

此外还有一种渠道——辟除，是高级官员任用属吏的一种制度。汉代辟除官吏有两种情况：一种是三公府辟除，试用之后，由公府高第或由公卿荐举与察举，可出补朝廷官或外长州郡，故公府掾属官位虽低，却易于显达。一种是州郡辟除，由州郡挑选佐吏，因资历、功劳，或试用之后，以有才能被荐举或被察举，也可升任朝廷官吏或任地方长吏。

汉武帝时已有太学，且全国只有这一所。学生毕业考试后分两等，当时称科。太学毕业考试甲等为郎官。乙等，回到本乡地方政府充当吏职。吏是地方长官的掾属。

汉代官吏任用，有一种条件限制。地方长官太守、县令（长）定要由中央任命，但郡县掾属必须由本地人充当。所以汉代掾属绝对要用本地人。不过辟用掾属的权力，则在长官手里，这叫作辟属。

三公、九卿、郡太守、县令，这些官吏由皇帝和中央政府任命。宰相下面的十三曹，就由宰相辟用。此外各衙门首长以下，全是吏，由各衙门首长任用。

太学生考了乙等，便回到本郡，指定由郡县政府试用，即所谓补吏。补郎与补吏，是太学生毕业后的就业待遇。

这些人不是由中央政府任命，汉代基层吏员由二千石官员自行辟署。据尹湾汉墓出土的《东海郡吏员簿》，东海郡在汉成帝统治期间，郡守辟署的吏员一共 25 人，卒史在其中地位较高，除了前面提到的师饶外，同时还有 9 位卒史，这些卒史通常会被安排到郡府各曹处理文书，被称为"卒史署曹"。

此外，有钱也可以进入仕途，甚至入宫为皇帝服务。汉景帝时期发布的诏令规定："今訾算十以上乃得官，廉士算不必众。有市籍不得官，无訾又不得官，朕甚愍之。訾算四得官，亡令廉士久失职，贪夫长利。"

訾，通"资"。訾选，亦称"捐官"。就是说有十万钱以上的家訾可以进入仕途，有四万钱以上的家訾才能訾选为吏。

比如邓通就是因为家产丰厚才得以入宫为郎。

汉代，皇帝和二千石以上高官处在政治结构的顶层，历来是史学家关注的重点群体。《史记》《汉书》中本纪、列传记载的大多属于这一群体。那些与普通老百姓打交道，活跃在基层社会的官吏群体生平事迹却很少被史书记载，但他们是汉朝庞大的政治机器上的齿轮和螺丝。没有他们，汉代的政治将难以运行。

古今皆然。

十五、官以石论：一石多重，汉代官员工资考

在汉代进入仕途，一定会关心级别和工资问题，因为级别和工资是直接挂钩的。

现在我们谈起公务员级别可以用省部级、地厅级、县处级等来区分。其他朝代我们知道区分官员级别用品级。而在汉代严格意义上官员无品级，那么如何区分官员品秩（级别）发工资呢？

有办法，汉代的级别是以你发放工资多少来定的。而且有个很直观的字"石"来表示你的级别，如"二千石"。也就是说汉代以"石"（领取俸物的多少）表示品秩的大小。

这个字以前多认为应读"dàn"，实则应该读"shí"。关于为什么应该读"shí"，我们稍后会进行解释。

西汉公务员层级从万石至斗食佐史，共二十二级（一说二十一级），东汉共十七级（或十六级），官员俸禄的发放采取给谷制。古代官员的俸禄主要以谷物和货币形式支付。谷物和货币的比重随着时代的变化而有一些差异。总体唐代以前官员俸禄以谷物为主，唐代以后以货币为主。

"石"实质上是一个容量单位。

中国古代常用计量单位有龠、合、升、斗、斛等。"石"与"斛"是古代同一级别计量单位的不同叫法，十斗为一斛（石）。斛是容量的表示，石是一斛的重量。

所以石和斛常互用。所不同的是石称秩级，而斛称俸禄之数。

其实多少石，也可以理解为一个换算单位，只是表示行政级别的一个指标。

《汉书·律历志》（卷21）记载：汉时"二十四铢为两。十六两为斤。三十斤为钧。四钧为石。"即一石为当时的120斤。

各个朝代"斤"的具体重量并不相同，与现代的"斤"也不一致。宋代科学家沈括的《梦溪笔谈·辩证一》（卷3）中记载："今人（宋朝人）乃以粳米一斛之重为一石。凡石者，以九十二斤半为法，乃汉秤三百四十一斤也。"

汉朝的一石大约是今天的二十公升。当然也有现代有学者考证，秦汉时的一石稻谷，约合现代二十七斤（据林甘泉主编的《中国经济通史·秦汉经济史》：汉代1石=2市斗，1市斗=13.5斤，1石=27斤）。

《汉书·百官公卿表》记载：丞相俸禄为"金印紫绶，秩俸万石"。

西汉官俸虽以斛分秩级，但并不是全发给谷物，有时候也会有布匹之类，所谓若干斛是一个虚数。凡俸禄一半发谷，一半发钱，偶有变动。

比如丞相食俸万石，实际发到手的谷物是每月350斛（石），即汉代的42000斤。另外丞相还有六万钱的现金补贴。

汉官秩以万石为最高，中二千石次之，真二千石再次，再往后还有二千石、比二千石，其下依次为千石、比千石、六百石、四百石、比四百石、三百石、比三百石、二百石、百石、斗食、佐史。佐史最低，月俸只有八斛（石）。

在汉代，除了万人之上一人之下的丞相秩俸万石外，武职最高的太尉也享受秩俸万石；作为实际副丞相的御史大夫秩俸是中二千石。而这三位统称"三公"，是汉代最高级的公务员。

上面提到一个"中二千石"。

其实汉代品秩在一个层级上（比如二千石层级，可以理解为现在的省部级）又可分为：中二千石、真二千石、二千石、比二千石。

中二千石者即为是在中央任职（皇帝身边）的意思，可以理解为中央部长级首长，中二千石，月俸一百八十斛，一年二千一百六十斛。其地位在真二千石、二千石、比二千石之上。

汉代太常、光禄勋、卫尉、太仆、廷尉、大鸿胪、宗正、大司农、少府等"九卿"及中央机构的主管长官，皆为中二千石。首都"三辅"：京兆尹、左冯翊、右扶风因中央直属，也是中二千石。

也有认为此处"中"是"满"的意思。

真二千石，一般认为就是实得二千石，月俸一百五十斛，一年一千八百斛。

《汉书·外戚传》言："俗华视真二千石，比大上造。美人视二千石，比少上造。"

从这里可知，俗华（即容华，汉代后宫妃子的封号）的月俸与十六级的大上造一致。

二千石，即月俸一百二十斛。基本是汉代郡守（太守，可类比现在的省级地方首长）的通称。

西汉有位官员叫石奋，最早伺候刘邦，后来凭资历在做到了二千石的高官。他有四个儿子：石建、石甲、石乙、石庆，也都"官至二千石"。

一家五个省部级高官，连汉景帝都羡慕地说："石君及四子皆二千石，人臣尊宠乃举集其门。"

父子五人加起来正好是一万石，因此称石奋是"万石君"。

后人多吟诵此事，如苏东坡有诗："一轩专为黄花设，富拟人间万石君。"

比二千石即类似、参照二千石，月俸一百斛，可以理解为副省级首长。西汉凡丞相司直、护军都尉、

"秩至二千石"

司隶校尉、西域都护、奉车都尉、驸马都尉、郡都尉等秩皆比二千石。东汉诸中郎将、光禄大夫、侍中、诸校尉也为比二千石。

需要说明的是汉武帝时的州只是设立的监察区，没有实际的行政权力。州刺史行使的是监察权，与郡不同，仅为六百石。但后来升为真二千石。东汉后期刺史升格为牧，牧成为一州最高行政长官，为中二千石。

汉朝在郡以下设县，大县（万户以上）设县令，小县（万户以下）设县长，都是一县的最高长官。县令秩六百石至千石不等，县长是三百石至五百石不等。

据《居延汉简》记载的工资单可知，凡是百石及其以下级别的基层公务员工资是每月小米三石。

当然，在汉代时期就已经有了年终奖——"腊赐"（由皇帝腊月发放，因此称为"腊赐"）。

《汉官仪》中记载了一项"腊赐"名单：大将军、三公各钱20万、牛肉200斤、粳米200斛，特进、侯15万，卿10万，校尉5万，尚书3万，侍中、将、大夫各2万，千石、六百石各7千，虎贲郎、羽林郎3千。

这是东汉时期的情况，当时三公和大将军的月薪只有17500钱，领一回年终奖，相当于领了一年的工资，比现在13个月工资扎实多了。

上面说的是中央公务员的年终奖。其实汉代至魏晋时期，因为公文写在竹简上，公文传达过程中，用口袋把公文装起来，再糊上胶泥，盖上公章。另一个部门收到这个口袋，剥掉胶泥，把公文倒出来，装公文的这个口袋就成了废品。那时候装竹简的口袋有皮质的，有丝织的，也有麻布的，都能卖钱。各部门攒的口袋多了，到年底运到市场上卖掉，也可以给部门公务员们发个年终奖。

最后说下"二千石"中"石"这个字的读音。

这个字目前来看，读"shí"是准确的。

中国汉代学者许慎的《说文解字》是世界上最早的一本字典，里面对于"石"的标注就是"shí"，也就是说一直到汉代为止，这个字都是读"shí"。其实从汉代到唐朝，这个字都是以"shí"为主。清代《康熙字典》中也没有收录"dàn"的读法。

在《新华字典》中，对于这个字的解释明确是：此义在古书中读"shí"，如"二千石"。《现代汉语词典》对这个字的解释是：在古书中读 shí，如"二千石、万石"等。

那"dàn"这种读法从何而来呢？

古时 1 石约等于 1 担（即 10 斗），因此在民间"石"又可俗读为"dàn"。据说这个重量刚好是一个人用担子可以挑起的重量，所以民间也俗读"dàn"。

据说"dàn"这个读音最早出现在唐朝史料中，彼时江淮地区的百姓如此读音，属于一种地方方言。

所以在正式场合及诗词、古文之中应作本音"shí"。

最后我们可以按照汉代工资标准大体换算下当时公务员工资在现在的情况，因为汉代以谷子（小米）为主要发放物，我们取现在谷价大体中间值每斤三元换算。再按文中说的汉代一石谷子等于现在 27 斤来转换。

我们换算一下西汉时期从万石至斗食佐史共 22 级现在的薪资标准：

1. 万石：三公等，月谷 350 斛（注：1 斛＝1 石），一年 4200 石；折合人民币 28350 元。

2. 中二千石：九卿等，月谷 180 斛，一年 2160 石；折合人民币 14580 元。

3. 真二千石：诸侯相等，月谷 150 斛，一年 1800 石；折合人民币 12150 元。

4. 二千石：郡太守等，月谷 120 斛，一年 1440 石；折合人民币 9720 元。

5. 比二千石：光禄大夫等，月谷 100 斛，一年 1200 石；折合人民币 8100 元。

6. 千石：丞相长史等，月谷 90 斛，一年 1080 石；折合人民币 7290 元。

7. 比千石：太中大夫等，月谷 80 斛，一年 960 石；折合人民币 7290 元。

8. 八百石：汉成帝时除，不计。

9. 比八百石：谏大夫，俸禄不详，后除，不计。

10. 六百石：州刺史等，月谷 70 斛，一年 840 石；5670 元。

11. 比六百石：博士等，月谷 60 斛，一年 720 石；折合人民币 4860 元。

12. 五百石：县长，汉成帝时除，不计。

13. 四百石：大县县丞、县尉，月谷 50 斛，一年 600 石；折合人民币 4050 元。

14. 比四百石：五官侍郎等，月谷 45 斛，一年 540 石；折合人民币 3645 元。

15. 三百石：次县长，月谷 40，一年 480 石；折合人民币 3240 元。

16. 比三百石：五官郎中等，月谷 37 斛，一年 444 石；折合人民币 2997 元。

17. 二百石：县丞、县尉等，月谷 30 斛，一年 360 石；折合人民币 2430 元。

18. 比二百石：月谷 27 斛，一年 324 石；折合人民币 2187 元。

19. 百石：御史属等，月谷 16 斛，一年 192 石；折合人民币 1296 元。

20. 比百石：数额不详，后除，不计。

21. 斗食：月谷 11 斛，一说每日 1 斗 2 升；折合人民币 891 元。

22. 佐史：月谷 8 斛，另一说佐史也并入斗食中。折合人民币 648 元。

当然，这只是一个大致的换算，仅供参考。

番外篇：汉代地方政权组织和退休制度

汉代在地方行政管理上很简单，共分两级：即郡与县。汉代大致有一百多个郡，一个郡管辖十个到二十个县。汉代县的总数大致在一千一百到一千四百之间。

中国历史上讲到地方行政，一向推崇汉朝。所谓两汉吏治，永为后世称美。

汉代郡长官叫太守，地位和九卿平等，也是二千石。不过九卿称为中二千石，郡太守是地方上的二千石。郡太守调到中央可以做九卿，再进一级就可当三公。所以九卿放出来当太守，并不是降级。

地方二千石来做中二千石，也不是升级。

县的长官有"县令"和"县长"。秦、汉时期有规定"人口万户以上的县，县官称县令；万户以下的称长"。这个规定一直延续到东汉末期到三国时期。

从这个规定来看，县令和县长的区别，在于管辖人口的数量；超过一万户的县才可以称"县令"，少于一万户的就只能称为"县长"。

县令和县长的俸禄也不相同，县令俸禄（六百石至千石）是县长俸禄（三百石至五百石）的两倍。

一般而言，官员70岁时就可以退休安享晚年。《白虎通义·致仕》记载："七十阳道极，耳目不聪明，跨之属是以退之。"《礼记·曲礼上》记载："大夫七十而致仕。"注曰："致其所掌之事于君而告老。"由此可知，官员70岁退休并不是汉朝的首创，而是之前历史上就已经出现过的惯例。

汉朝对于退休官员一般不会像现在这样给予持续性的退休金或者一系列社会福利，而是给予一次性的经济奖励。《汉书·薛广德传》记载，元帝时"御史大夫薛广德，与丞相（于）定国、大司马车骑将军史高俱乞骸骨（申请致仕），皆赐安车驷马，黄金六十斤，罢"。

当然，这样的待遇不是什么人都有。按照当时的规定，只有二千石以上的重臣才配拥有这样的待遇。因为当时汉朝主要在于治官。官僚政治在汉朝应该算是发展阶段，所以对于官僚系统方面的治理还处在摸索阶段，故对于一些重量级官员的治理难免会严格一些，重视一些。

其次，二千石官员在当时拥有国家的重大权力，担负的责任比较重大。国家未来究竟怎样发展，如何发展，关键都是看这些二千石官员如何执行行政职能。所以从这个角度来看，保证二千石官员的切身利益至关重要。

但是也有些特殊情况，就是幼帝登位，老臣实在不能够在70岁退休，需要继续辅佐，或者政治上该官员的作用的确很重要，以致君主老是去咨询国家大事时，才会出现例外。最后在君主的执意要求下，不得不返政。回家养老在当时并不是一种社会习惯性行为，或者义务性行为，而是一种皇帝的赏赐性行为。所以在当时能够回家养老实际上是十分光荣的。据《汉书·薛广德传》记载，薛广德为沛郡人（即今江苏沛县一带），致仕回乡后，沛郡"太守迎之界上，沛以为荣，县（悬）其安车传子孙"。

主要是通过皇帝的批准，官员会认为，自己之前的工作是得到皇帝认可的。这会让官员有一种莫名其妙的满足感，觉得自己的事情做得不错，可以安安心心地退休。汉朝的退休制度其实从整体上来说，是比较完整的，符合当时的基本社会情况。

十六、男女平等不是梦：汉代女子也封侯，汉代女子社会地位考

中国在先秦时代就已经有君王赐封侯爵。在制度较完备的周代，侯爵是五等爵位（《礼记·王制》："王者之制禄爵，公侯伯子男，凡五等"）的第二等。可见侯爵极其尊贵，而且当时的侯爵只授予君王亲戚与极少数功臣。

我们先看封侯的"侯"字。"侯"是个会意字，甲骨文和金文的"侯"就是一支箭射向箭靶。后来的"侯"字从矢，从厂（hàn）。在最初的本义箭靶的基础上加上了"人"。古代有"射侯"之礼，寓意能力高强的男子，引申为有本事的人，后来又用作爵位名称。

另一种说法是"厂"表示箭程，"矢"与"厂"联合起来表示"一箭之程"。其含义是：以箭程确立新建侯国的四至。

古代诸侯受封建国，首先确定一处合适地点作为国中所在，然后在此处向东南西北各射一箭，以箭头落地处作为新建侯国的四至，即四境。这种风俗一直到近代的蒙古草原上还存在。蒙古王爷若有意赏赐牧场，便让受赏者射箭，然后这一箭之地便就是被赏者的范围。

周代诸侯国中的侯爵国鲁、齐、蔡、卫、邢、晋、燕等，基本是周武王的亲兄弟或开国功臣。

在古代，生前封侯几乎成了人臣的人生梦想。比如曹操在《让县自明本志令》中就表示：欲望封侯作征西将军，然后题墓道言："汉故征西将军曹侯之墓"，此其志也。唐代王勃在《滕王阁序》中就写道："冯唐易老，李广难封。"指的就是西汉名将李广终其一生也未能封侯。

那么汉代的侯爵有什么含金量呢？

汉承秦制，汉朝也继承了秦国在商鞅变法后实行的二十等级军功爵位，并在二十级军功爵位之上设置了诸侯王，实际上汉代爵位一般就王、侯两等四级，王、侯两等，侯有县、乡、亭三级。

汉代王只有一级，一般只封给皇子，称诸侯王。

刘邦晚年杀白马为盟，和大臣约定："非刘氏而王者，天下共击之；若无功上所不置而侯者，天下共诛之。"

这句话的意思是，只要大汉存在一天，诸侯王这一级别就只能是刘姓皇族才可以担任。这一招断绝了异姓称王的可能。

刘邦死后，吕后及其家族作乱，第一个打破了"非刘不王"的传统，结果被周勃、陈平等老臣群起而攻之，平定了诸吕之乱，这也让"非刘不王"成为铁律。

汉朝的爵位制度第十九级为关内侯，第二十级为彻侯。

但是关内侯和彻侯的区别很大。

关内侯，原称伦侯。秦汉二十等爵位中第十九等，仅低于彻侯（即列侯，亦称通侯）。有封号，但无封国。一般是对立有军功将领的奖励，封有食邑数户，有按规定户数征收租税之权。

可以理解为列侯是真正诸侯（东汉时又分为县侯、乡侯、亭侯三个等级），关内侯不过是一种爵位。

比如授予关内侯（包括关内侯以下）的爵位，官方称之为"赐某爵"，用的是"赐"字；

而授予彻侯的爵位，官方称之为"封"，这就是俗称的"封侯"。

所以彻侯高于关内侯。

另外还有关中侯和关外侯。关中侯是东汉末年曹操设置的爵位，爵十七级，以封赏立有军功者。

关外侯是东汉建安二十年（215）曹操始置，十六级爵名，无食邑租税之虚封，比关中侯还低一级。

这两种侯也只是借用关中地名封号而已，与"东自函谷关、西至陇关；二关之间，谓之关中"的实际封地，并无任何联系，是当时的一种虚封爵位，没有饷禄，仅代表荣誉而已。这种制度沿用到晋代以后被废除。

列侯在秦代称彻侯，是秦二十等爵制之首。西汉时为避汉武帝刘彻讳而改称列侯，又称通侯，其食邑多者万户，少者数百，皆为县侯。东汉时，又有都乡侯、乡侯、都亭侯、亭侯等不同等级。

秦代彻侯封地一般为一个县。古代一个县的户数一般而言大约在一万户左右，所以一般称彻侯为万户侯。而关内侯则有号无封地，有食户，可以食租税。

侯爵所受的田宅数额巨大。汉朝关内侯最高可授田九十五顷。而列侯是有封国的，田数更是要高于关内侯。

侯爵可以荫其子孙，是可以继承的。列侯和关内侯的爵位由其嫡长子继承。

另外侯爵可以免除死罪一人，或免除城旦春（四至五年刑）。相当于有了免死金牌。

汉朝多数时候爵位等级中没有公爵这一级，只有在汉末出现了公爵，那就是魏公曹操。

西汉实际上是军功集团和皇室共治天下，当然还有一个特殊的集团——外戚。外戚身份特殊，有时外戚本身也是军功集团，又和皇室有紧密关系。

刘邦订立"白马之盟"的核心目的就是保持统治集团的内部稳定。只要大家共同维持汉帝国稳定，除了军功，谁也不能稀释军功集团大蛋糕，大臣们及其子孙就永远有位子。另外刘姓封侯和异姓封侯在称呼上也不同。

西汉时，如果是刘姓皇子封侯，则称之为"诸侯"；而异姓因为军功被封侯都是称之为"彻侯"。

临沂市博物馆内藏"刘疵"所穿"金缕玉衣"

汉朝对于军功封侯还是很严格，所以李广屡次出击匈奴，但不是功过相抵，就是功劳不够，最后还因迷路错过了大战。因为无法积累足够的军功，哪怕李广名气很大，也无法封侯。

汉武帝时期，丞相会被封侯，为文官封侯开了先例。

所以西汉的侯爵含金量非常高。刘邦登基称帝后，除了诸侯王共封了143个列侯。

我们看一下封侯名单的前十名。1. 酂侯萧何；2. 平阳侯曹参；3. 宣平侯张敖；4. 绛侯周勃；5. 舞阳侯樊哙；6. 曲周侯郦商；7. 鲁母侯疵；8. 汝阴侯夏侯婴；9. 颍阴侯灌婴；10. 阳陵侯傅宽。

前十名里竟然没有大名鼎鼎的张良、陈平，这也说明当时的侯爵主要看沙场真刀实枪的军功。有的人肯定问，那萧何有军功吗？这个问题可以百度一下功人与功狗的故事。

这里面第七名鲁母侯疵应该加个括号女。"鲁母侯疵"，疵是她的名，而且她应该姓刘。"鲁母侯"是她的侯爵名称。这应该是史书上女子封侯的第一人。

其实她的侯爵是她儿子给挣的。

刘邦起兵时老乡中有一个叫奚涓的人骁勇善战，屡立战功。后来奚涓跟随刘邦进入咸阳，因战功官拜郎中，后又拜为将军。楚汉争霸时，奚涓守荥阳，被楚军攻破。项羽招降奚涓，奚涓誓死不降，最终为项羽所杀。

刘邦大封功臣时，没有忘记奚涓，并认为奚涓的军功堪比舞阳侯樊哙，故而封其为鲁侯，食邑 4800 户。

按规定应由奚涓的儿子等直系亲属受爵，但奚涓没有子女，他父亲也死了，只有母亲健在。刘邦便决定封奚涓的母亲"疵"（一作"厎"）为鲁侯，因此史料记载便是"鲁母侯疵"（《史记》载奚涓"入汉，以将军从定诸侯，侯四千八百户，功比舞阳侯。死事，母代侯。"鲁侯奚涓功劳卓著，可与舞阳侯樊哙比肩，但他早死无子，高祖六年，刘邦便将鲁侯之位转授其母。《汉书》则记载奚涓之母受封侯爵不是鲁侯，待考）。

先秦时代女子也有受封爵位者，但是多被封君或者夫人，封侯爵确是刘邦不拘一格的创举。一则说明刘邦重情义，二则证明汉初不歧视女性。

鲁侯国在山东临沂区域。20 世纪 70 年代，临沂洪家店村一个砖厂在附近挖土烧砖时发现一座古墓，并挖掘出了金缕玉衣（现存临沂博物馆）。这套金缕玉衣是我国迄今发现唯一的西汉早期金缕玉衣。墓主人刘疵身着玉衣，有玛瑙印章一枚，3 把随葬的铁剑和两件铜弩机，说明她是汉宗室成员或有功之臣。

鲁母侯疵在位 10 年，吕后五年（前 183）薨，因无继承人，封除。

西汉有正史明确记载的女子封侯者有四人，除了鲁母侯疵，刘邦还封自己嫂子为阴安侯。吕后当政后，又以萧何之妻为酂侯，自己妹妹吕嬃为临光侯。萧何之妻袭封酂侯是萧何死后吕后安排袭爵。

另据西汉陆贾的《楚汉春秋》记载，相者许负被高祖封为鸣雌亭侯。但《楚汉春秋》是一部杂史，有待考证。且"亭侯"是东汉时期的侯爵等级，根据汉初非军功不侯的规则，这个"鸣雌亭侯"大致是杜撰。

刘邦的嫂子封阴安侯在《史记·孝文本纪》里有记载："臣谨请阴安侯列侯顷王后与琅邪王、宗室、大臣、列侯、吏二千石议曰：'大王高帝长子。宜为高帝嗣'愿大王即天子位。"即阴安侯参与了劝汉文帝登基，显是宗室长者。另据《史记索隐》注释："以顷王后别封阴安侯，与汉祠令相会。"推断此处的"阴安侯列侯顷王后"是刘仲之妻、吴王刘濞之母，也就是刘邦的二嫂。

有人认为阴安侯是刘邦长兄之妻、羹颉侯刘信之母。但据《史记·楚元王世家》记载，刘邦少时与长嫂有隙，"及高祖为帝，封昆弟，而伯子独不得封。

太上皇以为言，高祖曰：'某非忘封之也，为其母不长者耳。'于是乃封其子信为羹颉侯"。

刘邦是一个爱憎分明的人，因为记恨未发迹时长嫂不待见他（见他带狐朋狗友回家吃饭就刷锅，表示锅里没饭了）竟然给侄子刘信封了个带有嘲刺意味的羹颉侯（颉古音读戛，敲击的意思，羹颉即敲锅羹尽的意思）。

因此，阴安侯绝非刘邦长嫂的封爵。

吕后封妹妹吕嬃为临光侯是吕后称制后的事。《史记》记载："孝惠六年，樊哙卒，谥为武侯。子伉代侯。而伉母吕须亦为临光侯。"也就是说吕嬃受封时，其夫樊哙已死，儿子樊伉也顺利继任了舞阳侯。依常理，吕嬃本不应封侯，但其既为吕后之妹，骨肉亲戚，得以封侯。

吕后安排萧何夫人为酂侯也是其时萧何嫡子萧禄已死，萧禄无子，酂侯之爵无嫡子继承，于是吕后让萧何夫人继承了酂侯的爵位（"孝惠二年，何薨，谥曰文终侯。子禄嗣，薨，无子。高后乃封何夫人同为酂侯，小子延为筑阳侯。孝文元年，罢同，更封延为酂侯"）。

吕后以"同"为酂侯，也含有政治考量的意思，如萧何夫人侯爵来自萧何与儿子萧禄，吕后执政基础源自刘邦与刘盈。而到了孝文帝时期对"同"侯爵的罢黜，也含有否定吕后的意思。改封萧何小儿子萧延为酂侯，也是孝文帝对自己帝位的正统性予以强调。

所以自汉高祖六年至孝文元年，汉帝国有过四位女性侯爵：鲁母侯、阴安侯、临光侯、酂侯。

吕后违背了刘邦与大臣们的约定，不仅封妹妹吕嬃为侯，还封不少吕氏家族成员为王。吕后死后，吕氏集团被大臣们群起铲除，临光侯吕嬃也被乱棍打死。

其实从汉初女子也能封侯，我们可以看出，汉代其实还保留有母系社会的一些因素，家族的兴衰都和家族女人在后宫的地位有着极大的关系。包括名字的命名上，如栗太子（汉景帝的长子刘荣，母亲栗姬）、卫太子（汉武帝和卫子夫的儿子刘据）、史皇孙（刘据唯一的孙子，其母为史良娣）都是以母家之姓氏。

不仅如此，西汉太后或者家族大多秉政。如临朝称制多年的吕高后，干涉两代皇帝决策的窦太后，掺和汉景帝立太子的窦太主（窦太后与汉文帝的长女，即汉武帝的丈母娘大长公主刘嫖）。用窦太主来代替大长公主这个尊贵的称号本身也是母系地位与父系均衡的一个体现。

包括皇帝对家族女性成员都高看一眼，汉武帝就封自己同母姐姐为脩成君，并赐给汤沐邑；汉宣帝加封自己外祖母为博平君，将博平等地作为其汤沐邑。

两汉时期有据可查的大约一共加封过 30 多位女性为侯和君。

由此也可见，西汉贵族妇女地位还是比较高的。

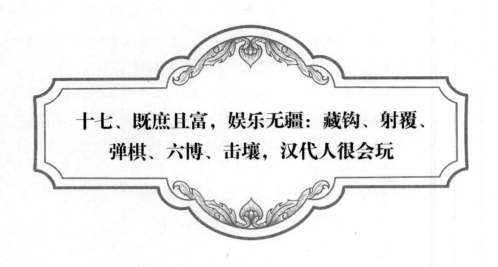

十七、既庶且富，娱乐无疆：藏钩、射覆、
弹棋、六博、击壤，汉代人很会玩

如果生活在汉代，在那个没有电脑网络，没有智能手机的时代，人们都有
什么娱乐活动呢？

其实这个我们不用担心，相对于现在人沉迷于网络，汉代的娱乐方式更有
趣且健康。西汉时人班固在《西都赋》中就写道："既庶且富，娱乐无疆。"

汉代从宫廷到民间，广泛流行的有多种娱乐游戏，诸如藏钩、射覆、弹棋、
六博、击壤，以及蹴鞠、斗鸡等等。

藏钩的由来还有一段传说。据说汉武帝刘彻巡狩路过河间，有"望气者"
对汉武帝说此地有奇女，汉武帝立即下诏派人寻找。果然随行官员就找到一位
年轻漂亮的赵氏女子。据说此女天生双手握成拳状，虽年已 10 多岁，但依然不
能伸开。汉武帝伸出双手将这女子手轻轻一掰，少女的手便被分开，在手掌心
里还紧紧地握着一只小玉钩。随后，汉武帝命人将此女扶入随行的辎车，将其
带回宫中。此女得到了汉武帝的宠爱。武帝还专门为她建立了一座钩弋宫，封
为钩弋夫人。后来钩弋夫人生了汉昭帝刘弗陵。

有人认为赵氏是小儿麻痹才会双手握拳，但这无法解释汉武帝能展开她的

手并且手里有玉钩。也有人认为握拳藏钩就是当地官员和随行人员取悦汉武帝的一出好戏。

汉武帝带回此女子后这段奇事便在宫中传了开来。藏钩游戏便在宫中盛行起来，少至两人多至十几人都可以玩藏钩游戏。一群人把手放在背后，暗中传递玉钩，让另一帮人去猜玉钩在哪个拳头里面。

"藏钩"后来成为一种宴饮中的娱乐助兴节目。

《风土记》记载了其玩法："藏钩之戏，分为二曹，以较胜负。若人偶则敌对，人奇则奇人为游附，或属上曹，或属下曹，名为'飞鸟'，以齐二曹人数。一钩藏在数手中，曹人当射知所在，一藏为一筹，三藏为一都……藏在上曹即下曹射之，在下曹即上曹射之。"

即玩藏钩游戏的人分为两曹，即两组，一组管藏，一组管猜。如果人数为偶数，所分的两组人数相等，互相对峙。如果人数是奇数，就让一人作为游戏依附者。他可以随意依附这组或那组，称为"飞鸟"。游戏时，一组人暗暗将一小钩（如玉钩、银钩）或其他小物件攥在其中一人的一只手中，由对方猜在哪人的哪只手里，猜中者为胜。

两组之中，猜钩的那一组，要猜中藏钩的那只手，所仰仗的必须是敏锐的观察力和缜密的心理分析。

西晋诗人庾阐在《藏钩赋》写猜钩人的神情："思朦胧而不启，目炯冷而不畅。"意思是说他们在观察对方藏钩时的姿态，看看谁更可疑。

因这种竞猜游戏一般在夜间进行，因此对方可以凭借这种条件制造很多假象，来迷惑猜钩者。"疑空拳之可取，手含珍而不摘。"这两句是对这种心态最真实的写照。

据《彩兰杂志》记载，古人尚阴阳，九是阳数，每月二十九日为上九，初九日为中九，十九日为下九。每月下九即置酒宴乐，为妇女欢，称为阳会——所谓盖女子阴也，待阳以成，故女子于是夜为藏钩诸戏，以待月明，至有忘寐达曙者。

因而藏钩最早可以说是闺阁之戏。或者说，一直以来都有闺阁之戏的内涵。

李白有诗:"更怜花月夜,宫女笑藏钩。"而《孔雀东南飞》中,兰芝拜别小姑时说道:"初七及下九,嬉戏莫相忘。"这里所说的嬉戏,自然就包含了藏钩之戏。

藏钩虽然以其闲情雅致为世人所喜欢,但一些讲究禁忌的家族却是禁绝此戏,因为它不吉利。俗称:藏钩令人生离。

据说,晋代司马奕时,高朋贵戚会饮,席间玩藏钩戏。在众臂之中人们发现有一只奇特别样的手——修骨巨指,毛粗色黑。这是异象,举座皆惊。不久此人即被桓温所杀。

射覆简单来说就是猜谜。"射"和"覆"分别是"猜度"和"覆盖"的意思,连起来就是众人猜物的游戏。

这个被猜的东西,自然是被覆盖起来的。原始的射覆,并没有酒令的性质,到了魏晋南北朝时期,才开始被娱乐化。

汉朝时,官方对民间的筮占行为是禁绝的。于是,在汉朝之前便已有的射覆游戏,便在此时迅速盛行起来。人们在瓯、盂等器具下覆住某物,让人猜测里面是什么东西。用什么方法猜,当然不是瞎猜,而是用筮占的方法。

这种游戏,在最开始是有一些娱乐性的,但它更利于草根数术家们提高自己的占卜技能。唐代在考核天文郎时,便设置了射覆这个科目的考试。此事载于《唐六典》中。

汉武帝和东方朔就经常玩射覆。

有一次,汉武帝玩心大起,让人把一条壁虎放进柜子里。东方朔猜道:"是龙没角,是蛇有脚,攀爬而来擅长飞檐走壁,不是壁虎就是蜥蜴。"

东汉末年著名术士管辂给新任新兴太守诸葛原送行。诸葛原亲自取下燕子蛋、蜂窝和蜘蛛等物放在容器中,让客人猜射。管辂占卜一卦后说:"第一物,含气就变,在房梁上居住,雌雄不同,翅膀舒展,这是燕子蛋;第二物,它的窝悬挂,门窗极多,收藏宝物但同时又有毒,秋天出液,这是蜂窝;第三物,长足吐丝,靠网捕捉猎物,在晚上最有利,这是蜘蛛。"在座的人无不惊叹不止。

弹棋兴起于汉代。据《西京杂记》记载，汉成帝迷恋蹴鞠，群臣认为蹴鞠劳顿身体，帝王不宜。于是刘向"作弹棋以献，帝大悦"。自此弹棋即流行于宫中和官贵之间。

也有一种说法为，弹棋游戏系东方朔创制，献于好蹴鞠的汉武帝，使得"帝就舍蹴鞠，而上弹棋焉"。

东汉时期弹棋曾一度衰落。至汉章帝时，弹棋再度兴起。由于帝王的喜好，"此戏乃盛于当时"。

弹棋游戏的具体规则，已难知其详。从记载来看，大约是以手指弹击或用巾拂击自己的棋子以击中对方的棋子。

一说弹棋为魏文帝时发明，待考。

六博，又作陆博，是中国古代民间一种掷采行棋的博戏类游戏，因使用六根博箸所以称为六博（六白六黑十二棋，双方相争博一局。即为六博），以吃子为胜。其中的古玩法大博，由于是与象棋一样要杀掉特定棋子为获胜，是最早的兵种棋戏，有人认为象棋类游戏可能从六博演变而来。

汉画像石"六博"图

六博在汉代流行。出土汉俑即有二人对坐六博者。

用现在眼光来看，六博可以说是大富翁和象棋类游戏的结合。

六博创制、流传年代久远，棋具和棋局结构复杂，走棋方式变化多样，彩点名目繁复。由于年代久远，六博的具体玩法早已失传，只能从古籍的只言片语中猜度一二。

据记载：西汉及以前的博法为大博，以六根箸当色子，以多吃博筹为胜。每对博双方各在棋盘自己一方的曲道上排好六枚棋子。对博时双方先轮流投掷博箸，然后根据掷得的箸正反数量行棋。数越大，行棋步数越多。棋子行进到规定位置即可竖起，改称名为"骁"，亦称"枭"。

骁在汉代为枭的借用字。《楚辞·招魂》中有："成枭而牟，呼五白些"，指棋子竖起成为枭。这枚"骁棋"便可入"水"中，吃掉对方的"鱼"，名为"牵鱼"。每牵鱼一次，获得博筹二根。连牵两次鱼，获得博筹三根。谁先获得六根博筹，就算获胜。玩家需尽快使自己的散升级成枭，或杀掉对手的枭，方能多得博筹获得胜利。

所以《韩非子》中所言"博者贵枭，胜者必杀枭"，《战国策·魏策》中也写道："夫枭之所能为者，以散棋佐之，夫一枭不敌五散也明矣！"

同时枭在散的配合下，争取时机杀掉对方的枭。

东汉以后六博的形制出现了新的变化，出现了使用茕（同箸的作用）的小博，同样以多吃博筹为胜。

晋人张湛在《列子》的注里引用了一段《古博经》，具体记载了小博的玩法，是至今能找到最详尽的纪录："博法：二人相对为局，局分为十二道，两头当中为'水'，用棋十二枚，古法六白六黑。又用'鱼'二枚，置于水中……二人互掷彩行棋，棋行到处即竖之，名为'骁棋'。即入水食鱼，亦名'牵鱼'。每牵一盎，获二'筹'，翻一盎，获三'筹'……获六'筹'为大胜也。"

即这种博法是两人对局，博局有十二道，两头中间是"水"，12枚棋子。两人相对而坐，双方各执白黑棋6枚，分别布于局中12曲道上。双方还各有一枚称作"鱼"的圆形棋子，放在"水"中。对博时双方先轮流投掷博箸，然后根据掷得的箸的正反数量行棋，数越大，行棋步数越多。棋子进到规定的位置即可竖起，名为"骄棋"。这枚"骄棋"便可入"水"中，吃掉对方的"鱼"，名为"牵鱼"。每牵鱼一次，获得博筹二根。连牵两次鱼，获得博筹三根。谁先获得六根博筹，就算获胜。

简而言之，六博行棋方法主要分为"大博"和"小博"，大博和小博的区别就是用的箸（相当于色子）不一样，大博用六根，小博用两根，玩法都类似。玩家需尽快将自己的散升级成枭，或杀掉对手的枭，方能多得博筹获得胜利。

也可理解为和现在下象棋一样，每人拿着六颗棋子，一枚为老帅，吃掉对方老帅即为胜。看似简单的规则中，双方可以相互约定使用骰子的数量，最多为六枚，同样还可以自行规定游戏规则，可玩性和多变性非常之高。

六博变化多端的游戏方式和简单的游戏器具使它得到了上至王公贵族下至平民百姓的喜爱，甚至痴迷。

击壤也是古代的一种游戏。把一块鞋子状的木片侧放地上，在三四十步处用另一块木片去投掷它，击中的就算得胜。

《辞源》释击壤为"古游戏名"，一般认为是古代的一种投掷类游戏。

汉代时，击壤活动在民间十分流行。东汉王充的《论衡·刺孟》记载："夫毁瓦画墁，犹比童子击壤于涂，何以异哉！"

三国时吴人盛彦曾在《击壤赋》中写道："论众戏之为乐，独击壤之可娱，因风托势，罪一杀两。"从这里的"论众戏之为乐，独击壤之可娱"，可以推断击壤是当时人们闲暇游戏的第一活动。

击壤所用的"壤"，最早应当是土块，后来才逐渐有了变化。

三国魏邯郸淳的《艺经》中记载："壤以木为之，前广后锐，长尺四，阔三寸，其形如履。"这时的"壤"已发展成一尺四寸长、三寸宽、前宽后窄、形状如履的木制品，更为耐用。"将戏，先侧一壤于地，遥于三四十步以手中壤敲之，中者为上。"

《太平御览》卷七五五引三国魏邯郸淳《艺经》：游戏的方法是把一块"壤"侧放地上，在三四十步处，用另一"壤"去投击它，击中的就算得胜。说明这时击壤已经形成力求准确的竞技性投掷活动。

其他还有如投壶。

汉画像石"投壶"游戏

汉代的投壶是古代士大夫宴饮时的一种投掷游戏。这是当时社会上层阶级所独有的消磨时间的游戏。投壶起源于西周，流行于汉代。此后每逢宴饮，必有"雅歌投壶"的节目助兴。

投壶之礼，宾主双方轮流拿着没有箭头的箭矢向壶内掷去。每人四支箭矢，谁投中得多谁为胜利者，输的人以喝酒作为惩罚。必须将箭的箭头部分投入壶中才算是投中，而且必须按照顺序依次投掷，不能抢投。即便抢投的投中也不做数。投中一支箭叫作一"算"，以此类推。将八支箭矢投完，为一局。

汉朝时民间百姓最喜欢的娱乐活动应该是蹴鞠。蹴鞠是汉代的一项全民运动。蹴鞠在战国时就已经出现，到汉朝时进一步普及，不仅广泛流行于宫廷和民间，就连军队也对蹴鞠爱不释手。

在汉朝军队中蹴鞠以对抗性比赛为主，而民间与宫廷中的蹴鞠则以娱乐和表演为主。由于汉朝时蹴鞠的流行，还诞生出许多蹴鞠杂耍艺人。

除蹴鞠以外，汉朝的普通百姓还喜欢斗鸡。有钱人会投入时间与金钱培养自己的斗鸡，普通百姓则可以进行押注或在旁边观看。每次市井当中只要有人斗鸡，便会有人源源不断地涌来，从白天到黑夜，通宵达旦。

内蒙古和林格尔墓室东汉壁画《乐舞百戏图》壁画

汉代人对于蹴鞠与斗鸡非常痴迷，比如刘邦的父亲刘太公就是斗鸡爱好者。

汉代人对于傀儡戏的热情也十分高涨。从汉朝出土的许多文物中都可以看到人们聚集在一起观看傀儡戏的盛况。

武术在汉朝也得到了长足的发展。汉朝时出现"武艺"一词，时人将武术与表演结合在一起，走街串巷卖艺为生。较为高级一些的还有击剑，比如郑州出土的西汉画像上就有击剑图，生动形象地描绘出汉人击剑的场景。

在汉朝市井当中还十分流行相扑。西汉时许多地方都有"蚩尤戏"，这种蚩尤戏就是双方戴着有角的面具，比拼武力与气力。它既是一种表演形式，也是一种竞技比赛。

汉代还有一类技巧运动形式，称"乐舞百戏"。主要项目有筋斗、倒立、柔术、戏车、戴竿、绳技等技术性运动。

当然这些娱乐活动大多以成年人为主，汉朝的孩童们也有属于自己的娱乐活动，比如格五。

　　格五是一种古代棋类游戏，双方各执黑白棋五枚，皆行中道，以先抵对方者为胜。

　　荡秋千也是汉朝非常流行的娱乐活动，它以设备简单、玩法悠闲等优点深受欢迎，是许多女孩子最喜欢的游戏。

十八、汉代的"Rap"与汉代的乐队组合

Rap 是黑人俚语中的一个词语，相当于"谈话"（talking），中文意思为说唱，是指有节奏地说话的特殊唱歌形式，发源于纽约贫困黑人聚居区。

其实汉朝的"说唱文化"也值得了解。当然此"说唱"与"Rap"还是有区别的。

汉代的说唱准确地说当时称为"俳优文化"。俳优是一个职业。俳优一词和"排忧"一词是同音字，直白来说就是帮助别人排除忧愁。俳优就是古代的艺人，大多与现代演员类似。

汉代，"优"主滑稽，以言语讥讽引人发笑为业。而"俳"则主演各种小型滑稽节目，作"杂戏"，表演内容有一定的故事情节。

"俳优"是结合"优"与"俳"的表演，在大型节目表演间隙，边击鼓边歌唱，插科打诨，烘托气氛。他们除了制造"笑料"，亦擅歌舞杂耍。做"俳优"的艺人，通常是侏儒，更增添了喜剧效果。

在汉朝，俳优表演有着非常浓厚的特色，基本上继承了秦朝时期的滑稽调虐。俳优表演不同于歌舞表演。歌舞表演有一定的观赏性，就是让人消遣娱乐。但俳优表演除了供人消遣娱乐，还能够供人取乐，能让观看者开心。

中国国家博物馆收藏成都天回镇崖墓群东汉击鼓说唱俑

　　司马迁的《史记》中就介绍了这些俳优艺人"谈言微中，亦可以解纷"非凡的讽谏才能。所以，不管是说话还是表演都要有引人发笑的功能。

　　在汉朝，很多侏儒或者长相奇特的人都会去做俳优，凭借自己的先天条件供人取乐。

　　汉代除了说唱流行外，音乐收集整理保存也很健全。

　　西汉时期已经有了专为音乐而设的音乐机构，根据文献记载分为"太乐"和"乐府"两大机构。

　　太乐府掌管雅乐，其长官为太乐令。"武皇帝庙乐未称，其议定庙乐及舞，舞者所执，缀兆之制，声哥之诗，务令详备。乐官自如故为太乐。"

　　雅乐是汉代的宫廷音乐，它始于周朝。周武王命周公姬旦制礼作乐，建立各种贵族生活中礼仪和典礼音乐，使得音乐为王权统治服务。相较于民间俗乐，它显得庄严肃穆、安静和谐。

　　乐府掌管民间俗乐，它是从汉高祖刘邦时期起，统治者对民间音乐的偏爱而设立和扩大的音乐机构。

有一种说法是汉武帝设立了乐府，待考。乐府大规模地收集和整理民间音乐，并利用民间音乐创作新曲。乐府的建立对音乐的发展起到了推动作用。

从此西汉音乐分为太乐和乐府。

现在保存的汉乐府民歌有许多，大多用诗作为词，如《佳人曲》《天马歌》《安世房中歌》等等。大家熟悉的《孔雀东南飞》与《木兰辞》都是乐府诗发展史上的巅峰之作。

汉朝的宫廷宴会除了音乐外，还有独领风骚的汉舞。汉舞以其清新、苍劲、壮美的艺术风格闻名。

同时，乐宴也绝对少不了乐器，如大型编钟。编钟一般只用于宫廷宴会，很少在民间流传。

汉代还有一种乐器值得一提，那就是"筑"。筑是我国最早的击弦乐器，为先秦时代的古乐器，起源于楚地，其声悲亢而激越，在先秦时就广为流传。演奏时用左手按住一端的弦，右手用竹尺击弦发音。筑的音色悲壮，深受汉代男性喜爱。

近代这种乐器已经消亡。在战国时代筑乃是一种很流行的乐器。《汉书·高帝纪》中对它的形制进行了描述："状似琴而大，头安弦，以竹击之，故名曰筑。"

据《战国策·燕策》记载，荆轲西刺秦王，太子丹易水送别。好友高渐离击筑，荆轲和而歌曰："风萧萧兮易水寒，壮士兮一去不复还。"又《史记·刺客列传》载：高渐离铅置筑内，扑击秦王未中被诛。这两个故事都有筑的记载。

高祖还归，过沛，留。置酒沛宫，悉召故人父老子弟纵酒，发沛中儿得百二十人，教之歌。酒酣，高祖击筑，自为歌诗曰："大风起兮云飞扬，威加海内兮归故乡，安得猛士兮守四方！"

可见刘邦也是打击乐爱好者。

另外汉代时已经有竹笛。考古人员在马王堆汉墓中发现了两支六孔竹笛，主要用于竖吹，和吹箫的姿势差不多。经过专业人员测试，这支竹笛共能吹出七个音阶。这是我国现存最早的竹笛。

七弦琴是汉代另一种广为流行的乐器，可以用来伴奏，也可用来独奏自娱自乐。汉代帝王将相都十分喜爱七弦琴，西汉司马相如就是一位优秀的琴师。马王堆汉墓曾出土了一把七弦琴。

"窈窕淑女，琴瑟友之。"那么什么是"瑟"呢？

瑟也是古老的汉族弹弦乐器，共有二十五根弦。

西汉时期二十五弦瑟无论在制作工艺上和演奏水平上都达到了一个高峰。二十五弦瑟在每根弦的一端都有一个调音柱，可上下移动，改变音色。马王堆出土的古瑟部件十分齐全，调音柱都能轻松地上下移动。

唐李商隐有诗："锦瑟无端五十弦，一弦一柱思华年。"

有人会问：瑟不是二十五弦？

其实最早的瑟有五十弦，故又称"五十弦"。因而辛弃疾有词："五十弦翻塞外声。"

除了这些独奏乐器，汉代人其实也玩乐队。曹操的《短歌行》中写道："我有嘉宾，鼓瑟吹笙。"马王堆汉墓出土了一套小型奏乐俑，正是"鼓瑟吹笙"组合。这支乐队共有五人，其中三人在鼓瑟，两人在吹笙。笙比较流行，与竽并存，南北朝到隋唐时期竽、笙仍并存应用，但竽一般只用于雅乐，后来逐渐失去作用。

十九、从汉代"口香糖"略说汉代香道

无论在现代还是汉代，口臭都是个很尴尬的事。尤其在和重要领导汇报时，口臭非常让人头疼。东汉恒帝时，有一位名叫刁存（一说叫迺存）的侍中，口臭很严重，上朝面奏时搞得皇帝难以忍受。终于有一次听完汇报，被熏得实在受不了的恒帝赐给刁存一个状如钉子的东西，命他含到嘴里。刁存不知何物，惶恐中只好遵命，入口后觉得味辛刺口，便以为是皇帝赐死的毒药。他没敢立即咽下，退朝后便急忙回家与家人诀别。恰好有人来访，感觉此事有些蹊跷，便让刁存把"毒药"吐出来看看。刁存吐出后，却闻到一股浓郁的香气。朋友认出这是一枚上等的鸡舌香，是皇上的特别恩赐。刁存虚惊一场。

明代冯梦龙的《古今笑》中就记载了此事。

也许正是刁存口臭的提醒，口含鸡舌香奏事逐渐演变成为当时的一项宫廷礼仪制度。据东汉儒学家应劭的《汉官仪》记载："尚书郎含鸡舌香伏奏事，黄门郎对揖跪受，故称尚书郎怀香握兰，趋走丹墀。"

可见，东汉朝廷形成了一种制度，凡是在皇帝跟前上奏的"尚书郎"（相当于中央机要秘书），必须在嘴里含一根鸡舌香，这样才不至于因为口臭熏倒皇帝。

"含鸡舌香伏奏事"后来演变成在朝为官、面君议政的一种象征。

《魏武帝文集》中记载了曹操向诸葛亮赠送鸡舌香的故事。有一次曹操将鸡舌香精心地包装起来，并修书一封写道："今奉鸡舌香五斤，以表微意。"然后曹操遣使者把鸡舌香送到千里之外的诸葛亮军中。

汉斤五斤相当于现在的 250 克，也就是我们现在的半斤。鸡舌香比较名贵，曹操送诸葛亮鸡舌香难道是他听说诸葛亮有口臭？非也，这是曹操向诸葛亮示好，以表招贤纳士之意。香语：我曹孟德希望能和你诸葛孔明老弟一起口含鸡舌香，同朝为官。

如唐代刘禹锡刚被贬为郎州司马时，在《早春对雪奉澧州元郎中》中写道："新恩共理犬牙地，昨日同含鸡舌香。"诗的大意说，皇帝派我们来治理这种蛮荒之地，而昨天我们还曾经一同在朝堂之上共事。

唐代诗人和凝也有诗云："明庭转制浑无事，朝下空余鸡舌香。"

那么鸡舌香是什么东西呢？

"鸡舌香"形如钉子，又名丁子香，它不是我国北方的丁香，而是一种热带出产的香料。"鸡舌香"是东汉时一种名贵的进口香药，含之能避口臭，令口气芬芳——可谓今天口香糖的老祖宗。

西汉博山炉

由鸡舌香我们了解下香道。香道博大精深，并不只是狭隘地指佛道所供的香。从香道在中国的历史来看，发展之久，从古即有。但论繁荣发展，始于汉朝。

汉代之前用香是以汤沐香、礼仪香为主。从汉代开始熏香文化大行其道。

这里就不得不提到山东博山，因为这里制造的博山炉在汉代风靡一时。博山炉的出现与西汉时期燃香原料和人们的生活方式有关。

西汉之前，人们使用茅香，即将薰香草或蕙草放置在豆式香炉中直接点燃，虽然香气馥郁，但烟火气很大。武帝时，南海地区的龙脑香、苏合香传入中土，并将香料制成香球或香饼，下置炭火，用炭火的高温将这些树脂类香料徐徐燃起，香味浓厚，烟火气又不大，因此出现了形态各异、巧夺天工的博山炉。

博山炉的设计，是由层层交叠的山峦而成，上面有盖，盖高而尖，上面镂雕峰峦、云气，象征传说中的海上仙山——博山的意境。炉底的盘中注入水，使部分烟尘被水吸附，沉于盘中，减少了烟气的污染。

当将香料置于炉腹内燃烧时，香烟的烟气不同于一般香炉直接向上，而是利用层层交叠的镂空山形缓缓散出，形成像山岚的形状，之后再袅袅上升，如同仙境的感觉。

两汉时期，博山炉已盛行于宫廷和贵族的生活之中。1968 年在河北汉代中山靖王刘胜墓中出土的错金博山炉就是见证，其造型和工艺已达到高峰。

汉代香文化繁盛的标志，主要表现在文人多以美好的香气作为写作素材，如西汉气势壮美的赋常写到香草香木。

司马相如的《子虚赋》《上林赋》就以华美的辞藻描绘出了遍地奇芳、令人神往的众香世界。

如《子虚赋》言"云梦泽"之胜景："云梦者，方九百里……其东则有蕙圃衡兰，芷若射干，芎藭菖蒲，江离蘪芜……其北则有阴林巨树，楩楠豫章，桂椒木兰……"

汉武帝与香的故事也是魏晋之后文学作品的常用题材。汉武帝对宠妃李夫人的早亡深为悲痛，以皇后之礼葬之，命人绘其像挂于甘泉宫。白居易的乐府诗《李夫人》描述了当时的情景："夫人病时不肯别，死后留得生前恩。""丹青画出竟何益，不言不笑愁杀人。又令方士合灵药，玉釜煎炼金炉焚。九华帐中夜悄悄，反魂香降夫人魂。夫人之魂在何许？香烟引到焚香处。"

由此看来，香还起到了招魂的作用。

其实从中医药学的角度来说，香有药效，当属外治法中的"气味疗法"。各种木本或草本类芳香药物，通过燃烧所产生的气味，可起到免疫避邪、杀菌消毒、醒神益智、润肺宁心等作用。

好香不仅芬芳，使人心生欢喜，而且能助人达到沉静、灵动的境界，于心旷神怡之中趋于镇定。在防病养生方面，汉代名医华佗就曾用丁香、百部等药物制成香囊，悬挂在居室内，用来预防肺结核病。现代流行的药枕之类保健用品，都是这种传统香味疗法的现代版。明代医药学家李时珍用线香"熏诸疮癣"。清宫医药档案中，慈禧、光绪御用的香发方、香皂方、香浴方等更是内容丰富。

汉代以后，隋唐五代用香的风气更盛，丰富了各种形式的行香诸法。宋元时，品香与斗茶、插花、挂画并称，为上流社会优雅生活中怡情养性的"四般闲事"。明代，香学又与理学、佛学结合为"坐香"与"课香"，成为丛林禅修与勘验学问的一门功课。清康雍乾三代盛世，行香更加深入日常生活，炉、瓶、盒三件一组的书斋案供以及香案、香几成为文房清玩的典型陈设。

清朝末年，随着国势的衰退以及西方文化的侵入，香道日渐退出贵族和文人的清闲生活。

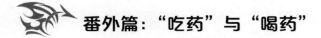

番外篇："吃药"与"喝药"

西汉时，中药以"治末吞服"为主，或拌上蜜，合成丸药，极少煎服。出土的武威汉简中共记录了 27 个药方，只有 1 个是煎服。直到东汉张仲景时，中医才从"吃药"转向"喝药"。

东汉光武帝刘秀早年家贫。为维持学业，刘秀与同宿舍的同学凑钱买了头驴，拉私活赚钱。刘秀还和朱佑做"共买蜜合药"小买卖。

刘秀当上皇帝后，一次和朱佑聊起这段往事，还赐给朱佑白蜜一石。所谓白蜜，就是已结晶的蜂蜜，因含糖度低，常用来制药。

二十、贴门神、压岁钱、守夜、看春晚：在汉代过元旦

以前看到一篇文章《汉代人怎么过春节》。其实汉代没有"春节"这个叫法。

现在我们农历正月初一"春节"这一节日名称，古代是没有的（古时一般称为过年、年节）。辛亥革命后，1912年北洋政府时期采用公历，但用"民国"纪年，以1月1日为公历岁首；1914年起把夏历正月初一（即农历正月初一）作"春节"（1914年民国政府在内务部呈文中提到"拟请定阴历元旦为春节"），视为农历年的开始，即为夏历岁首。夏历成为进行农事的标准。1949年9月27日，中国人民政治协商会议第一届全体会议决定采用"公元纪年法"，将公历1月1日称为"元旦"，夏历正月初一仍称"春节"。

"春节"，在古代有多个名字，如元朔、元日、新元、元旦、正日、元辰、新正等。

所以，古代的"元旦"才是我们现在的"春节"。

汉代以前，夏历正月在一月，商历正月在冬十二月，周历正月在冬十一月（阴历）。秦始皇统一六国后，使用秦历（颛顼历），正月在阴历冬十月。汉朝初期沿用秦历。到了汉武帝太初元年，即公元前104年，天文学家唐都、落下闳、邓平等人制定了《太初历》（又称"八十一分律历"），将冬季十月一日为岁首改为以春季一月一日为岁首。汉武帝采用了《太初历》，规定农历正月初一为岁首，春节的日期才算固定下来，沿用到今。

汉朝以后，曾有几名皇帝进行过改历改岁首。如王莽篡汉后，规定十二月朔日为岁首，是为殷正。魏明帝曹叡也一度改为殷正。武则天称帝后，改国号为"周"，采用周正。但此后历代还是改用夏正，以一月朔日为岁首。

汉朝时，正月初一这个日子多被称为"三朝""岁旦""正旦""正日"等。

两汉过新年的方式，首先是祭天、祭祖活动，还有官方的农业庆祝活动，希望一整年都能够五谷丰收。正式新春礼仪为团拜礼仪，各地官员要进京（长安）朝贺天子，让京城居民都晓得新年来到。

汉朝过新年的主要活动都由官方展开。中国人以农业立国，新年就从春天播种开始，所以皇帝一般还会下田，与农民一同犁田播种。

除夕是每一年的最后一天，晚上更是辞旧迎新的关键时候。在汉代，人们

汉画像石傩舞："百熊率舞"拓片

年末的活动基本都与驱邪有关。人们希望通过驱邪，把过去一年的不顺利全部赶走。在众多驱邪活动中，最为重要的当属每年年末举行的跳傩仪式。不过由于古代等级森严，不同阶层的人跳的傩有不同的叫法：朝廷举办的叫作"国傩"，民间庶人举办的就是"大傩"。

跳傩的起源非常久远。周朝的时候跳傩是非常重要的祭祀典礼。周朝将其纳入"礼"的范畴，成为国家重要祭礼典礼和国家典章制度。

到了汉朝，朝廷举办的"国傩"已经有了固定模式，"乃卒岁大傩，殴除群厉"，并且非常讲究：跳傩之后要把点燃的火把送到城外。送火把象征着送走了瘟疫。百姓们也聚集在一起跳傩，只是规模没有朝廷举办得这么大。

汉代傩舞一般由4人扮成方相氏，另有12人化装成12神兽，再由120名童男童女，手举火把在中黄门带领下，唱驱鬼词。方相氏与12神兽起舞，手拿兵器，伴随着粗犷、激烈的动作，把危害人们的恶魔统统赶跑。

除了跳傩，还要立神荼与郁垒、放爆竹、饮屠苏酒。

立神荼与郁垒，其实就是贴门神的最早起源。相传神荼与郁垒为一对兄弟，他们的专业是捉鬼。只要有恶鬼出来骚扰百姓，他们就去把鬼抓来喂老虎。人们为了驱邪，便把两兄弟画在门上，用来驱鬼辟邪。

张衡在《东京赋》中写道："度朔作梗，守以郁垒，神荼副焉，对操索苇。目察区陬，司执遗鬼。"

汉代除夕当夜，和现在一样，一家老小都会坐在一起闲话家常，一起聊天，一起喝祝岁酒，通宵达旦地欢娱，迎接新年第一天。除了服饰和没有春晚、手机外，和现在没什么两样。

更值得一提的是自汉武帝初定春节后，每年都举办春晚。尽管节目非常简单，当时以杂技和杂耍为主，比如走绳、幻术等。这种春晚持续了64年。

正月初一，在京城一定级别的官员要去参加正旦朝会，向皇帝恭贺新年。皇帝则留百官在宫中宴饮。平常人家在这一天则是晚辈向长辈进椒酒祝吉祈寿。

东汉崔寔在《四民月令》中记载：正旦那天祭祀完，子妇曾孙都各自用椒酒和柏酒向家长敬酒。大家举杯祝寿，一片欢乐。

事实上在汉代，拜年分三种。首先是向逝去的祖先拜年，其次是向一家之主拜年，再次是同辈亲朋相互问候。

过年不得不提压岁钱。其实关于压岁钱的最早记载出现在汉朝。当时不叫压岁钱，叫厌胜钱或压胜钱。只是这种钱不是真正的货币，而是一种纪念币或游戏币。它的正面通常是一些吉祥话，如千秋万岁、天下太平等，背面则一般是吉祥图案，如龙凤、龟蛇、星辰等。它不能作为真正的钱币，只是作为一种"吉祥辟邪"的饰品佩戴在身上。

二十一、"钦有帅""记有成"：汉代人的姓名学

一个人的名字，我们可以理解为人的称号，或者说是人的特定称谓。

东汉文字学家许慎根据"名"这个字的结构考证认为：人类的名字最初是因为夜晚相遇分辨的需要而产生的。因为在黑夜里，无法看清对方，只能自我报名，让对方知道"我是谁"。

此即《说文解字》中所谓："名，自命也，从口从夕。夕者冥也，冥不相见，故以口自名。"

古代婴儿在出生 3 个月的时候由父亲给命名，这就是古人"名"的由来。

先秦时，即便是贵族命名也很通俗。比如郑庄公出生时是逆生，即产儿足先出，因此给他取名"寤生"。晋成公名黑臀，大约是屁股上有黑斑。鲁成公名黑肱，大约是胳膊上有黑斑。

之后，尤其汉代，男孩子长到 20 岁的时候要举行"结发加冠"之礼，以示成人，这时就要取字。女孩子在 15 岁时要举行"结发加笄"之礼，以示可以嫁人了，这时也要取字。可见，古代男女皆有字。

因为名是给父辈、长辈喊的，如果是同辈、晚辈叫就不太合适了，显得不尊重，故要再取个"字"。

古代贵族之家给孩子取名有一套程序。取名前，丈夫会代孩子对妻子说："钦有帅。"意思是："你要教导小儿恭敬地遵循正道。"然后取名。取名后，妻子要代孩子回答："记有成。"意思是："我将恭敬地遵循善道，记着父亲的话，将来有所成就。"

先秦时，古人便对取名用字定了规矩。据《礼记·内则》记载："凡名，不以日月，不以国，不以隐疾；大夫士之子，不敢与世子同名。"意思是，给孩子取名字要注意，日、月、国名、病名都不能用。士大夫的孩子，不能和诸侯世子同名。

如《汉书》中就有一段记述："蒯通，范阳人也，本与武帝同讳。"即一个叫作蒯通的人，他本来叫蒯彻，但是汉武帝叫刘彻，所以为了避讳，就改名叫蒯通了。这就是所谓避讳。

汉朝是一个敬老、爱老、重老的社会，长幼尊卑的排行字，广受青睐。在先秦时"伯""仲""叔""季"基础上，又增加了"元""长""次""幼""少""公""翁"等与血缘亲情相关的取名用字。

西汉初年，刘邦实行休养生息政策。文景时代，依旧是贯彻休养生息的政策。这个时候社会主要流行黄老思想，强调"清静无为"和修身养性。因此这个时期的名字中除了出现植物、动物等单字外，又开始出现一些诸如"延年益寿"之类受道家文化影响的人名。如汉武帝时期宠妃李夫人的哥哥李延年，名字中就包含这样的意思。还有一些诸如千秋、彭祖等道家思想的字眼。

汉武帝时期，黄老思想开始渐渐淡出西汉的历史舞台，儒学代替道家思想渐渐发展为正统的统治思想。这个时期，除了沿袭汉初受道家思想影响的人名外，社会中一些强调儒家思想中"忠孝仁义"核心思想理念以及崇古尊贤之风的名字开始多了起来，如"广""安国""定国""陵""孝"等。这些名字体现了儒家思想中忠君爱国以及崇古慕贤的特点。

另外汉代人取名多用敬字、谦字、美字。这种取名倾向，也折射出当时一种良好的社会风气和人们的价值取向。

不少人认为汉代姓名学最鲜明的特征是流行单字名。其实这个说法并不够准确，因为西汉人取名有单字有二字，只是到了东汉，人们取名才全部用单字。

而且用单字名一直是汉代以前人们取名的主流，从西周至春秋战国乃至秦代，取单字名的人远比取二字名的人多。

如周朝天子中只有共王繄扈、孝王辟方、幽王宫湦、平王宜臼、釐王胡齐、顷王壬臣、灵王泄心等取二字名，其余20多人都取单字名。

但汉代人特别喜欢取单字名也是事实。

如汉高祖刘邦、汉惠帝刘盈、汉文帝刘恒，在东西两汉24位有庙号皇帝中，只有两个西汉皇帝取过双字名，一个是汉昭帝刘弗陵，但在登基后出于避讳的考虑，除"陵"字，改用单字"弗"，故史家又称汉昭帝为刘弗。另一个是汉宣帝刘病已，但他即位后也改成了单名——刘询。

东汉诸帝则都是单字名。

其实，西汉虽然流行单名，但是双名也极其普遍。直到东汉人名才呈现出明显的分层：上层人使用单名，底层人单名、双名并存。

所以西汉名人中，取二字名的并不鲜见，如周亚夫、段会宗、隽不疑、萧望之、薛广德、范明友、李信成、田广明、韦玄成、张当居、张释之等。而到了东汉，取二字名的人就凤毛麟角，几乎绝迹了。

西汉还有几个爆款双名：如张良之子张不疑，汉惠帝刘盈第三子刘不疑，御史大夫直不疑，卫青之子卫不疑，武帝时将军程不识，西汉藏书家文不识等。

另外还有一些比较流行的双名，如延年、去病、无忌等，表达了人们对生命健康的美好愿望。

东汉人名之所以变成清一色的单字名，其实与西汉末年王莽实施"二名之禁"有关。

据《汉书·匈奴传》记载："时，莽奏令中，国不得有二名，因使使者以风（讽）单于，宜上书慕化，为一名，汉必加厚赏。单于从之。"即王莽辅政时曾提出禁用"二名"，并派使者到匈奴，暗示匈奴单于顺从这一法令。匈奴单于明白使者的意思，随后上书称臣，顺应时势改名为"知"（原名"囊知牙斯"）。

王莽奏令执行的"二名之禁",即禁用二字名。

在此之前《春秋公羊传》也说过"二名非礼也",但此处"二名"非指二字名,而是指两个名。这表明在周秦时期,一个人取两个名是不合礼数的,但取二字名从来不在禁止之列。

王莽禁用二字名的目的是复古改制。他认为:"秦以前复名盖寡,遂禁复名。""复名"就是二字名。王莽的长孙原叫王会宗,后改名王宗。因自画服天子衣冠像,刻铜印三枚,与其舅合谋继承大统。事发后,王宗自杀。王莽大怒,废了王宗之名,恢复其原名,以示贬辱。

这件事对后来几百年的取名规则产生了极大影响。在王莽当政时期,无人敢取二字名。王莽死后,虽然人们已不用遵守"禁二名"的法令,但取单字名已成风气。不仅东汉人全部取单字名,连三国时期、西晋人们也把取单字名视为理所当然。直到东晋,才打破了这一"戒律",陆续出现取二字名。

魏晋南北朝时期,二字名受到世人的重视和青睐。这期间,取名有两大特点,一是助词"之"成为取名爆款,名字带"之"成为一种时尚;二是父子、长幼之间用字不再避讳,可以用相同的字。大家都知道王羲之、王献之是中国东晋时著名的父子书法家,但他们名中都有"之",这就代表了这一时期的取名风尚。

唐朝取名则流行用数字(行第):黄四娘、张五娘、王十三郎。

宋代取名的另一大变化是"字辈取名制"开始流行,到明代则普遍推广。字辈取名制也叫"世代排名制"。在宋以前,虽然有以字辈取名的现象,但并不普遍。在宋以后,这一方式便成为古人取名的主要方式和原则之一,凡同宗同辈者,皆用一个固定的字入名。

宋代以后,起名时除了考虑避讳外,还要讲阴阳五行、生辰八字、生肖属相、五格剖象、八卦六爻等等。此时,取名搞得就比较复杂了。

二十二、女子单身费钱：从汉代的生育奖惩政策说起

公元前189年，汉帝国的一条诏令很快上了热搜。这是一条当时皇帝刘盈颁布的针对单身剩女的诏令："女子年十五以上至三十不嫁，五算。"意思很明确，15岁到30岁的成年女子，如果没有嫁人，当剩女，政府对其征收的人头税将是其他人的五倍。

汉代的人头税分为口赋和算赋。口赋向7到14岁的未成年人征收，法定税额为每人每年20钱；算赋向14岁到56岁的成年人征收，每人每年120钱，即一算。根据这条诏令，15至30岁未出嫁的剩女每年要向政府缴纳600钱。

600钱在当时是一个什么概念呢？如果我们按照一个汉代普通的五口之家可耕土地100亩，一年的收成为200石，每石粮食值30钱计算，那么一个汉代农民家庭一年的全部收入大致为6000钱。而一个未出嫁的成年女子每年需要向政府缴纳600钱的人头税，也就是一个家庭总收入的十分之一。

要知道在刘盈爸爸刘邦时期，女孩15岁如果不结婚，每年要缴纳120钱。这一下提高了五倍，一年下来，按有些历史爱好者的算法就是差不多要交5000元的单身税。即便对于现代人来说，这个数字也不算少，更何况每年都要交，如果交上 15 年的话，就是 75000 元。

果然女子单身费钱。

其实出台对单身女子的惩罚政策背后是汉帝国对人口的迫切需求。

据史料，在秦末的时候，人口达到了 2000 万。但是到了汉朝建立的时候，因为经历了连年战争，人口只剩下了 1300 多万。

在中国古代，人是主要生产力。因此汉帝国对人口有着迫切的需求。

早在《周礼·地官·大司徒》中就有"慈幼"条。东汉末年儒家学者、经学家郑玄的注释是："慈幼，谓爱幼少也，产子三人与之母，二人与之饩。"

即生三个孩子的，给保姆；生两个孩子的，给食物。

春秋末期越王勾践曾制定人口增长政策："女子十七不嫁，其父母有罪；丈夫二十不娶，其父母有罪。"

嫁不嫁，婚不婚都和父母扯上关系了。

当然，勾践是罚奖并举。也有奖励政策："将免者以告，公令医守之。生丈夫，二壶酒，一犬；生女子，二壶酒，一豚；生三人，公与之母；生二子，公与之饩。令孤子、寡妇、疾疹、贫病者，纳宦其子。"

即：快要分娩的，国家派医生来照顾。如果生的是男孩，国家给两壶酒，一条狗；如果生的是女孩，国家给两壶酒，一头猪；生三个孩子的，国家配一名保姆；生两个的，国家发给粮食。有寡妇、鳏夫、患病和贫苦者，国家负责他们子女的教育和抚养。

西汉初年刘邦也有奖励政策："民产子，复勿事二岁。"一个家庭只要女性生下了孩子，就可以免除两年赋税。

东汉章帝时下诏："人有产子者，复勿算三岁。"当时生孩子的家庭，两年甚至三年内，免除徭役、贡赋和人头税。

番外篇：古代如何解决人口问题

唐太宗诏令："诏民男二十、女十五以上无夫家者，州县以礼聘娶。"

而结了婚，另一半不幸去世的，政府鼓励他们再次结婚。唐朝政府规定，寡妇在为丈夫守完礼后，必须再嫁。如果到时候还单着，政府就会为你安排结婚对象。

宋朝律法则规定："在法：男年十五，女年十三以上，并听婚嫁。"甚至到了年纪没有结婚的人，父母会受到惩罚。

其实对人口进行控制，法家人物如韩非子早就预见了人口增长后出现的社会问题。

韩非子就认为：人口增长过快，会引起财富减少、食品不足等资源分配不足，甚至引起战争。

他在《五蠹》中写道："今人有五子不为多，子又有五子。"在他看来，在当时的生产力情况下，这样的人口增长趋势，是十分危险的。

法家的另一个代表人物商鞅也和韩非子一样，预判到了人口过多带来的危险。他提出了人口和土地平衡的理论。

发展到明代，实行"分其丁口"来缓解人口集中，清代有学者甚至呼吁"提倡晚婚晚育"。

据《明史》记载，洪武三十五年，户部派遣官员到山西，将没有田地没有房屋的家庭，分到北京居住，政府会给这些人钱和耕具，还有一些种子，保证他们去了能过上安稳的生活，五年以后，再向这批人征税。

明朝这一做法，是从人口密度大的地方分出一些人到人口少的地方。这样一来，人口密度就下降了。

原本在一个地方生活过不下去的，到了新环境，政府再帮助一下，也能过上好日子。不得不说，这种做法不仅切实地解决了人口过多的问题，还开发了新的土地，更是利国利民，一举三得。

清代乾隆皇帝时期人口增长过快，也采取了和明朝差不多的方式。人多了，没有土地，缺少粮食，那就迁徙开荒，开辟新的耕地。

于是清朝禁止土地兼并，并且减轻赋税，厉行节约，争取让每一分土地都物尽其用。

不止如此，晚清学者汪士铎就在《乙丙日记》中提出了晚婚晚育，提倡男子二十五以内，女子二十以内严禁嫁娶。

二十三、夫为寄豭，杀之无罪：汉代做"赘婿"有多悲摧

　　假如生活在汉代，最悲摧的莫过于做"赘婿"。赘婿，就是女方的累赘，就是社会的累赘，在古代社会的地位极为不堪。因为在彼时，赘婿基本等同于社会渣滓。

　　当然，赘婿的悲摧地位并不是在汉代形成的。据云梦秦简《魏户律》记载，赘婿在魏国是不能立户的，也就是不允许拥有自己的土地和住房；赘婿也不能做官，而且是包括儿子和孙子在内，三代不能做官。

　　秦朝的情况大致也是如此。

　　秦始皇三十三年（前214）派50万大军出征岭南。这50万大军，便主要由"尝逋亡人、赘婿、贾人"构成。"尝逋亡人"指的是曾做过流民与野人者，这类人有摆脱国家户籍控制的前科，属于"不合格百姓"。"贾人"就是商人，秦王朝以耕战立国，商人一直是政府严厉打击的对象。"赘婿"与这两类人并称，被秦王朝列入炮灰第一梯队，可见其地位之低下。

　　汉代的情况也是一样悲摧。

　　汉朝政府还针对赘婿出台了两条法律。

首先，赘婿不得当官。

根据《汉书》的说法，汉文帝时，商人、赘婿与贪赃之吏，"皆禁锢不得为吏"，也就是不许进入国家公职部门。赘婿这个身份，还被政府标注在户籍档案里，成为自己和后代永远抹不掉的污点。

其次，赘婿要无条件地去边疆服兵役。

汉朝有"七科谪"，指的是被谪发远征或戍边的七种人。"七科谪"，是秦代便有的制度，即指的是七种优先级炮灰，赘婿恰在其中。这七种炮灰分别是（有先后顺序）：吏有罪，亡命，赘婿，贾人，故有市籍（市籍，即商人），父母有市籍，大父母（即祖父母）有市籍。

一说还有闾左（闾左，即贫穷百姓。古代二十五家为一闾，贫者居住闾左，富者居于闾右），暂不讨论。但赘婿名列其中，且高居第三，仅仅排在"吏有罪"和"亡命"之后。可见在汉朝，一旦当上了赘婿，几乎就等于是罪犯了。

天汉四年（前97），汉武帝派李广利率军进攻大宛，这支军队是通过"发天下七科谪及勇敢士"组织起来的。

为什么要如此残酷地对待赘婿？

这个问题，与商鞅变法关系极大。有专家考据认为，赘婿之风始于战国。汉初政论家贾谊也持此说。按贾谊的说法，秦国的赘婿之风，与商鞅变法有直接的因果关系："商君遗礼义，弃仁恩，并心于进取，行之二岁，秦俗日败。故秦人家富子壮则出分，家贫子壮则出赘。"

即商鞅变法抛弃了礼义与仁恩，只想着汲取。变法搞了两年，秦国的社会风俗就坏掉了。有钱的家庭，儿子一旦成年便要分家。穷困的家庭，儿子一成年便要去做赘婿。

为什么有钱的家庭儿子一成年便要分家？理由很简单，商鞅变法有一条规定是"民有二男以上不分异者，倍其赋"——家中有两个成年男性却不分家者，双倍征收赋税。儿子成年了，意味着父亲加上儿子，家中有了两个成年男丁。

为什么穷困的家庭儿子一成年便要去做赘婿？理由同样很简单：不分家，便要承担双倍赋税；分家让儿子另立门户又没有钱；唯一的办法，便将儿子送出去做赘婿。

秦国的赘婿风俗是这么壮大的，其他国家的情况也一样。

比如魏国。众所周知，商鞅是由魏入秦之人。他在秦国搞的那套变法，主体部分便是从魏国变法中移植过来的（严苛程度有区别）。因而魏国也同样出现了严重的赘婿之风。

《魏律》当中不但有赘婿（包括寡妇召赘）不许立户、不许拥有土地和房产的规定，还命令将领在率军作战时，不许体恤军中的赘婿（将军勿恤视）。法律里写入这些内容，自然意味着魏国的赘婿很多，不是个别现象。

战国时代的赘婿，却是由各国的变法政策直接催生，是民众对政策的一种无奈规避，而这种规避破坏了变法的效果。

商鞅变法有这样一条规定："事末利及怠而贫者，举以为收孥。"

"末利"指的是经商，商品流通有助于提高民众的生活水平，但无助于给政府增加田赋（也就是粮食）。所以要打击。

"怠而贫者"指的是从事耕作却很贫穷之人。贫穷意味着粮食的产出有限，意味着政府的所得也有限，所以要打击。

"举以为收孥"，则是指打击的力度，要株连整个家庭，不但商人与穷人要被治罪，其家属也要一并沦为官奴婢。

这道法令的核心目的显然是驱使民众更卖力地从事生产，为政府提供尽可能多的可汲取资源。而赘婿这种风俗的大规模出现，却大不利于该法令的推行。穷人家的儿子跑去与富人家的女儿婚配，成为富人家的一员，等于规避了法律对"贫者"的打击，削弱了法律的威慑力。

换而言之，只有像打击商人那样全力打击赘婿，将其列入炮灰的第一梯队，才能更有效地震慑民众，让他们更卖力地耕作。

《秦会稽刻石》上还有一则更让人发指的律条："夫为寄豭，杀之无罪。"即杀掉作为赘婿的"后父"无罪。作为一群既没有政治地位（炮灰首选）也没有家庭地位（杀之无罪）的可怜人，赘婿的命运可谓悲摧。

二十四、南北军，执金吾，部曲：汉代的兵役制度

读汉代史，南北军在西汉时期，尤其西汉前期是个出现比较频繁的词。实际上在西汉初期的几次重大政治斗争中，南北军发挥了相当重要甚至关键的作用。

其实南北军准确地说应该是南、北军。简单而言，南北军就是西汉初设置在长安城内的禁卫军。禁卫军是汉帝国的中央军，因驻屯地点不同分为南军和北军。南军驻扎在长安城南的未央宫内，北军驻扎在长安城北。

南军有兵卫、郎卫之分，在执勤时有协同关系，但互不隶属。同秦朝一样，兵卫是普通士兵，而郎卫都是军官；兵卫负责殿外门署的警卫，郎卫负责殿内廊署的警卫。

兵卫的最高指挥是卫尉，主掌宫门禁卫和宫内巡察，其主力分屯于宫城内各重要地点，兵源是各郡国服完一年役的正卒。每年从各郡国来的卫士都由丞相亲自迎接，待到一年期满再由皇帝亲自举办聚餐并在聚餐上劝农，且卫士往返郡国、都城服役的费用均由朝廷发给，可见汉帝国对卫士的重视。

郎卫的主官是郎中令（武帝时改称光禄勋），其编制并无定额。除担任皇帝的侍从武官外，他们还是皇帝的顾问，有参政议政的权力。根据职责不同，郎卫又分为大夫、郎、谒者等。大夫负责论议朝政，郎负责执勤和警卫，谒者担负接待来访及传达命令等其他任务。郎卫的资格审查很严，通常情况下为二千石以上官员（郡守以上）的子弟及有一定才学经过察举或自行上书赋得选者。

北军的最高指挥是中尉（武帝时改称执金吾），担负的职责是守卫都城长安和三辅地区，故而北军的兵源多是三辅地区服役一年的正卒。除北军接受中尉的领导外，三辅地区的郡县兵也要听从中尉的命令。

北军和南军互为表里，南军守宫内，北军负责宫外京城。此外，当汉帝国对外发动战争时，也会由皇帝指定的将领率北军出征。

北军也是西汉帝国的主力部队，汉武帝太初元年（前104）以前由中尉统率（"中尉，秦官，掌巡徼京师"《百官表》）。

西汉时南军由卫士组成，总数一两万人。北军则有数几万人，实力上超过南军，成为护卫和稳定京城秩序的重要力量。如吕后死后，周勃掌握北军，诸吕就难以取胜；武帝时卫太子在长安城内进行武装政变，后因得不到北军支持而为丞相兵所败。

皇帝为了更好地控制南北军，又常派亲信为卫将军加以统率。如文帝曾派宋昌镇抚南北军，宣帝曾任张安世为卫将军，统领两宫卫尉和北军、城门兵。

作为主力部队的北军，其来源要求很高。北军的兵源主要来自一个称为良家子的特殊阶层。所谓良家子，就是良家的子弟。汉代所谓良家主要指医、巫、商贾、百工之外的人家。在汉代，工匠、医、巫及商贾被列为一类人。在以农业为重的汉代社会中，他们都被视为末业。

除了要求从事农业以外，良家还要求品行端正，有教养，没有家族犯罪史，更要有一定经济基础。

一般认为，良家的经济基础为平民以上。汉初一名成年奴仆价值一万至两万钱，马每匹约六千钱，牛每头二千至三千钱。

根据汉帝国家庭财产登记制度，家产在十万钱以上，一百万钱以下的是"中家"。

也就是说，良家子应以中小地主为主，至少为富裕家庭。

正是由于北军士兵出身社会主流家庭，具有较为稳定的社会地位，所以他们才有着安定团结的政治追求，也就能在国家动乱期间起到稳定社会的职能。

所以在诸吕之乱中，北军将士在关键时刻团结在太尉周勃身边，剪除诸吕，维护了汉王朝的统一。汉武帝时期，太子刘据造反，北军再一次投了反对票，直接导致了刘据的失败。终西汉一朝，北军一直是维护国家安定统一最为重要的砝码之一。

根据西汉兵制，良家子在20岁成年之后都要到帝国的军事机构办理登记手续——傅籍。秦汉均有傅籍制度，又称名籍。秦朝实行普遍征兵制，凡适龄男子都必须在专门的名册登记，并开始服徭役，当时称此为"傅籍"。

"傅籍"年龄从15岁开始，至60岁为止（有爵位者止于56岁）。"傅籍"者一律服兵役二年，一年在本郡，一年去京师或边疆，统称"正卒"；每一成年男子，除二年兵役外，还需在本郡县服役一个月，担负修筑城垣、道路及运输等任务，到期更换，故称"更卒"。

秦及汉初规定："年二十二傅之畴官。"颜师古注："傅，著也。言著名籍，给公家徭役也。"

至汉景帝二年（前155），"令天下男子年二十始傅"。

据此，汉初男子傅籍年龄为23岁，景帝时改为20岁。傅籍后，就具备相对独立的身份，开始承担国家的兵役和徭役。

汉初良家子的服役期为两年：第一年在本国的郡国兵中服役，称为材官或骑士（骑兵），负责当地的防卫与治安，期间将接受一年的军事训练；第二年，他们将前往长安，在南、北军中服役，称为卫士。因此，北军的士卒都是已经至少服役一年的有经验的士兵。

因为良家子有着良好的家境，从小开始习武锻炼，极具冒险精神。加之帝国把那些军事素质优良的男丁优先选到南北军，使得北军不仅强于各地方的郡国兵，甚至比南军强大不少（北军数量往往比南军多），成为西汉最有战斗力的部队。

汉武帝时期不仅增设了一个叫"期门"的禁卫组织，还改组北军，将原来统管北军的中尉改称"执金吾"，令其专管长安城治安，剥夺了其对北军的控制。

原中尉属官，主管北军营垒的中磊升为中磊校尉，掌管北军营垒。还增设了屯骑校尉（掌训练骑兵作战）、步兵校尉（掌上林苑门之屯兵）、越骑校尉（掌由东瓯、闽越、南越三地降汉士卒建成的部队）、长水校尉（掌屯驻在长水及宣曲的降汉匈奴骑兵）、胡骑校尉（掌屯驻在池阳的降汉匈奴骑兵）、射声校尉（掌弓弩部队）、虎贲校尉（掌战车部队）。

八校尉直接听命于皇帝，互不统属，因此军权都被八校尉分割。此外，为了防备八校尉拥兵自重，皇帝又派出监军使者（又称监军御史）常驻北军营中。凡调动北军的人，必须持有朝廷颁发的符节交监军使者查验。

另外北军八校尉有尉丞、尉司马，校尉秩比二千石，位高权重。由一个校尉来统帅训练相对独立的军队，比以前由一个将军大权独揽，是一种进步。而且这些禁卫军不再是普遍征兵制的义务兵，而是以军事素养被招募来的雇佣军。北军八校尉的出现标志军队开始向职业化发展。

这也意味着西汉王朝军事制度发生了巨大变化，越来越多的职业军人出现在战场，以良家子为主的原北军制度走向了黄昏。

由于北军直接对皇帝负责，所以掌握了皇权，也就相当于掌握了禁卫军。汉昭帝时期外戚霍光为顾命大臣，总领禁卫军系统，开启了外戚控制禁卫军乃至朝政的先河。从此，外戚专权成为两汉王朝的常态。

东汉初将八校尉减为五校尉，当时人们称五校为五营。所以东汉与西汉不同，北军是指五校所率的禁军。东汉时不见南军名称。东汉初以后，北军的名称也不再见于文献记载。

另外东汉没有"监军"这个官职。中央禁军履行监军职能的，官名叫护军，北军五部监军叫北军中侯。北军中侯权力虽大，但官职不高，是六百石的官；而五个校尉都是比二千石的官。

监察向来都是以低制高。

汉代，尤其东汉末的历史上，"部曲"一词随处可见。"部曲"的真实意思是秦汉时的军队编制。当时的编制有部（又叫校、营）、曲、屯、队、什、伍；部为700–1300人，曲为200人，屯100人，队50人，什10人，伍5人。

但在实际语境中，一般是两个意思：一是指部队，二是指私兵。

比如东汉军队编制的基本单位是部曲。"部"的领兵官是校尉，所以也被称为"一校"，或"一营"。该部如果没有校尉，则由军司马代领。"曲"的领兵官是军侯，没有军侯时，则由千人代领。

在西汉时，一曲为1000人，一般两曲为一部。到了东汉，军制发生了变化，一部编制1000人，也就是一个校尉手下有1000人。

但一般情况下，部队都是不满编的。东汉北军五校尉（步兵、屯骑、越骑、长水、射声）的五部兵力：步兵校尉，手下员吏73人，士兵700人；屯骑校尉，手下有员吏128人，士兵700人；越骑校尉，手下有员吏127人，士兵700人；长水校尉，手下员吏157人，士兵736人；射声校尉，手下员吏129人，士兵700人。总计不到5000人。

黄巾起义后，汉灵帝为了京城安全，又设置了西园八校尉，其实就是增加京城洛阳的防御力量。

史籍记载的每校尉领兵700人，指的是平时状态，战时一般会满编，甚至扩编。比如每部兵力由一般情况下的二曲变成三曲、四曲，甚至五曲。

二十五、从士兵到校尉：汉代从军的
晋升之路

如果生活在汉代，你想参军怎么办？不用着急，汉代实行全国皆兵的兵制，不当兵都不行。

汉初，对兵役的征召年龄继承秦制，起役年龄 17 岁，同样服两年兵役及每年在本郡县服一个月的更卒役。景帝时代，起役年龄调整至 20 岁。昭帝后调整到 23 岁。汉武帝时期，西汉建立了严密的户籍制度，每个在籍男子到了服役年龄都要按国家规定服役。到 56 岁及 56 岁以上可以免役。

除年龄至 56 岁免役外，西汉还规定有复身（本人免役）和复家（全家免役）两种制度。其中复身的条件是：1. 县乡三老（掌一县一乡道德教育，劝民从善之官员）；2. 曾参与刘邦平城被围之战的吏卒；3. 孝悌力田者（汉代察举科目之一）；4. 博士弟子（太学生）；5. 出车马的；6. 疲癃者（身高不满六尺二寸的男丁，约 1.4 米。汉代规定，士卒身高不能低于六尺二寸）。而复家的条件则是：1. 刘邦故乡的；2. 吏二千石从刘邦入蜀的（即郡守以上高官）；3. 五大夫以上军吏；4. 养育马匹的牧户；5. 徙居边地的民户；6. 有属籍的宗室；7. 90 岁以上高龄者的子和孙；8. 功臣子孙；9. 秦末战乱后从山野中归还入籍的民户；

10. 正在服丧的民户。

除此之外，应服役而不想服役的人，还可以出钱交给官府，由官府另雇他人代为服役，即"过更"。

假如你正好 17 岁，身高超过六尺二寸，便由"里父老"带领与其他村里子弟到乡里报到，通过体力技艺和精神状态选拔后，你就成为西汉军队最基础的士兵——地方正卒。地方正卒也可以理解为国民兵。如果你身材高大，运气好，就很有可能被选作弓兵，矮小的则成为矛兵。从此在郡都尉的统领下开始进行军事训练，学习武艺技巧和阵法。

西汉很重视军队的校阅和训练。校阅一般都是在八月份举行。长安城和汉朝下属的郡县都要举行校阅，又叫"都试"，以检阅正卒们的训练情况。

"都试"是很严肃的国家大事。当役的所有正卒都进行军阵和骑射演习。有条件的郡县还要举行狩猎行动，以实际考察士卒的训练水平。

然后按考试成绩评定优劣划分军兵等级，上等叫"最"，下等叫"殿"。

《汉书》记载，这种"都试"场面非常壮观，一般都有上万骑兵参与。如果你训练良好，反应灵敏，能在马上疾驰张弓射箭，前后左右进退自如，将会被评为上等的"最"，而那些技术不娴熟或弱怯的"殿"则会被派去做后勤工作。

按照汉帝国的兵役方案，男丁需服兵役两年，第一年在本郡、本国作为郡国兵服役，第二年在禁卫军或边防军服役，兵役结束后如遇战争仍需应征入伍参战。

与秦帝国全面实行郡县制不同，汉帝国郡县制和分封制并行。为防止诸侯王在禁卫军中安插亲信，各诸侯国的正卒第二年不能前往禁卫军服役，而是全部前往边防军服役。而边郡的士兵，由于边防压力较大，通常直接在本郡服完两年兵役。

所以在本郡当正卒一年后，"都试"考核中的优秀者第二年就会被送至都城。这样就会到长安城，成为精锐京兵的一员。

西汉的京兵按职责不同分为四类，最重要的是南军，南军又称卫卒。卫卒是从郡兵中的优秀者精选出来的锐士，只有一万人。卫卒负责守卫未央宫的各

汉代军司马印

个宫殿。南军最高长官卫尉的办公地点在皇宫内，卫士们沿着宫墙扎营。

另一支北军士兵也从郡兵中选调，驻在长安城内北部，平时负责长安城里的治安巡逻，有战事就以一部或全部出征，最高长官是中尉。

当卫卒一年后，按照一年一换的规定，还要去边郡如武威郡做一年戍卒，在武威的每天情况都由上级详细地记录。如果执勤、劳动、训练中表现良好会被奖以"劳日"（相当于现在的积分），考核射术成绩超过合格标准也会赐"劳"十五日。"劳日"每年统计一次，积分越高赏钱越多。

这种军功与平时表现并重的制度，较秦代仅凭军功赏赐更为全面，也算是西汉在秦代赐爵制度基础上的一个创新。

服役三年后你复员回到家乡继续当农民，但还要为郡县服力役，每年一个月，这种叫更役。力役就是每个壮丁为国家做义务工；更是更替轮番的意思。更役的范围很广，如造宫室、建陵基、筑长城、缮营垒、起亭障、作烽台、开驰道、修堤、治河、转输、漕运等等。

服更役做更卒比较辛苦。汉武帝时由于常年对匈奴作战，给前线运送粮草的转输、漕运劳役，极为困苦，往往超出应服役的天数。要想不去，也可以，按当时规定，出 200 个钱给政府，也可以代替。

军队常年作战，伤亡巨大。兵源缺乏时，帝国就开始使用募兵的办法来弥补征兵的不足。募兵对象可以是匈奴、南越、西域、高句丽、夫余族人，也可以是有罪者、亡命者、赘婿、商人。如高祖刘邦就曾尽赦全国死囚从军，武帝亦曾发七科谪（有罪的官吏、杀人犯、入赘的女婿、在籍商人、曾经做过商人的人、父母做过商人的人、祖父母做过商人的人）充军，之后又征发全国死囚和各郡国恶少（犯过罪或犯过罪未判刑的男丁）充军。

有些募兵（勇敢士）对士兵的要求很高，没有一定武艺和体力，未经训练或技术不娴熟的人很难进去。你如果为了不用服更役，又有丰富的从军经历便可应募，直接加入李广精选五千锐士的"勇敢"军。这支部队全由矫捷、机警、强健的青年组成，堪称"特种部队"。

如果你在作战中有功，会获得提拔，比如升到郡都尉。到这个级别，如果你再能获得战功，就可能获赐大爵。

获赐大爵后如果能调回到长安，凭借以往骑射的经历，幸运的话你会成为缇骑屯骑校尉。

缇骑是执金吾的亲兵，是一支全由骑兵组成的快速部队，职权范围负责长安城内至京畿治安。执金吾下设中垒校尉、屯骑校尉、步兵校尉、越骑校尉、长水校尉、胡骑校尉、射声校尉、虎赏校尉、三辅都尉，负责皇宫中各殿内的护卫、陪同皇帝出巡，人数不定。宫廷侍卫最高长官为郎中令，武帝时改名为光禄勋。武帝时增设羽林孤儿，建章营骑（后改名羽林骑）、期门（后改名虎郎）等缇骑。缇骑郎卫郎官分为议郎、中郎、侍郎、郎中、外郎，通常选自孔武有力的良家子弟和功臣、勋贵之后，是对皇帝无限忠诚的死士。此时你已是汉军精英了。

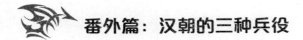

番外篇：汉朝的三种兵役

汉初，对兵役的征召年龄继承秦制，起役年龄都是 17 岁，同样是服两年兵役和每年在本郡县服一个月的更卒役。至景帝时代，为宽民力，起役年龄调整至 20 岁；昭帝即位后进一步"宽力役之征，二十三始傅，五十六而免"。

所以，昭帝之后，一个壮丁到 23 岁才开始服兵役。其实这一规定也有其内在的意义。因为 20 岁才成年，可以独立耕种。所谓"三年耕，有一年之蓄"。一个壮丁，二十受田，可以独立谋生，但要他为国家服兵役，则应该顾及他的家庭负担。

所以当时规定，从 23 岁起，照例他可以有一年储蓄来抽身为公家服役了。这一制度不仅是一种经济的考虑，也是一种人性化的举措。

汉代的国民兵役又分三种：一种是到中央作"卫"兵；一种是到边郡作"戍"卒；一种是在原地方服兵"役"。每一国民都会轮到这三种，只有第三种，从 20 岁便开始。

前文提到，汉代中央军队有两支：一称南军，一称北军。南军是皇宫的卫队，北军是首都的卫戍部队。当时南、北军全部不到七万人。各地方壮丁轮流到中央作卫兵一年，而且卫兵很受优待，来回旅费由中央供给，初到和期满退役，皇帝备酒席款宴，平时穿的吃的，也不用卫兵们自己花钱。

戍兵则就比较惨。一切费用，都要自己担负。但很奇葩的是戍兵的期限却只有三天。

其实这是沿袭封建时代的旧例。封建时代国家规模小，方圆百里便算是大国。由中央到边疆，最远也不过五十里。要到边疆戍守，只要半天路程。若在边三天，前后共不过五天就回来了。这在封建时代，戍边不是件苦差事，随身带着五天干粮便够。

秦统一天下以后，仍叫老百姓戍边三天，这确实也很奇葩。因为秦灭六国后疆域空前广阔，经常造成误期，也就是基本都在路上了，因此就引发了社会大骚动。陈胜吴广便由此而起，最终刘邦逐鹿成功。

汉代戍边还是三天，但有了变通的办法。就是你可以不去，只要一天出 100 个钱，三天 300 个钱，交给政府，便可免戍。

假如有 100 个人不去，应该是 300 天的免戍费，由政府来雇一个愿意去的，去服 300 天的戍役。

汉代的戍边三天即使高官的儿子也不能免。西汉司隶校尉盖宽饶的儿子也专门到边地当了三天戍卒。

汉郡长官有太守，有都尉，太守是地方行政长官，都尉是地方军事首领。地方部队即由都尉管理。凡属壮丁，每年秋天都要集合操演检阅一次，名为都试，为期一月。

各地方就地理形势，分别训练各兵种，如车骑（骑兵和车兵）、楼船（水师与海军）、材官（步兵）之类。

汉代除了国家的义务兵役外，民间还有义勇队，志愿从军。国家有事，可以自由报名，称作良家子从军。良家子当然都是出身于比较富有的家庭，尤其是边郡的，平常在家练习骑马射箭，就盼望国家有事，能报名从军，打仗立功，可以做官封侯。

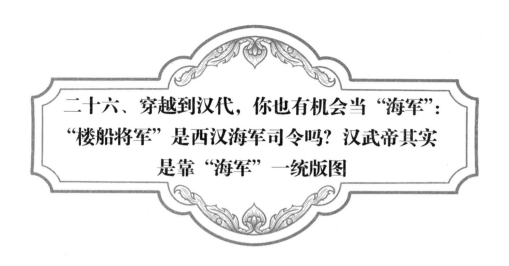

二十六、穿越到汉代，你也有机会当"海军"：
"楼船将军"是西汉海军司令吗？汉武帝其实
是靠"海军"一统版图

生活在汉代，你也有机会当"海军"。汉代"楼船军"其实就是现代海军的雏形。

海军是个古老的兵种，可以追溯到公元前 2000 年以前。当时建造的兵船是桨船，以撞击战作为战斗的基本战法。到 17 世纪中期，帆船舰队逐渐取代了桨船舰队。

中国水军的历史，最早可以追溯到春秋时期。公元前 570 年，楚国在讨伐吴国的战争中，用水军攻陷了吴国重镇芜湖。

公元前 525 年，吴楚两国爆发长岸之战，双方为了争夺吴王所乘坐的楼船"余皇"号大打出手。此战成为大型战船真正出现于战场中的最早记录。但此时战船还只是在内河上显示威力。

到了西汉时期，好战的汉武帝将水军推向了新的高度——进军海洋，建立起了名副其实的海军部队。训练场地就是现在西安的昆明池。

昆明池建设于西汉武帝元狩三年（前 120），历史典籍中有明确的记载。

《汉书·武帝纪》载：元狩三年，"发谪吏穿昆明池"。

昆明池位于长安城西南，方圆 40 里。据专家测算，昆明池的规模巨大，周长约 16.6 公里，面积约 14.75 平方公里。

昆明池被用于水军操练，在典籍中多有记载。据《史记·平准书》载：元鼎元年（前 114），"乃大修昆明池，列观环之。治楼船，高十余丈，旗帜加其上，甚壮"。

《西京杂记》卷六记载："昆明池中有戈船、楼船各数百艘。楼船上建楼橹，戈船上建戈矛，四角悉垂幡旄，於葆麾盖，照灼涯涘。"

除了前面记载的楼船、戈船以外，《广博物志》卷四十还记载："昆明池中有戈檀舟，昆明池中有撞雷舸。"戈檀舟和撞雷舸这两种船都是军事用途的战艇。

通过这些记载可以知道，汉武帝命令建造了大批军舰，仅戈船、楼船两种就各有数百艘，再加上戈檀舟、撞雷舸等战艇，组成了一支威武雄壮的水师，游弋在周围 40 里的辽阔水域上，进行大规模的水上作战训练。

为什么叫昆明池？这也是有渊源的。我们知道北京有个昆明湖。清朝光绪帝曾做的一首诗，名为《昆明池习水战》：

> 水战原非陆战同，
> 昆明缅想汉时功。
> 谁知万里滇池远，
> 却在堂阶咫尺中。

当时，光绪帝正在颐和园内的昆明湖观看操练水军，此诗正是光绪帝观水师表演后的所见所感。只是当时国力式微，再不复汉武帝时的辉煌，想来年轻的光绪帝应该感慨万千。不过由此可见，昔年汉武帝凿昆明池训练水师的功用影响了数千年。

有关昆明池的由来，目前学界普遍的观点是：昆明池最初开凿是汉武帝为攻打昆明国而训练水师，昆明池的名字就是由此而来。

而北京颐和园昆明湖原为瓮山泊，乾隆时效仿汉武帝为了征讨昆明国、在长安挖昆明湖操练水军之意改名昆明湖。昆明湖一般指云南滇池。

据说，张骞从西域归来后向汉武帝汇报了一件事：大夏（今阿富汗北部）有邛竹杖、蜀布出售，二者皆是汉朝川蜀物产，然大夏却是从身毒国（印度）贩去。不若另辟商路，由川西往印度，再至大夏，路近且无匈奴滋扰。汉武帝深以为然，遣使前去联络，途中竟遭昆明国等拦截。汉武帝大怒，欲征讨之，大臣们却表示：彼有滇池三百里，水师悍勇，难以征讨。

《汉书》记载，早在建元元年（前140），汉武帝就派严助、朱买臣（覆水难收的那位）筹建水师。

此次事件后，汉武帝便在长安西南上林苑内凿"昆明池"练水军以备进讨。

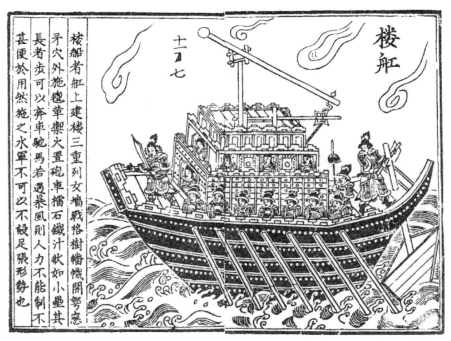

楼船

其实到了汉代，造船技术已经成熟。最能代表汉代造船技术的是"楼船"。

楼船是水军的代称，也是对战船的通称。水军中的士兵则称为楼船士、楼船卒、黄头郎、羽林、棹卒等，多由渔民、水家子弟入伍，服役年龄从 23 岁到 56 岁。

楼船由水军楼船士驾驶，在楼船将军指挥下作战，可攻可退。每只船是相对独立的作战单位。

戈船也是主要战船之一，专设戈船将军指挥戈船作战。

下濑也是一种战船，较为轻便，可在水流湍急与有礁石的河流航行，专设有下濑将军，予以指挥。这应该是我国最早的海军雏形。

经过多年努力，西汉建立起了一支拥有 4000 余艘战船，20 多万水兵的楼船军。楼船军为汉帝国开拓疆土，统一版图起到了重要作用。

秦时已有楼船，但汉代的楼船规模、形制均较秦时大得多。据《史记·平准书》记载："是时，越欲与汉用船战逐，乃大修昆明池，列观环之，造楼船，高十余丈，旗帜加其上，甚壮。"楼船体势高大，上面有三个楼层，第一层叫"庐"，"像庐舍也"；第二层，即"其上重宝曰飞庐，在上，故曰飞也"；第三层，"又在上曰爵（雀）室，于中候望之如鸟雀之警示也"（刘熙《释名》）。庐、飞庐、雀室，这三层每层都有防御敌人弓箭矢石进攻的女墙，女墙上开有射击的窗口。为了防御敌人的刀枪火攻，有时船上还蒙上皮革等物。

楼船上设备齐全，已使用纤绳、楫、橹、帆等行驶工具。楼船的四周还插满战旗，威武雄壮。作为帝国的海军训练基地，昆明池中有近百艘高大的楼船。

作战时，舰队配备有各种作战船只。位于最前列的战船叫"先登"；还有狭而长的冲击敌船的战船"艨艟"；有又轻又快如奔马的赤色快船叫"赤马"；此外，有上下都用双层板的叫"槛"，四面设板防御矢石，其内如牢槛的重武装船。冒突、赤马用于突袭敌船，其特点是船小，行进速度快，如快马驰于陆地。或以牛皮蒙船覆背，两厢开孔穴，用弩向窗外射敌，易守能攻。另有一种专用于侦察敌情之船，叫"斥候"。

主力战舰楼船、戈船都是大战船，都在 500 斛以上，船上还有小屋以观察敌人进退。300 斛的叫"艒"。200 斛以下叫艇，其行径梃，一人所行也。它们分工配合，各司其职，已经具有了现代海军的战术雏形。

另外还有"舻舳"与"艒"（桵）等都是航海大船。

此外还有更大的船，如豫章大舡上面起宫殿，可载万人。"万人"也许太夸张了。即使载"千人"，载重量也已达 90–100 吨。除了昆明池，西汉还有很多海军基地，皆驻扎在沿江傍海各个要地，属于所在郡守统辖。西汉水师的主要基地有豫章（江西南昌）、浔阳（江西九江一带）、庐江（安徽安庆）、会稽（江苏苏州）、句章（浙江余姚钱塘江口杭州湾处）、博昌（山东博兴入莱州湾处）等处。

庐江、会稽等郡同时也都是重要的造船基地。

汉武帝凭借其强大的海军完成了对东瓯（今浙江省东南部）、闽越（福建部分地区）、南越（广东广西部分地区）等地方封建割据政权的统一，巩固了海疆，为东南与南方沿海航路的畅通打下了基础，从而开辟了海上丝绸之路。

西汉水军建设得益于当时已经十分先进的造船技术。西汉造船的专门机构在京兆尹有船司空和水衡都尉，之下设有船官辑濯令丞；在地方上，南方庐江郡设有楼船官，负责军民船只的制造。在汉代人们就造出了平衡船尾的柱形舵，而在一千年之后西方才有此物。同时作为海上航行最为重要的罗盘也比西方至少早了一个世纪。

体积最大的楼船无疑是汉代水军的主力战舰。楼船在前代的基础上，继续改进。汉代生产的楼船规模宏伟，结构一般为三层，大者达十余层，高十余丈。船上有楼数重，又有女墙战格弩窗矛穴，上数幡帜，置抛车垒石铁斗，状如城垒。所以统领这支军队的将军被称为"楼船将军"，可以理解为汉帝国的海军首长之一。

为什么是之一，因为还有一位"伏波将军"。伏波将军才是海军司令，楼船将军是兵种司令。

无论是伏波将军还是楼船将军，其实都是杂号将军，又称列将军，中国古代武职官衔的一种统称。始于汉代，盛行于南北朝，唐以后逐渐衰微。东汉以后自大将军、骠骑将军、车骑将军、卫将军为重号将军，为皇帝的最高级武官，此外即众多的杂号将军。

战国时，各国多以卿、大夫领军。秦置将军，掌征伐战斗，往往事讫即罢。汉初承秦制，虽设将军，但不常置。

到了汉武帝时，战事频仍，将军广置，名位最高的是大将军、骠骑将军、车骑将军、卫将军，其次是前、后、左、右将军，最后才是众多的杂号将军，如强弩将军、拔胡将军、浚稽将军、贰师将军、横海将军、楼船将军、将屯将军、护军将军等。

汉代虎符

西汉初年，汉帝国的版图实际上并不是很大。彼时东南沿海还存在着三个割据政权：东瓯（今浙江和江西东部）、南越（今广东、广西西部和湖南南部）和闽越（今福建）。

刘邦初定天下，主要防范对象是北方的匈奴，对这些地方无力征战，只好对其采取笼络政策，予以承认。到了汉武帝时，他对北方的匈奴进行反击取得了决定性胜利；另一方面有了昆明池，训练出了强大的水军。

《汉书·严助传》记载：建元元年（前140），汉武帝派严助、朱买臣等负责建立水师，用以保障海上交通安全和平定东瓯、南越和闽越。

汉武帝元鼎五年（前112），西汉派出五路大军征讨南越。楼船将军杨仆统率数万江南水军顺流而下，先攻克了南越在北江上的重镇寻陿，然后南下进入珠江，在距离番禺十公里的石门打败了南越水军，番禺暴露在面前。

不久，伏波将军路博率军赶来会合。于是杨仆率数万人马立即攻城，南越守军见大势已去，纷纷投降。

南越王赵建德企图乘船逃走，结果在珠江被杨仆擒获，南越灭亡。杨仆因为立下首功，被汉武帝封为将梁侯。

刚刚平定南越，杨仆就向汉武帝上书，请求乘胜率军攻灭闽越国。汉武帝虽然非常认同杨仆的建议，但他认为汉军经过数月鏖战，师老兵疲，便让杨仆在豫章梅岭休整，伺机待发。

此时，闽越国王余善也感觉到了"唇亡齿寒"的危机感。汉军不是不来进攻，只是时机未到而已。余善不愿意坐以待毙，于是他主动出击，先后攻占了白沙、武林、梅岭等军事要地。

汉武帝闻讯大怒，于是决定征讨闽越国。公元前110年，汉武帝派出四路大军，分别攻入闽越国境内。闽越军则集中主力驻扎在武林，集中力量对付杨仆这一路。双方在武林展开决战，最终以杨仆的惨胜告终。

就在闽越军与杨仆的水军在武林酣战时，另一路汉军在韩说的带领下，乘虚而入，攻入闽越国腹地。闽越贵族见大势已去，发生内讧：他们杀死闽越国王余善，向汉军投降。

东南海疆平定后，汉帝国版图大增。汉武帝依仗强大的海军力量，准备继续扩张领土。汉武帝又将目光投向了东北的卫氏朝鲜。

汉高祖刘邦时，燕王卢绾背叛汉朝，前往匈奴，手下卫满亦一同前往，并带同千余名党徒进入朝鲜半岛。之后，卫满召集战国时齐国和燕国亡命者组成一支军队，推翻了箕子朝鲜（周武王灭商之后，商纣王的叔父箕子在朝鲜半岛建立的政权）的箕准，并夺取箕子朝鲜的首都王俭城，史称"卫满朝鲜"。汉武帝时其国王卫右渠断绝了向汉朝朝贡，并袭杀了汉朝的辽东都尉。汉武帝决定兴师问罪，派出水陆两路大军一路由左将军荀彘率领，从辽东出发；一路由杨仆率领大汉海军从山东半岛出发。

杨仆本来应率领 5 万海军出征，但因为时间仓促，他仅率领齐地的万余人出战。他从山东半岛起航，横渡渤海，沿着辽东半岛抵达鸭绿江附近，然后折向朝鲜半岛西岸南下，最终抵达了王俭城附近。

但是，荀彘率领的陆军因为遇到卫军阻击，未能如期到达。于是，杨仆做了一个冒险的决定：在援军未至的情况下，他仅率本部 7000 余名士兵，包围了王俭城。

当卫军发现杨仆势力淡薄，且还是一支水军后，便倾巢出动向杨仆发动进攻。结果杨仆军被打散，连他本人也与部下失联，十余天后才重新会和。

不久，荀彘击败卫朝陆军，赶到了王俭城下。他与杨仆合力攻城，但连续数月仍未能拿下。

这时，卫氏朝鲜大臣见前途渺茫，于是私下里找杨仆联络降汉事宜，双方你来我往，讨价还价。荀彘见久攻不下，也在私下游说卫朝大臣，派使者商议和谈事宜。

在此期间，荀彘曾几次派人向杨仆相约合力攻城，但由于是战是和尚不分明，杨仆未能统兵与其合力。于是，荀彘便猜疑杨仆有反叛之心，而杨仆也怀疑荀彘有争功之意。

此时，远在朝廷的汉武帝见久攻不下，也心内生疑，于是派大臣公孙遂前往督战。公孙遂偏信荀彘之言，以商议军机的名义，将杨仆扣押，并将其兵力划入荀彘麾下。经过苦战，汉军最终攻下王俭城，平定了卫氏朝鲜并设了汉四郡（乐浪郡、玄菟郡、真番郡、临屯郡）。

事后，汉武帝将两人判处死刑，荀彘被杀，杨仆则通过赎罪免死，但被贬为庶人，不久后病死。

汉武帝用了 28 年的时间，先后统一了东瓯、南越、闽越，使东南沿海等广阔地域悉归汉朝版图。

在这些战争中，汉代海军起到了决定性的作用。

番外篇：杨仆移关

西汉初年，以函谷关为界，以西为关西，以东为关东。关西主要指的是关中地区，这是西汉的中枢所在地，更是西汉中央政府直接控制的地区；关东则主要为各诸侯国所在地。

西汉初期，关东诸王屡屡发生叛变，其中规模最大的一次便是发生在汉景帝时期的七国之乱，这对西汉中央政权构成了严重威胁。为了加强中央集权，朝廷在中央常备军中，除增设八校尉、期门军、羽林军之外，还专设楼船军（水军）。

汉武帝因杨仆战功赫赫，且熟悉关东地理环境和风土人情，任其为楼船将军，前往关东监督。杨仆在任上处事果断、不畏强权，治理地方颇为见效，深得武帝赏识，因功升任主爵都尉。司马迁在《史记》中将杨仆划为酷吏，其手段可见一斑。

前文说过，元鼎五年（前112），杨仆因平定南越首功被汉武帝封为将梁侯（汉元朔二年，汉武帝封中山靖王之子刘朝平为将梁侯，置将梁侯国，国都在今河北清苑县城东南14公里清凉城村。汉武帝元鼎五年，因给皇帝祭祀用的贡金不到位等原因，被免去侯爵，将梁侯国除，才轮到杨仆）。有个故事就说杨仆封侯后因汉武帝时期关中土地早已分封完毕，无地可封，而杨仆的家乡在河南省洛阳市宜阳县南湾村（今新安县境内），显然是在函谷关东边，于是杨仆就变成了关外侯。

关中是京师重地，因此关内侯的地位要比关外侯高一些。不过杨仆不愿做个关外侯。

最后他想了个办法把函谷关东移，移到自己家乡以东。于是他上书汉武帝，请求将函谷关东移至新安境内，并表示不需要朝廷出一分钱，自己掏钱

"移关"。

汉武帝为了加强对关东的控制，扩大关中地盘，心想移关又不用自己掏钱，于是同意了他的请求。

于是元鼎三年（前114），杨仆带领部下及门人，将函谷关东移至300里外的今新安县境，称其为新关，"旧关"也因此而改置弘农县，南湾村就此归入关中的地盘。杨仆这个关外侯摇身一变就成了关内侯。

东汉大学问家应劭的《通史》中，讲述了杨仆"耻为关外民"的故事。班固的《汉书》中记载"徙函谷关于新安，以故关为弘农县"。

其实这只是一个故事。

关内侯，原称伦侯。秦汉二十等爵位中第19等，仅低于彻侯（即列侯，亦称通侯）。有封号，但无封国。一般是对立有军功将领的奖励，封有食邑数户，有按规定户数征收租税之权。

可以理解为列侯是真正的诸侯（分为县侯、乡侯、亭侯三个等级），关内侯不过是一种爵位。

另外还有关中侯，是东汉末年曹操立魏王时设置的爵位，爵十七级，以封赏军功者。封号始自曹魏建安五年（200），最晚见于南朝。

关外侯是东汉建安二十年（215）曹操始置，十六级爵名，无食邑租税之虚封，比关中侯还低一级。

这两种侯也只是借用关中地名的封号而已，与"东自函谷关，西至陇关，二关之间，谓之关中"的实际封地，并无任何联系，是当时的一种虚封爵位，没有饷禄，仅代表荣誉而已。这种制度沿用到晋代以后被废除。

真实情况大概是汉朝兴起以后，关中长安作为帝都，函谷关以东都被称为关外，人们都以关内人为荣。籍贯新安的杨仆封侯后也想成为"关内人"，于是托言上奏汉武帝请求将函谷关东移，与其封爵没有什么关系。

二十七、儒以文乱法，而侠以武犯禁：汉武帝的"打黑除恶"

　　韩非子在《五蠹》（指当时社会上的五种人：学者，指战国末期的儒家。言谈者，指纵横家。带剑者，指游侠。患御者，指依附贵族私门的人。工商之民。韩非曰："此五者，邦之蠹也。"蠹，蛀虫。）里讲过"儒以文乱法，而侠以武犯禁"。在他看来君主治理国家，必须要消灭五类人：儒生、纵横家、游侠、逃避兵役者、工商业者。其中游侠的危害主要是聚集党徒，标榜气节，游离于法律之外，为了显身扬名，不惜触犯国家法律。

　　而汉武帝之所以对游侠赶尽杀绝原因有很多，但其中最重要一条就是与皇帝争夺民心。

　　游侠作为一个社会阶层是由战国时代贵族养士发展起来的。有名的战国"四公子"（魏信陵君、赵平原君、齐孟尝君、楚春申君）都以养士闻名，这些士后来逐渐演变成游侠。

　　西汉初期，无为而治的、宽松的政治氛围和休养生息政策使游侠这一阶层达到了鼎盛。在关中长安一带，游侠首领们以所在区域为界，划分出各自的势力范围。他们还经常出面处理区域内的一些纠纷和事务。在他们身边聚集着一大批游侠，唯其马首是瞻。所以史载"长安炽盛，街闾各有豪侠"。比如樊仲子、槐里赵王孙、长陵的高公子、西河的郭公仲、太原的卤公孺、临淮的儿长卿、东阳的田君孺。

游侠出身复杂，有出身贵族的"卿相之侠"，如名将季布的弟弟季心；但多是平民阶层，比如赵君都、贾子光是卖酒的；有些游侠基本算是乡间黑恶势力，比如"北道姚氏，西道诸杜，南道仇景，东道赵他、羽公子"等。

当时一些名气大的游侠如朱家、剧孟、郭解都可以称为当时的道德楷模。"其言必信，其行必果，已诺必诚，不爱其躯，赴士之厄困"，虽然为救助别人而出生入死，却从不夸耀自己的才能，宣示自己的功德。游侠因为具有这些为人称道的品质，所以获得了当时社会各界极大的追捧和拥戴。

比如朱家，籍贯山东，与刘邦是同时代人。他自己穿的是没有完整颜色的衣服，吃的是没有两样以上的荤菜，却常以巨额家财用来扶危济困。经他手藏匿豪杰人士数以百计。比如项羽手下大将季布，在楚汉战争中多次围困过刘邦。刘邦打败项羽后，悬赏千金缉捕季布，敢有藏匿者，罪及三族。朱家把季布当作家奴暗中收留下来，又四处活动，找到夏侯婴劝刘邦收回通缉令。刘邦不仅赦免了季布，还让他做了河东太守。而季布发达以后，他却终生不见季布。朱家名扬天下，天下人都以结识他为荣。京师以东各路英雄豪杰"莫不延颈愿交"。

剧孟是洛阳人，汉景帝时的游侠领袖。吴楚七国叛变时，周亚夫率汉军日夜兼程赶往荥阳。到达洛阳时，他见到了剧孟。周亚夫顿时信心倍增："吴楚起来造反而不求剧孟，我看他们成不了大气候。"周亚夫马上把剧孟争取到自己一方，加以重用，因而获得了天下侠客的支持，怀有侠骨义胆的侠士纷纷投入平叛战争。这也是西汉政权得以在三个多月就平定七国叛乱的重要原因之一。司马迁对此评价说：当时天下骚动，周亚夫得到剧孟一人，相当于攻占了一个敌国。剧孟去世时，家中剩余的财产不过十金，而自远方赶来送丧的车子多达上千辆。

郭解是河南轵县人，其祖父跟着刘邦起义立下了功劳。据说著名相术大师许负是其外祖母。郭解少时仗义，屡犯公法；成年后则改恶从善，经常以德报怨。远近豪侠争先归附，地方官吏对他也言听计从。

朱家、剧孟、郭解等人所到之处万人空巷，无论贵贱，争相接纳，好比现在的天王巨星。这引起了很多人效仿游侠。

为控制有影响的人士，西汉建立之初便流行徙民之策。当年大臣刘敬向高祖刘邦建议："现在陛下虽然定都关中，实际上人丁不旺。北近胡冠，东有六国强族，一日有变，陛下亦未得安枕而卧。愿陛下徙齐诸田，楚昭、屈、景、燕、赵、韩、魏后，及豪杰名家，且实关中。无事，可以备胡；诸侯有变，亦足率以东伐。此强本弱末之术也。"于是刘邦接受了建议，并且将六国贵族和全国十万多户有势力的家庭迁徙到长安附近，以充实首都，加强控制。

汉武帝时期自然也照例实行。建元二年（前139）四月，汉武帝18岁开始修建自己的陵墓工程时，就徙郡国豪强于茂陵周围。元朔三年（前126）夏，招募民众十万人徙朔方，又徙郡国豪杰及财产三百万以上到茂陵。太始元年（前96）春，再度徙郡国豪杰到茂陵。

元朔三年（前126）的这次迁徙名单中就有郭解。郭解虽然名气大，但家贫，财产达不到强迁标准。当地官员忌惮他在当地势力大，就将其列入强迁名单。郭解自然不愿迁徙，托了大将军卫青给自己说情。卫青对汉武帝表示："郭解家贫，达不到迁徙标准。"汉武帝则道："郭解一介布衣，本事大到可以指使大将军来说情，说明他的家不贫！"

一句话把卫青弄了个哑口无言，郭解也只好迁往茂陵。郭解走的时候，人们为他送行，共出钱一千余万。更严重的是郭解侄儿为了表示不满把轵县县掾的脖子扭断了，后来县掾的父亲杨季主也被人杀害。杨家上书武帝，上书人又被杀。于是汉武帝下令捕捉郭解，并要"穷治所犯"。办案人到轵县，郭解的门客齐口称誉。有一儒生却说："郭解专以奸犯公法，何以称贤？"不久，这位儒生被郭解的门客们杀死，凶手却不知去向。

办案人回报武帝说郭解无罪。御史大夫公孙弘说："郭解身为布衣却任侠行权，虽然声言不知是谁杀了人，但有人肯为他杀人，这比他亲自杀人更可怕。

以小冤小仇杀人，这罪更重于他亲自杀人，当属大逆不道。"汉武帝采纳了公孙弘的建议通缉郭解。郭解逃亡外地时也处处得到别人的帮助，甚至有人宁可自尽，也不让官府获得其线索。最后郭解终于被捕杀，并全家抄斩。

游侠"不修四业"（即不士，不农，不工，不商），游离于社会各类法律制度之外。他们不依法纳税，不参加徭役，基本不为朝廷所控制掌握。游侠还隐匿人口，称作宾客。宾客与奴婢身份是一样的，这样就给了他们逃避国家课税的借口。他们的存在与活动对汉王朝社会秩序形成了威胁。

其实西汉时期自汉文帝始就开始打击游侠势力，郭解的父亲郭鲁就在孝文帝时因任侠而被杀。汉景帝时不少豪侠势力被朝廷灭族。

班固在《汉书》中说："出身下层游侠如郭解、剧孟这样的人浮游于乡里，其权力甚至跨越郡县，使公侯为之折服。"可见郭解等游侠势力之盛，引起了封建统治者的忌惮，以致这些游侠最终引来杀身之祸。

汉武帝是什么样的君主自然不用说，他比起其父祖都要杀伐决断，对游侠们实施猛烈打击自然不出意料。而后游侠阶层迅速藏匿于江湖，再也没有形成汉初时期的声势。

二十八、主问非常之人：汉代长安捕快"大谁何"

在现有史料里，"大谁何"这个称谓出现不多。清道光年间礼部主事梁章钜所做的《称谓录》中为描述唐代捕快"不良人"提到了"大谁何"。即从事侦缉捕盗这类职务的官差，在唐代被称为"不良人"。他们的长官叫作"不良帅"。他们的职能与汉朝时的"大谁何"相同。

另一部关于称谓的书籍《中国古今称谓全书》中这样描述"大谁"：汉代，掌门禁者称为"大谁"，属公车司马令。"大谁"者，主问非常之人，云姓名是谁也，因用以名官，其长称"大谁长"。

根据这些信息，我们可以把大谁何理解为首都长安的捕快。为什么是首都长安的捕快？因为汉代在地方上设有明确的缉盗人员和职务。

捕快们的工作范围是什么呢？就是负责缉捕罪犯，传唤被告和证人，调查罪证。其称呼起源目前没有明确史料。捕快原来分为捕役和快手。渐渐地人们把捕役和快手合称，就叫成了捕快（"捕役，捕拿盗匪之官役也"；而"快手，动手擒贼之官役也"）。

现在看起来很光彩的职业在古代有可能不那么光彩。古代捕快属于"贱业"，比如清朝政府就明确规定，他们的后代必须在三代以后方有参加科举考试的资格。

关于"大谁何"，汉代没有更详细的记录，只能从他们的唐代同行"不良人"来推断。《唐五代语言词典》记载："唐代官府征用有恶迹者充任侦缉逮捕的小吏，称为'不良'，俗又称之为'不良脊烂'，其统管者称'不良帅'。"

看来在唐代干捕快的基本是"烂人"。他们一般都是官府从一些原来有恶迹的人（用我们现在的话来说就是有案底的人）中选用。所以"不良人"并不是官职，他们只相当于官府临时征聘的治安辅助力量，也可以理解为临时工。

官府之所以用这些人当差，自然也有他们的考量。因为这类人熟悉本地黑社会情况，人脉广，路子野，办事方便，也有一定威慑力。

捕快们是不发工资的，只有每年极少的所谓"工食银"，相当于伙食补贴。他们只靠这点钱养活自己都成问题。所以他们中就有人就利用职权敲诈勒索，找各种理由收好处费，甚至为了好处不惜制造冤假错案。

另外捕快所承担的侦破任务都有时间限制，叫"比限"。一般五日为一"比"，重大命案三日为一"比"。超过"比限"，没有破案，捕快便要受到责打。所以古代干捕快算是苦差事。

再看下汉代"大谁何"的情况。

"大谁"，官名，汉代，掌门禁者称为大谁，属"公车司马令"。"大谁"者，主问非常之人，云姓名是谁也，因用以官名。据其长官称"大谁长"来推断，"大谁何"名字的由来可能是因为掌管门禁或者抓捕工作中第一步就是盘问，遇到或者审问可疑分子一般会说："来者是谁？来者何人？"这类话，所以才被称之为"大谁何"。

再看一下他的上级主管领导"公车司马令"。

汉代"公车司马令"简称公车令，是中央九卿之一卫尉的属官。秩六百石，掌宫南阙门（司马门），及夜间徼巡宫中。凡吏民上章，四方贡献，及被征召者，皆由其转达。所属有丞、尉各一人。丞掌知非法，选择通晓避讳者任职；尉主阙门兵禁，以防非常。

《汉书·百官公卿表上》：卫尉，秦官，掌宫门卫屯兵，有丞。景帝初更名中大夫令，后元年復为卫尉。属官有公车司马、卫士、旅贲三令丞。《后汉书·百官志二》：公车司马令一人，六百石。

司马门是汉代宫城的外门。因此要想上书或面见皇帝，均须由此受理。公家的车马可以直达此处，过此即为宫内，由受理之人转奏，故称受理之官为公车司马令。

由此看来，公车司马令掌管司马门以及承担宫中的警卫及接待和传达职责。

"大谁何"最初即是掌管门禁的人员，后来应该是增加了负责缉捕职能。由此看来，"大谁何"对从业者素质要求肯定要比"不良人"高很多，因为宫中不可能用有案底的人值班。

正因史料记载不多，让有着奇特名称的"大谁何"显得神秘感极强。

顺便提下，汉代到汉武帝时期还有一批负责侦缉的高级人员。这些人身穿绣衣，手持节杖和虎符，四处巡视督察，发现不法问题可代天子行事。他们称为"直指绣衣使者"。"直指绣衣使者"在《汉书》中又称"绣衣御史""绣衣直指""绣衣执法""绣衣使者"，有时又简谓"直指"，意即"衔命直指"，或"指事而行"。

从史料记载看，"绣衣使者"前期的职责主要是奉命"讨奸""治狱"，督察官员、亲贵奢侈、逾制、不法之事。一度"威振州郡"。后来"绣衣使者"又有了"捕盗"的职责。他们的"捕盗"对象和"大谁何"是有区别的，他们所"捕"的是"大盗"——镇压农民起义。

另外有人说唐代还有一个秘密缉捕组织叫"丽竞门"，实则此门乃子虚乌有，纯属网络作家虚构。

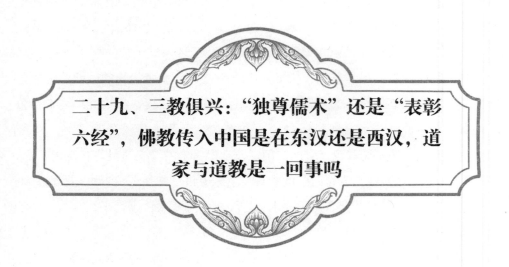

二十九、三教俱兴："独尊儒术"还是"表彰六经"，佛教传入中国是在东汉还是西汉，道家与道教是一回事吗

两汉（尤其东汉）是中国历史上第一次宗教全面鼎盛时期。除了源自西方，产生年代较晚，传入中国更晚的基督教、伊斯兰教以外，其他重大宗教，尤其是佛教已传入中国并开始兴盛，土生土长的道教刚刚诞生便来势汹涌。

儒教，即以儒家学说教人，亦称"孔教"。儒家尊孔子为"圣人"，尊孟子为"亚圣"，其学说非常庞杂而博大。其实儒教本来是一门学术，反映的是孔孟的伦理思想，却因为汉代皇帝们的推崇，将其上升为国家的统一思想。

两汉时期，历代刘姓皇帝都崇尚儒家学说，从西汉武帝"罢黜百家，独尊儒术"（这个有待商榷），到东汉光武帝"爱好经术，提倡儒学，奖励名节"。儒教在大汉帝国居于至高无上的特殊地位。自此以后，在两千余年的中国封建社会，除极短时期外，在诸学派中，儒家一直占据统治地位，成为封建文化的正宗。

最早在汉初，尤其文景时期，崇尚"清净无为"的黄老之术。

先秦道家学派，大家比较熟悉的就是老子和《道德经》、庄周和《庄子》。

实际上道家还有一个分支曾经辉煌过，至今也深深影响着我们的生活。那就是道家显学之"黄老之术"。

黄老之术是黄帝与老子学术的代称，起始于战国时期齐国的稷下学宫，盛行于西汉时期。当初齐国田氏政权是取代姜氏的新政权。它需要对其合理性进行辩护，以巩固统治地位。田氏祖先公子完与老子都是陈国人，而齐威王又以黄帝后裔自居。所以他把黄帝与老子的学说结合起来形成黄老之学，以此作为稷下学宫的主体，为田氏建立的政权进行辩护。"六出奇计"的陈平、汉初三杰之一的张良等都是黄老之学的传承者。他们为刘邦夺取天下起了重要作用。

"黄老之术"以道家思想为主，并且采纳了阴阳、儒、法、墨等学派的观点。它以形而上的道家学说作为依据，结合形而下的养生、方技、数术、兵法、谋略等等，具有极强目的性、操作性。其一度被奉为"帝王之学"。

黄老道家提出了道生法的主张，不但解决了法律本身合法性的问题，还为道家治世开辟了道路。另外，黄老道家还提出了因天循道、守雌用雄、君逸臣劳、清静无为、万民自化、因俗简礼、休养生息、依法治国、宽刑简政、刑德并用等一系列的政治主张。黄老学派的典籍为黄帝书。

《汉书·艺文志》里提名为黄帝的书有 21 家，除《黄帝内经》外，都已失传。黄老之学的代表著作主要是《管子》《吕氏春秋》等（估计很多人会把《吕氏春秋》当作法家著作）。

其中《管子》是中国历史上伟大的经济学、管理学巨著，也是世界上最早涉及并阐释管理理念及管理思想的著作，可谓"管理之祖"。现在很多书院和机构都开设各种"管子培训班"，吸引了大量企业家参与，其中"以人为本""和合故能谐"等理念一直沿用至今。

"黄老之术"最辉煌的时期在西汉，文帝、景帝两代以"清静无为"之学治理天下，与民休养生息，对于社会的各种生产活动及老百姓的生活，尽量不加干涉，任其自然发展，遂形成了以黄老道家思想为主的政治学说，史称"文景之治"。有学者甚至声称"贞观之治""康熙盛世"也与黄老思想有关。

但从汉武帝"废黜百家，独尊儒术"开始，"黄老之术"逐渐没落，退出了政治舞台。

东汉时，一些方士把黄老之学与神、鬼、符等方术糅合在一起，使之蜕变为"长生之道"，给黄老之学带来了消极影响。这也造成了后世对"黄老之术"误解很深。

佛教的由来也值得探讨。

广泛的说法是东汉永平七年（64），"位面之子"汉光武帝的儿子汉明帝刘庄夜宿南宫，做了一个非常奇怪的梦。他梦见了一位金人。这位金人身高丈六，在南宫的庭院中飞来飞去。梦醒之后，那位金人还在汉明帝的头脑中时时浮现。于是汉明帝就把这个奇怪的梦境讲给太史傅毅。

傅毅听完回答道："臣曾经听说在西方有一位神仙，名字叫作佛。佛的样子和陛下您在梦中所见到的是一个模样。"汉明帝听傅毅这么说，就派郎中蔡愔、博士弟子秦景等赴天竺求法。

永平八年（65），蔡、秦等人告别长安，踏上"西天取经"的万里征途。在大月氏国（今阿富汗境至中亚一带），遇到印度高僧摄摩腾、竺法兰，见到了佛经和释迦牟尼佛白毡像，恳请二位高僧东赴中国弘法布教。

永平十年（67），两位印度高僧应邀和东汉使者一道，用白马驮载佛经、佛像同返国都洛阳。汉明帝见到佛经、佛像，十分高兴，对两位高僧极为礼重，亲自予以接待，并安排他们在当时负责外交事务的官署"鸿胪寺"暂住。

据《冥祥记》《高僧传》等记载，永平十年，他们与中天竺僧人摄摩腾、竺法兰赍佛经、佛像回洛阳。初居鸿胪寺，后以鸿胪非久居之馆，次年诏令于雍门外别建住所。即永平十一年（68），汉明帝敕令在洛阳西雍门外三里御道北兴建僧院。为纪念白马驮经，取名"白马寺"。"寺"字即源于"鸿胪寺"之"寺"字，后来"寺"字便成了中国寺院的一种泛称。

白马寺建好之后，摄摩腾、竺法兰两位高僧就移居进来翻译佛教经典。在寺里的清凉台上，他们一起翻译出了中国的第一部佛经《佛说四十二章经》。看过《鹿鼎记》的读者是不是对这部经很熟悉？

《佛说四十二章经》其实就是佛的语录，书中记载了佛所说的四十二段话。一段话为一章，四十二段便是四十二章。

摄摩腾与竺法兰来中国之前，帝王们很崇信方士。他们来了以后，佛教渐渐传播开来，就引起了道士们的不满。

《广弘明集》第一卷的《汉显宗开佛化法本内传》记载了佛教来华以后，佛教与道教之间最早发生的一次斗争：

在东汉永平十四年（71）元旦，按照惯例，天下五岳各方的道士要向皇帝贺年。在贺年的时候，褚善信、费叔才等人召集了690位道士，借着这个机会议论佛教的是非。他们认为，皇上摒弃了道教，求取胡人的教法，是万万不该的事情。于是，褚、费两人就率领道士们一起上表，向皇帝请愿。他们表示要和西方佛法一比高下，看看谁的法力高。其实汉明帝也想看一看这西方的高僧到底有什么法力，就批准了道士们的要求。

于是汉明帝命令尚书令宋庠，把佛道人士分别带到长乐宫前，对他们宣布：在元宵日这天，道士们和佛教僧侣们要在白马寺南门外比试法力，届时大家各显神通。

比试开始，官员安排佛道僧众分别到达各自的焚经台上，让他们斗法。

可刚刚把法术施展出来，他们带来的六百多卷道家经典，就在顷刻之间焚烧起来。褚善信等道士大惊失色，也顾不上施展神通了，马上让人从火中抢救道家经典。可是别的经典都烧得差不多了，只从火里抢出了《道德经》。

大家再看佛教僧人那边，也是烈火熊熊，但火光之中佛像和佛经并未受到丝毫的损伤。不仅如此，人们又听到天乐齐鸣，这景象让汉明帝和大臣们惊叹不已。

当然，这个焚经事件只是一个传说。但佛教来到中国之后，遭遇到道教等原有传统宗教的挑战也是情理之中的事情。

其实早在摄摩腾、竺法兰来中国之前，佛教就已经在中国的一些地方流传。汉明帝刘庄的弟弟刘英就笃信佛教，并供养着一批沙门僧，"学为浮屠，斋戒祭祀"，举国皆知。汉明帝还表彰了他。

根据《三国志·魏志》卷三十裴松之注，佛教是在西汉哀帝元寿元年（前2）传入中国内地的。当时佛教被视为神仙方术的一种。当时，西域大月氏派遣使臣伊存到达长安，博士弟子秦景宪从伊存学浮屠（佛的音译）经。

著名学者柏杨甚至认为，早在公元前2世纪，张骞出使西域返回汉帝国时，佛教就被带了过来。但最流行的说法，还是以东汉明帝永平十年（67）有佛经介绍到中国来，作为中国正式有佛教的开始。

传入中国大部分地区的，主要是大乘佛教；传入云南傣族地区的，主要是小乘佛教；而传到西藏的，主要是藏传佛教。此后，佛教教义逐渐同中国传统的伦理等相结合，也就带有了浓郁的中国特色。如魏晋时期，佛教同玄学关系密切，广泛流传全国。

汉桓帝时在宫中建立了黄老浮屠祠（当时黄老道与佛教不分，作为统治阶级骄奢淫逸生活的一种精神补充）。桓、灵时代，西域安息名僧安世高、月氏僧人支娄迦谶等都先后到了洛阳，翻译佛经多种。汉人严浮调从安世高学经并参与翻译，佛教的影响越来越大。东汉后期，政治黑暗，民不聊生，阶级矛盾日益尖锐，佛教成为一种精神慰藉，在群众中逐渐传开。

道教跟道家其实并不相同。道教是发源于中国的宗教，没有人知道它确切的诞生之日。

但道教跟道家学派还是有着密切联系的。它以神化了的老子所提出的"道"为基本信仰和教义，其崇拜的最高天神是元始天尊（即太上老君）。

老庄哲学的玄虚无为，很容易把人引入一种缥缈幻境。道家学派中有一部分人士转变为"阴阳家"，介乎学派与宗教之间。这种以炼丹炼金，求长生不死药的高级巫师，被称为"方士"，深受历代帝王的欢迎。

以后方士中又有一部分转变为念咒画符的人物，道教遂在不知不觉中形成。

一般认为，道教定型于东汉顺帝（125–144年在位）年间，以张道陵创立五斗米道为标志。公元2世纪30年代，张道陵作为方士中的大亨人物，集神秘之大成，在四川鹤鸣山（一作鹄鸣山）修炼。他用符咒为人治病祈祷，称"太平道"。追随他的门徒，都要献纳五斗米，所以也称"五斗米道"。

张道陵死后，他的儿子张衡（不是发明地动仪、写《二京赋》的那个张衡）继承。张衡死后，他的儿子张鲁继承。张鲁时已到公元2世纪末叶，各地混战。东汉政府因他拥有强大的群众力量，还委派他当汉中（今陕西南郑）郡长（太守）。

东晋末，五斗米道改称"天师道"。南北朝时，道教分成"南天师道"和"北天师道"两支。金元以后，分正一、全真二派。

汉顺帝时，琅琊人宫崇向朝廷献《太平清领书》（即《太平经》）170卷，这是我国最早的道教经典。

但"道教"名称的出现，则是在300年以后的五世纪。当时，道教名士寇谦之出世，最终确定"道教"的名称，并确定尊奉李耳（即老子）为教主、《道德经》为经典、张道陵为先知。汉顺帝时，道人于吉以《太平清领书》在今江苏、山东一带传教，信徒众多，其中不少是贫苦农民。他们也称"太平道"。

汉灵帝熹平年间，巨鹿（今河北境内）人张角做了太平道的首领。他自称大贤良师，手执带杖，巡回各地传教，装神弄鬼，让病人叩头思过，饮水以治病。

他和弟弟张宝、张梁在群众中宣传黄老道（太平道），医治疾病，招收门徒，四方民众扶老携幼前来投奔，信从的人非常多。张角还派遣8名弟子四处传道，发展信徒，十多年竟发展到了数十万，遍布青、徐、幽、冀、荆、扬、兖、豫等诸州，声势浩荡，乃至惊动了官府。

这时，作为宗教的道教便成了农民起义的旗帜，足见其影响力之大。不久，张角兄弟发动了著名的黄巾起义。

佛、道、儒并举，各领风骚，相生相克，大放异彩，呈现出一种热闹景象。而这三者在中国旧称"三教"，它们深入到了广大人民的思想生活各个领域，对中国后世的哲学、文学、艺术和民间风俗、礼仪制度、日常生活等都有极大影响。

但无论哪种宗教，对皇帝而言，主要还是将其改造成为适合且襄助自己执政的工具和手段。

三十、"奇特的穿越者"：王莽的教育改革和
科学实验及改地名

西汉时期的王莽绝对是个意外。因为他曾提出过许多现代社会才有的超前想法，比如土地国有、废除奴隶、国有企业、政府控制经济等等。尤其他在教育和科技方面的改革的确超越了以后很多朝代。

王莽执政时期，初步实现了社会普及的教育体系。汉平帝元始三年（3）夏，安汉公（王莽）立官稷及学官：郡国曰学，县、道、邑、侯国曰校，校、学置经师一人；乡曰庠，聚曰序，序、庠置《孝经》师一人。也就是各级政府设立学校。所说的"聚"，就是指乡村这一国家最低级的行政单位；"庠、序"则是指乡村中学童学习的学校或学堂。由此可见，王莽开始构建全国普及的学校教育制度，学校或学堂已普及到了乡、村这两个中国最基层的行政地区。

同时，根据史书记载当时开设的教育科目来看，有"《礼》、古《书》《毛诗》《周官》《尔雅》、天文、图谶、钟律、月令、兵法、《史篇》文字……网罗天下异能之士，至者前后千数"。

当时学校设置的课程科目，已经超越了西汉中前期博士弟子只学习经学的教育情况。

这里所说教师中的"异能之士"，显然是指那些社会各行各业中的技术专家。由此可见，当时社会中的许多技术专家也可以进入学校讲学和在学校中开设社会需要的专业技术知识科目，这相当于现在的专门技术学校。

在科技方面，他也是个先行者。在做皇帝之前，王莽就喜欢做一些稀奇古怪的研究，还专门花费巨资在家里组建了一个实验室，鼓励门客进行创新。登基后，他依然组织相关人员进行了多次科技实验。

其中最有名的当属王莽的"青铜卡尺"。1992年，在江苏扬州的一座古墓出土了一把王莽时期制造的青铜卡尺。这把尺子既可以测量物体直径，又可测量其深度以及长、宽、厚等等，就是一把古代版的游标卡尺。据说这是在王莽亲自关心下研制的科技产品。

王莽时期青铜卡尺

在医学实验方面，王莽也很有研究兴趣。《资治通鉴·汉纪三十》记载："翟义党王孙庆捕得，莽使太医、尚方与巧屠共刳剥之，量度五脏，以竹筳导其脉，知所始终，云可以治病。"抓获了一个叛党，王莽命令太医和屠夫把这个人给解剖了。这虽然很残忍，但后面的测量五脏，用竹枝疏通血管以弄清血流的来龙去脉，就很有点儿现代医学的味道了。在那个年代，王莽就明白研究人体可以用于治病这样的道理，确实是很超前的。

他还是一个狂热的复古主义者。比如他一心恢复周制，所以改地名也有他的理由——"应经"。按照经典书籍对西汉的行政地名进行大刀阔斧的改革。

首都长安改名"常安"。位于帝国中枢地带的三辅（京兆、冯翊、扶风）中的二辅，被分成了六尉：京尉、师尉、翊尉、扶尉、光尉、列尉。这看上去很莫名其妙。

汉武帝将帝国分为十三个州部，后来又补了一个司隶校尉部。王莽则将帝国划为十二州，他先把交趾改名为交州，只是为了应《尧典》里"宅，南交"的典故。然后他又嫌凉州这名字不够古意，改为雍州。这是按照《禹贡》来的，里面记载的九州没有凉州，只有雍州。

王莽时郡县两级搞得很奇葩。和西汉末年对比，新莽的郡从106个增加到116个，连改带增，一共改了91个郡名，只有25个保留了原名；县从1587个变成1585个，其中730个县改了名字，改名的县将近一半。

西汉在河西走廊设四郡（张掖、武威、酒泉、敦煌），其中武威郡被他改为张掖，但四郡中原本就有一个张掖郡，那不重名了？不急，张掖改成设屏——设立屏藩，抵御外敌。一个出击，一个守卫，有矛有盾。酒泉和敦煌二郡分别改成了辅平和敦德，搞得很和平主义。

但你错了，他对用名字抵御外敌这件事很上心，东夷西狄南蛮北胡他都没放过。

比如天水郡，改名填戎。"填"字同"镇"，意思是镇压戎狄。蓟县改伐戎，北地郡改叫威戎，陇西郡改成厌戎郡。厌字也是压制之意。陇西郡下有一条狄道，改成了"操虏"。不要想多了，这个"操"是掌握、控制、把持、驾驭之意。

戎搞完，也没让狄闲着。雁门郡，改叫填狄；北地郡，改叫厌狄；还有个地方叫白狼，改名叫了仇狄。

胡更不用说了。武要改成了厌胡，平邑改成了平胡。

齐地的琅邪郡，被改成了"填夷"。

长沙国叫"填蛮"。

齐郡（今淄博、青州一带）直接改名济南，但济南郡就在附近待着，怎么办？不能一个大济南郡，一个小济南郡吧。这也难不倒王莽，原来的济南改叫乐安。

南阳、河内、颍川、弘农、河东、荥阳六个郡改得更草率：南阳叫"前队"，河内叫"后队"，颖川叫"左队"，弘农叫"右队"，河东叫"兆队"，荥阳叫"祈队"，合称为豫州六队（和笔者当地以前因是卫所驻地，有"前所""右所"之称一样）。但其实他这个"队"字是"隧"的省字，意思是顺遂之意，但也很奇葩。

豫州六郡改成了六队，但原来的地名也没浪费，直接向下传。河东改给了安邑县，河内改给了怀县，颖川改给了阳翟，南阳改给了宛县，从郡名降级成县名。

严重怀疑王莽是 AB 血型、处女座：比如无锡，直接改为"有锡"；上党有个谷远县，改成了谷近；太原有个于离县，改成了于合；陈留有个东昏县，改成了东明；东平国改成了有盐郡，因为国中有个"无盐"亭；山东有个亢父，王莽觉得这个亢字不孝顺，改成了顺父。

王莽喜谈符命，献符命的人皆得丰厚赏赐。有个叫哀章的人更是献上金匮策书至汉高祖庙，大意言莽为真命天子。王莽遂加以利用，开了中国历史上通过（符命）禅让做皇帝的先河。所以对"符"字王莽很喜欢，他甚至把好多地名都改叫 × 符。比如沛郡改叫吾符，定陶改叫迎符，剧魁叫上符，利乡改章符。但符离的"离"字膈应人，于是符离改成了符合。

而且很多地名弯的他能给捋直，圆的能给捏方。富昌郡有个地方叫"曲周"，改成了"直周"；同郡的"曲梁"改为"直梁"；常山郡有个"曲逆"，改名叫"顺平"。还有"曲平"改"端平"，"曲阳"改"从阳"。

并州有个西河郡，被王莽改名叫归新郡。郡中有一个地方叫作圜阴，"圜"字有环绕转动之意，和圆一样。不行，硬被改名叫作"方阴"。

其实中国的地名有个命名规律。即山南水北为阳，山北水南为阴，地名里一旦有阴阳二字，那么就能分辨出它的大致地理方位。

但王莽不管这一套，比如华阴县，改成了华坛；淮阴县，改成了嘉信。辽阳改成了辽阴，泥阳改成了泥阴。直接翻个儿。

但到了雒（洛）阳，他不改阳字了，把雒字一删，改叫宣阳；襄阳的阳字保留了下来，但是襄字没了，成了相阳。而范阳就没那么幸运了，被改成了

"顺阴"。

改完国内地名，还要放眼国外，把人家"高句丽"给人改成"下句丽"；匈奴单于被改成降奴单于。

据说有个地方一年之内改名五次，连章都来不及刻。官府行文发布告，不得不在地名后头加括号，注明这是原来什么地方。据说连王莽发诏书，都不得不加旁注"故汉××××"，否则没人知道到底是什么地方。

又比如他对新生事物很感兴趣。

有一次王莽的新朝和匈奴开战。王莽下令招募有特殊技术的人去攻打匈奴。于是各种骗子纷纷登场："或言能度水不用舟楫……或言不持斗粮，服食药物，三军不饥。或言能飞，一日千里，可窥匈奴。"（《资治通鉴·汉纪三十》）

即有说过河不用船的，有说打仗不用带粮食的，最有意思的是有个人居然说他会飞。王莽就让他试一下，"莽辄试之，取大鸟翮为两翼，头与身皆著毛，通引环纽，飞数百步堕"（资治通鉴·汉纪三十）。

这个人也是脑洞大开，用大鸟的羽毛做成两个翅膀，头上和身上都沾满了羽毛，用扣环纽带操纵翅膀。可能他以为把自己弄得像鸟就可以飞了，大约他是从高处往下滑翔的，居然飞了几百步才掉下来。

王莽从安汉公—宰衡—假皇帝—真皇帝共计八年，中国历朝除了贵族革命及平民革命之外，另开篡夺之例，也是一大贡献。

三十一、"算缗"与"初算商车"：汉代也有房产税和车船税

在说房产税之前，我们先了解下什么是"税"。

税一般称为税收，是指国家为了向社会提供公共产品，满足社会共同需要，按照法律规定，参与社会产品的分配、强制、无偿取得财政收入的一种规范形式。

税收是国家（政府）公共财政最主要的收入形式和来源。税收的本质是国家为满足社会公共需要，凭借公共权力，按照法律所规定的标准和程序，参与国民收入分配，强制取得财政收入所形成的一种特殊分配关系。

在人类历史上，在国家产生的同时，就出现了保证国家实现其职能的财政。夏朝时期，最早出现的财政征收方式叫"贡"，即臣属将物品进献给君王。虽然臣属必须履行这一义务，但贡的数量、时间不确定。"贡"可以看作是税的雏形。

到了西周，征收军事物资称"赋"，征收土产物资称"税"。

春秋后期，赋与税统一按田亩征收。"赋"原指军赋，即君主向臣属征集的军役和军用品。但事实上，国家征集的收入不仅限于军赋，还包括用于国家其他方面支出的产品。另外，国家对关口、集市、山地、水面等征集的收入也称"赋"。

因此"赋"已不仅指国家征集的军用品，而且具有"税"的含义。后来"赋"和"税"并用，统称赋税。

自战国以来，中国的赋役制度主要有四种：战国秦汉时期的租赋制（征收土地税和人头税），魏晋至隋唐的租调制（征收土地税、人头税和劳役税），中唐至明中叶的两税法（征收资产税和土地税），明中叶至鸦片战争前的一条鞭法和地丁合一（征收土地税）。

到了清末，租税成为多种捐税的统称。农民向地主交纳实物叫租，向国家交纳货币叫税。

对土地及土地上的附属物收税，历史也很悠久。有史可查的对土地产物直接征税，始于公元前594年（鲁宣公十五年）鲁国实行的"初税亩"。即按平均产量对土地征税。

古籍《礼记·王制》中记载："廛（chán），市物邸舍，税其舍而不税物。"廛的本意是古代城市平民的房地，古同"缠"，束。即周朝就对土地上的房屋开始收税。

历史上明确记载的对房产征税应该是汉武帝时期。

西汉武帝时元狩四年（前119），卫青、霍去病出征匈奴。当时山东（太行山以东）地区发生重大水灾，七十余万饥民到处流亡。巨额军费和灾民救济费用使帝国财政压力巨大，而一些富商大贾拥有大量资财，过着奢侈无度的豪华生活。他们不但"不佐国家之急"（《史记·平准书》），还趁机发国难财。

汉武帝意识到问题的严重性，开始重用"兴利之臣"，并决定首先向商人开刀，把商人从农人身上获取的利润收归国有。

元狩四年（前119），汉武帝根据御史大夫张汤和侍中桑弘羊的建议，颁布打击富商大贾的算缗令和告缗令，即向全国有产者征收资产税。

何谓"算缗"？缗为丝绳，用以贯钱，1000钱1贯。算缗令是针对城市有产者的税收法令，规定价值二缗的财产要上缴一算的税。小手工业者减半，每四缗收一算。农民则不用缴。即政府规定商人财产每 2000 钱，抽税 1 算（20钱）；手工业者的财产，凡 4000 钱，抽 1 算。

根据算缗令，凡属工商业主、高利贷者、囤积商等，不论有无市籍，都要据实向政府呈报自己的财产数字。实际上算缗令就是国家向商人征收的一种财产税。其中就包括房产税。

只是当时房产税还没成为独立税种。

如果你不据实申报，那好，还有一个告缗令在等你。告缗令规定：隐瞒不报，或呈报不实的人，罚戍边一年，并没收他们的财产。有敢于告发的人，政府赏给他没收财产的一半。

据《史记·平准书》和《汉书·食货志》，汉武帝曾经让官吏对民房进行估价。房值百万，收税两万；房值十万，收税一千。不过，前后只实行了三年。

另外，在武帝元光六年（前 129），就以交通工具为对象课税，即为"初算商车"（可以理解为车船使用税）。

除官吏、三老（古代掌教化的乡官，秦置乡三老，西汉置县三老）及北边骑士外，有轺车者，每辆抽税 1 算。商人的车，则征收 2 算。船 5 丈以上者，每只船抽税 1 算。

中国房地产税比较靠谱的源头应该是"契税"。契税产生于东晋。东晋年间，朝廷规定凡是进行奴婢、牛马、田宅等重大交易时，当事人双方都应当立有契约文券，而朝廷会根据文券上所标注金额的 4% 抽税入官。

比如房地产交易中，卖房者要承担 3%，买房者只需承担 1%，称为"估税"。如果你为了省钱不立文契，这种逃税的买卖行为一旦被发现一样以 4% 的税率收税，这叫做"散估"。

以上无论"算缗"还是"契税"都是一个综合税种。

直到唐代德宗建中四年（783），朝廷因国库空虚，为了补充军饷，向有产者开割，房产税才真正开始作为一个独立税种出现，称为"间架税"。其称呼源于"每屋两架为间"。当时，间架税的课税对象是长安城内居民住房。其征收标准：上等房屋交铜钱 2000，中等 1000，下等 500。但由于长安市民的强烈反对，执行不到一年便被迫取消。

以后鲜见"房产税"的记载。

直到清康熙年间，因为平三藩之役国库空虚，只好厚着脸皮让全国有房产的拿钱助饷，每间房子缴纳纹银两钱，时称"屋税"。

其实以上这些虽然叫税，但都属于一次性征收，缺乏税收的"三性"（强制、无偿、固定）之一的固定性，所以不能算是真正的房产税。

真正现代意义上的房产税应该是从清末才开始，最初只在租界征收的房产税。

自20世纪20年代末开始，中国几乎所有城市都开始征收房产税，大部分按照房租的某个百分比征税，每三个月征收一回，而且不论贫富新旧一体关照。

所以，房产税、车船税这些个东西真不是什么新鲜事。

三十二、出手就是成千上万斤，西汉的"黄金"是不是真黄金

秦汉史考试中有道题是指出汉代流行的货币：

A. 黄金　　B. 铜钱　　　C. 银钱　　　D. 选 A 和 B

这道题大家有兴趣可以回答下。

如果你生活在西汉，来到长安市，想买几枚鸡蛋，当然可能不是茶叶蛋，那时尚没奢侈到用茶叶煮鸡蛋。你是用黄金还是铜钱付款呢？

金版

西汉马蹄金

由此我们谈下汉代，尤其是西汉时期的货币。

读汉代历史，尤其是西汉史，黄金的出现频率极高，而且每次都是很豪气地以斤为单位佐以千、万为数量出现。

如刘邦一次就给陈平四万斤黄金，让他自由支配，用以收买项羽部下。

削平诸吕后，周勃以首功得任右丞相，赐金五千斤。陈平以次功任左丞相，赐金一千斤。

汉武帝年间征讨匈奴时，赏赐有功将士的黄金也曾一次"五十万金"。

汉武帝将孀居的女儿卫长公主嫁给江湖骗子栾大时，送金十万斤作为嫁妆。《资治通鉴》上记载的汉代"用金"的桥段，就有93次之多。

西汉人十分豪气，出手的黄金以"千""万"斤来计算，这与后来用"两"来计算黄金确实显得不是一般的豪气。

这里需要说明一点，汉代的一斤约合现在250克（一说一斤等于今天248克），但即便如此，千斤万斤也不是小数目。

所以就引发一个问题，就是汉代的黄金是不是真正的黄金。

我们先来捋一下黄金的历史。

在中国历史上，黄金的发现比较早，大约在新石器时代古人类已识别了黄金。最迟在商代中期（公元前14-13世纪）已掌握了制造金器的技能。因为在河南安阳等地出土的殷商文物中有金箔可以作证。

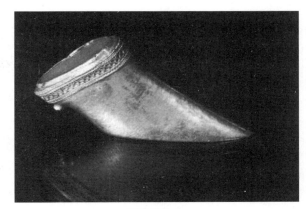

西汉麟趾金

黄金最初的作用主要用于装饰。后来随着黄金产量的增长和商品交换的需要，到春秋战国时期，黄金已成为一种货币，在战国时期是通用货币。

作为产金区域，早在战国时期黄金就成了公认的"大额货币"，当时从买房买地到战争赔款，主要是用黄金支付。

到了汉代，黄金开采技术更加发达。西汉王朝也对黄金实行严格的垄断制度，专门设立"银钱之官"负责黄金开采。各诸侯与皇室之间，还有严格的"酎金"制度，即诸侯向皇室贡献黄金。

西汉黄金的纯度成色要求也十分严格。西汉海昏侯墓出土的800斤黄金，纯度就高达百分之九十八。据相关史料，汉武帝年间皇室储藏的黄金，就达到了全国黄金总量的一半。

其实中国古人崇尚玉，在先秦时期，珠玉是最为贵重的货币，所以此时的史书中以馈赠珠玉为贵。

《管子·地数篇》中就记载："珠玉为上币，黄金为中币，刀布为下币。"

但玉质地太脆，不适合广泛应用。作为金属的黄金和铜钱便成为重要流通货币。

战国时楚国很土豪，把黄金作为主要流通货币使用。

楚国地域广大，盛产黄金。把一定量的黄金铸成一定的形状，并印上一定的文字标记，就是从楚国开始的。这种黄金一般为扁平钤印的版状黄金方块（当然也有饼状的），钤印有"郢爰""陈爰""专爰"等字样，以"郢爰"最多。

"爰"目前认为是楚国的重量单位，一爰即楚制一斤，约250克。从出土实物来看，整版的"爰金"每件约重250至260克。

"郢"是楚国都城的名称，始建于公元前689年，位于今湖北江陵纪南城。后来几经迁移。公元前278年秦将破郢，楚王迁至陈城，即今天的江苏淮安。至公元前241年，楚考烈王又在寿春（今寿县）建都，仍名为郢。

楚国人对"郢"这个字很有感情。即使现在，受楚文化影响很深的安徽地区还有很多以"郢"命名的地名。

爰金是称量货币。使用时根据需要将金版切割成零星小块，然后通过特定的等臂天平称量，再行交换。所以现在出土的爰金多呈碎块状，大小轻重相差悬殊，有明显的被切割的痕迹。

战国时燕昭王用黄金筑台，广招天下才能之士。可见当时黄金比较普遍和丰富。

秦始皇统一六国后即将黄金宣布为法定货币。"秦兼天下，币为二等。黄金以溢为名，上币。"于是黄金开始在全国范围流通。

《汉书·食货志》就明确记载秦统一定黄金为上币。这里的黄金，当然是真金。

到了汉代，"金"被分为三个等级：一等是黄金，二等白金，三等赤金。黄金就是真正意义上的黄金，白金就是银子，而赤金是丹阳铜（据《史记·平准书》）。

也就是汉代把黄金、白银、铜皆称为"金"。

称铜为金也是古来有之，如商代青铜器上的"金"文，秦始皇收天下兵器铸造的"金人"。

所以很多人认为汉代的黄金其实是铜。

其实关于西汉黄金的问题，历史上争议就很多。如颜师古为《汉书》作注，就认为："诸赐，言黄金者，皆予之金；不言黄者，一金予万钱也。"即只有明言"赐黄金"，才是给金子；单说"赐金"，只是给铜钱。现代也有学者认同颜师古的说法。

著名货币史学家和钱币学家彭信威就认为："金子在西汉，并不一定指黄金，有时只是一种价值的表示，即一万钱。"学者瓯燕认为："西汉记载的大量黄金不都是真实的黄金。黄金已脱离它的实体，起到了价值尺度的作用。凡巨额的赏赐、馈赠、聘礼都用黄金计值，它可以用黄金兑现，亦可以不用黄金兑现。"

这种说法准确与否？我们来看下汉代黄金与铜钱的比价。

居延汉简中出现过多条罚金折钱的记载，其比值是按照一斤金万钱来计算。《汉书·王莽传》中也有汉平帝元始三年（3）一斤黄金万钱的比价。《汉书·食货志》也记载：黄金重一斤，直钱万。《史记正义》也记载：汉制以一斤金为一金（汉代比较常用的黄金货币——金饼，一块的重量大约为一汉斤。所以，汉代史书中常有以"一金"指代"一斤重量的金饼 / 黄金"），值万钱。

所以说西汉黄金与铜钱的比价应该是一斤黄金兑换一万个铜钱（西汉五铢钱）。汉代的黄金法定价值是"值万钱"，但很多时候却只值五六千铜钱。需要说明的是，汉朝的金，以斤为单位，取代秦朝的"镒"。前面说过，一汉斤约等于现在的 250 克（一说 248 克），也就是半斤左右。汉代，一斤为十六两。

一万枚五铢钱的重量约为 130 斤，如果将钱换成等重的铜料，那么金铜比价约为 1:130。而一斤铜可以铸造约 76 枚五铢钱，一斤铜价应该在 76 钱左右才是。

关于铜钱，特别说明一下，中国古代的官铸铜钱，在明代嘉靖以前主要原料是青铜和铅。嘉靖二十三年（1553）以后，才改用黄铜。青铜是铜和锡的合金，汉代所谓赤金就是丹阳铜。汉代铜镜铭文中就有"汉有善铜出丹阳"字样。丹阳是汉代的丹阳郡，即今天的安徽铜陵一带。是自古就有的优质铜产区。

由此而论的话，汉代的金是铜应该不准确。

另外，近年西汉海昏侯汉墓出土黄金总重超过 120 公斤，也可间接证明西汉大量黄金的存在。

前面说汉朝皇帝动辄成千上万，甚至十万斤金、几十万斤金的搞赏赐。这些"金"是否就是黄金呢？

笔者认为主要还是看记载中加不加"黄"，如果单说金，可能就不是黄金。

比如西汉七国之乱时，大将军窦婴受命出征，汉景帝赏他一千斤黄金。这笔赏赐是实打实的黄金，窦婴却丝毫不取，公开摆在办公室门口，让麾下军官随便取用。西汉晚期，王莽把女儿嫁给小皇帝时，按规定皇室要给他二万斤黄金，实际给他的，却是折算后的铜钱。

所以《中国货币史》等资料认为：汉代赏赐黄金，只有三分之一是给真金。

当然也不能一概而论，比如汉武帝时期为了削弱诸侯国，搞了个"坐酎金失侯"。酎金，指祭祀太庙时诸侯助祭时所供奉的金子。汉文帝制定法律，正月初一开始酿酒，八月时候成酒，名叫"酎酒"，是用于宗庙祭祀的祭品，要求诸侯参与祭祀，并上供黄金助祭。诸侯王和列侯按照各自封地的人口数缴纳。每1000口人，就要上供黄金四两，多于500口少于1000口的，也要交四两黄金，由少府验收。

汉武帝元鼎六年（前111），齐国国相卜式上书自己捐款请击南越，汉武帝特意赐他关内侯爵位，金六十斤，田十顷，并布告天下，希望能有更多人响应。而诸侯们却装聋作哑。武帝非常生气。为惩罚列侯，武帝授意少府严加审核列侯上交的酎金。最终有106名侯爵因为金子成色不足丢失爵位。刘备的祖上据说也是在此事件中丢掉了爵位。

这里的金当然应该是黄金。

西汉时期的黄金以型而分主要有三大类：一类是金饼，一类是马蹄金，一类是麟趾金（汉武帝太始二年，即公元前95年，传说武帝祭天时曾捕获白麟，又在水边见到了天马。白麟、天马均为吉兆。武帝为了纪念祥瑞，大量制作麟趾金和马蹄金，并以此颁赐诸侯王），还有一种小众的柿子金。

前面说的武帝孙子海昏侯刘贺墓中就出土了大量马蹄金和黄金制作的五

铢钱。

秦法以黄金为上币，那还有其他货币吗？有，就是铜钱。

黄金作为汉代的法定货币，币值很大。前面说过一斤黄金值万钱。黄金用重量，铜币用数量。正因币值太大，黄金一般不在社会上直接流通。汉代社会流通的主要货币还是铜钱（主要是五铢钱）。

需要指出的是，汉代国库财政储藏是以铜钱计算，而不是黄金。

如"至武帝之初，七十年间，国家无事，非遇水旱，则民人给家足。都鄙廪庾尽满，而府库余财。京师之钱累巨万，贯朽而不可校"。（《汉书·食货志》）

"孝元皇帝奉承大业，温恭少欲，出内钱四十万万，水衡钱二十五万万，少府钱十八万万。"（《汉书·王嘉传》）

西汉政府向百姓征收算赋、口赋、更赋等也都是以铜钱作为唯一标准。在西汉的商品交换中，铜钱有明确的价值尺度。也就是说，一文铜钱可以买一个鸡蛋是有明确标价的。

所以说汉代流行货币就是铜钱。

黄金作为法定货币之一，主要用于赏赐、馈赠、祭祀、赎罪、买爵、军事支出等大宗交易。因为在大宗交易中，黄金更为方便。

而且据专家分析，汉代黄金与其他物品之间并无精确比价。换句话说，黄金的币值太大，在具体交易中无法方便地进行。比如你拿黄金买鸡蛋，黄金基本都是定额成块的，你要分割，称量。而且可以想象，你用黄金买一个鸡蛋根本无法称量。

黄金在与小商品进行交易时离不开铜钱作为中介。但你不能拿一斤黄金去买个鸡蛋，商家找你九千多个铜钱。

所以西汉黄金主要用于赏赐和大宗交易。也不能说西汉货币是"金本位"。应该说西汉黄金数量庞大，我们仅仅从赏赐上就可以看到。如汉武帝太始二年（前95）铸作马蹄金与麟趾金，"因以班赐诸侯王"。

彭信威曾在《中国货币史》中做过一项统计：西汉从汉高祖到汉平帝的

十二个皇帝共赐金约九十万斤。如果再加上国库的储藏，当时中国的黄金数量保守估计应当在百万斤以上。

清代赵翼在《二十二史札记》专门整理了西汉皇帝的黄金使用明细：

汉高祖以四万斤与陈平，使为楚反间，不问其出入。

娄敬说帝都关中，田肯说帝当以亲子弟封齐，即各赐五百斤。

叔孙通定朝仪，亦赐五百斤。

吕后崩，遗诏赐诸侯王各千斤。

陈平交欢周勃，用五百斤。

文帝即位，以大臣诛诸吕功，赐周勃五千斤，陈平、灌婴各二千斤，刘章、刘揭各千斤。

吴王濞反，募能斩汉大将者赐五千斤，列将三千斤，裨将二千斤，二千石一千斤。

梁孝王薨，有四十万斤。武帝赐平阳公主千斤，赐卜式四百斤。

卫青击匈奴，斩首虏万九千级，军受赐二十余万斤。

昌邑王赐故臣君卿千斤。

宣帝既立，赐霍光七千斤，广陵王五千斤，诸王十五人各百斤，赐孔霸二百斤，赐黄霸百斤。

元帝赐段会宗、甘延寿、陈汤各百斤。

成帝赐王根五百斤。

王莽聘史氏女为后，用三万斤，赐孝单于千斤，顺单于五百斤。

莽末年，省中黄金，万金者为一匮，尚有六十匮，黄门、钩盾、尚方，处处各有数匮。

有学者估算，当时西汉黄金的保有量大约相当于现在的500吨左右，数量很惊人。

那么问题来了，再多的黄金也有用完的时候，西汉政府哪来这么多黄金？

这个根据史料也很好回答。

一是政府掌握了金矿资源，专门设置金官，官署在桂阳郡（今湖南宝山国家矿山公园），掌金、银、铜、铅、铁（古谓"五色之金"）等多种金属矿产开采及冶铸，是朝廷直接管辖的县级行政机构，下设丞为辅官，另有令史、官啬夫、佐、亭长等属吏数十人。

二是政府建立了一套从诸侯手里和民间征收黄金的制度。诸侯王和列侯缴纳的酎金，从商人手中征收的市租，罪犯缴纳的罚金以及卖爵等，均要求用黄金来支付，使政府很容易聚集大量黄金。

三是来自战国年间的积累。

通过自己开采、赏赐和征收的综合循环，西汉政府建立起了黄金流转的机制。

王莽篡汉后，就规定"列侯以下不得挟黄金"。据史料，他大约聚集了大约70多万斤黄金。

但到东汉年间，黄金基本退出流通领域，黄金赏赐更是少见，基本为布帛所代替。据史料统计，东汉皇室的"赐金"数量，仅为西汉的百分之二。

罚金与赎金虽然书面上依然以黄金为准，但实际上允许用折算后的钱、缣、米进行支付。东汉时期多次下诏，赎罪金用缣取代黄金。

汉朝用黄金殉葬的风气兴起，大量黄金从此被埋入地下，这或许是巨量黄金消失的原因。

番外篇：汉代货币制度

所谓货币制度，主要包括货币体系、钱币铸行权的规定、钱币形制的法律规定和货币行为的规范。货币体系是指在一个国家或地区同时使用的数种货币之间的关系。就材料而言，西汉货币有金币、银（白金）币、青铜货币、铁钱、玉质五铢钱、铅钱（摩钱）和皮币等。

首先，青铜钱币是本位货币。西汉建元，沿袭秦制，依照秦半两钱铸行汉半两钱。但因长年累月的战乱破坏，汉初经济凋敝，加上政府根据"编户齐民"分配土地而形成小农经济的社会结构，导致秦半两过重，从而铸行荚钱。荚钱是榆荚钱的简称。这种青铜钱币的钱文都铸有"半两"字样，但钱重只有三铢（1/4半两）。到汉武帝时才铸行五铢钱。汉半两钱、五铢钱都是青铜钱币，在商品交换过程中起着本位货币的作用。

其次，西汉黄金货币不作为流通货币。在战国时期，黄金货币主要由楚国铸行，学术上称之为金版。金版的特点是多铸成两端凹入的长方形金版，也有作不甚规整的方形或圆饼形，都用铜印钤成小方格。金版上所钤印的文字，以"郢爰"为最多，"陈爰"次之，而"专爰"和单印一个"颖"字的，则比较少见。

汉代的金饼金币包括麟趾金和马蹄金。根据安志敏统计，1951年–1971年考古发现的126块金饼，最重的265克，最轻的1.9克；含金量大多数为97%–98%，最高的为99.35%，最低的为80%。但黄金货币并不用做流通使用，主要用于帝王赏赐、官员馈赠与贿赂、赎罪、诸侯助祭宗庙。

而且黄金货币是称量货币，与青铜钱币没有法定比价。王莽货币改制时，确定过钱币与黄金的比价。

再次，西汉没有沿袭秦制使用布帛货币。根据睡虎地秦简记载，秦朝把麻布作为法定货币，即麻布长八尺、幅宽二尺五寸为一布，质量不好的不准流通。钱与布的比值是11∶1。到了汉初，布帛作为法定货币早已退出流通领域。故张家山汉简《钱律》规定专门针对的就是黄金和铜钱，没有涉及（麻）布币问题。

另外，关于白金货币问题。《史记》《汉书》等文献记载，汉武帝元狩年间曾铸白金三品钱币，但2000多年来未见实物。20世纪80年代以后，陕西、甘肃、安徽等省多处发现并出土了铜质龙、铅质龙、马、龟形物，引起钱币界的极大关注。一些钱币研究者认为，此龙、马、龟形物即是西汉白金三品，而部分学者则持相反或怀疑态度。赵晓明认为"白金"货币应是银和锡两种货币，而非银锡合金之币。

此外，关于皮币问题。《史记·平准书》记载："乃以白鹿皮方尺，缘以藻绩，为皮币，直四十万。"2000年来，各种历史书籍把这种皮币视为货币，甚至有关著作认为它是中国纸币的雏形。实际上，白鹿皮货币不被用作流通手段，很难说它是纸币的前驱。

再说，关于权钱问题。权钱也称之为"称钱"或"法钱"，即检验钱币重量的砝码。笔者在《秦国和秦朝的货币制度及其演变》一文已述，秦国并没有"权钱"。秦国重量是以"商鞅铜权"作为统一标准。西汉沿袭秦朝制度，应该不会另外弄一个"权钱"出来。用"商鞅铜权"来检验钱重比制作一套权钱更加有效率。

例如，1枚钱是半两，10枚、100枚应该是20两、50两，用"商鞅铜权"为标准称一次就解决问题。如果用权钱，检验100枚四铢钱就需要100枚权钱，或称100次。但在原楚国境内出土了权钱。1975年湖北江陵凤凰山西汉墓出土了一件称钱衡、1枚环形专用砝码和101枚四铢钱（法钱），砝码圆环形，外径3厘米，重10.75克。2011年南昌市西汉海昏侯刘贺（前92年7月25日－前59年）墓出土了一套12枚权钱。

楚国是战国时期使用黄金货币的少数国家之一。黄金货币是称量货币。由于楚国没有像秦国有统一的度量衡标准（如"商鞅铜权"），因而使用权钱。汉朝统治者虽然是楚国人，但是他们应该会用效率更高的"商鞅铜权"，而不会沿袭楚国的权钱。

此外，西汉钱币铸行权的规定发生了三次大的变化。

第一次（前202－前175），汉初沿袭秦制。秦代铸币权由中央政府和地方政府分管。秦朝灭亡，西汉政权建立，沿袭秦朝货币制度，钱币铸行权由中央政府和郡国分掌。

第二次（前175年－前144年），孝文五年（前175）允许民间私铸。《史记·平准书》："至孝文时，荚钱益多，轻，乃更铸四铢钱，其文为'半两'，令民纵得自铸钱。故吴诸侯也，以即山铸钱，富埒天子，其后卒以叛逆。邓通，大夫也，以铸钱财过王者。故吴、邓氏钱布天下，而铸钱之禁生焉。"

第三次（前144-8），汉景帝中元六年（前144）又禁止民间私铸，恢复汉初制度。武帝元鼎四年（前113）将铸币权收归中央政府，由上林三官专司铸币之事，禁止地方政府铸币。

三十三、西汉外交大事件——张骞通西域给我们带来了什么：汉代的"一带一路"

汉建元三年（前140），刚刚登基三年，年仅19岁的刘彻获悉：原本聚居在河西走廊的月氏人先后遭到匈奴两代单于的侵扰。匈奴老上单于率众击破月氏后，竟然砍下月氏王的头做成了饮器。不仅如此，匈奴人还鸠占鹊巢，占据了月氏族的聚居地。月氏族对匈奴极为怨恨，被迫西迁。月氏族想要报仇雪恨，但是势单力薄。

热血青年刘彻于是决定在全国招募能出使塞外，去联合与匈奴有深仇大恨的月氏人，建立同盟，左右夹击汉朝的死敌匈奴。

自汉朝建立，北方草原的匈奴就是汉帝国的噩梦。"平城之围"让年轻的武帝立志雪耻。

此时汉帝国立国六十余年，国库充盈，百姓富足，"驹马强盛，财有余力"。此时汉中成固（今陕西城固）人张骞正在宫中做郎官。但他素有志向，毅然应募，接过汉朝授予使者的凭信——汉节，与堂邑父一同率领百余名随从，从长安出发，向着前途难卜的西域而去。

很不幸，他们一行刚出陇西（甘肃临洮南），便被匈奴俘虏，百余人均遭扣留。而且这一扣留就是十多年。为了软化、降服张骞，匈奴特意给张骞娶了妻室，张骞与匈奴妻子生了孩子。尽管如此，张骞始终"持汉节不失"。

等了十几年，终于等来了匈奴人防备疏漏的机会，张骞等人趁机从匈奴逃了出来后继续西奔，以完成未竟使命，走了数十日后终于到达了大宛。

大宛王素闻东方汉朝是一个物产富饶的大国，早有通使交好之心，但"欲通不得"，对张骞礼敬有加，并按照张骞的意愿，派遣向导和翻译，护送他们到了邻国康居。在康居人的帮助下，张骞一行终于到达了目的地大月氏。

且说大月氏王被匈奴杀死后，大月氏王的夫人被拥立为王。她带领大月氏人一路西迁，征服了妫水流域的大夏（今阿富汗北部地区），在此定居下来。而且多年的和平日子让大月氏王只想过安乐的生活，早已淡忘了对匈奴的深仇大恨，对汉朝意图联手攻击匈奴的计划不感兴趣。

张骞在大月氏国的一年多，虽然多方努力联络，仍然不能达成所愿。在此期间，张骞曾越过妫水南下，抵达大夏的蓝氏城（今阿富汗的汗瓦齐拉巴德）。

元朔元年（前128）张骞动身返回汉帝国。归途中，张骞为避开匈奴，改变了路线，计划走塔里木盆地南部，昆仑山北麓的"南道"，即从莎车，经于阗（今和田）、鄯善（今若羌），通过青海羌人地区后归汉。但出乎意料，羌人已沦为匈奴的附庸，张骞等人再次被匈奴骑兵俘虏，被扣留了一年多。

元朔三年（前126）初，匈奴人为争夺王位发生内乱，张骞趁机和堂邑父

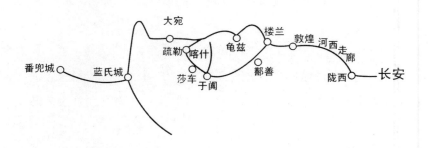

张骞第一次出使西域路线

逃回长安。从武帝建元二年（前139）出发，至元朔三年（前126）归汉，共历13年。出发时是100多人，回来时仅剩下张骞和堂邑父二人。

张骞在西域时详细记录了他经过的地区山川形势、地理位置、人口、兵力、经济、物产以及风俗习惯等，如大宛有葡萄酒、"多善马"，大月氏有"胜兵十万"人，康居有"胜兵十二万"，安息"小大数百城，地方数千里"，使用铸有国王头像的银币，文字横写在皮革上等。

张骞回到长安后，向汉武帝报告了所经历的大宛、大月氏、大夏、康居及周围其他五六个国家的地形、物产情况。这引起了汉武帝的极大兴趣。汉武帝拜张骞为太中大夫，堂邑父为奉使君。

元狩元年（前122），张骞向汉武帝汇报了第一次出使西域时的一段见闻。他说：臣曾在大夏时，看到了蜀地的特产邛竹杖和蜀布，感觉到很奇怪，于是便询问大夏人从何处获得。大夏人回答说，从数千里外的身毒国市场上买来的。

身毒国在大夏东南几千里之外，气候潮湿炎热，人们乘大象作战。身毒国，应该在今天印度境内。

张骞推测道：既然身毒国能有蜀地特产，那么身毒离蜀地不远。现在出使大夏，途经羌中，羌人反对，途中很危险。若再往北走，又会落入匈奴人的手里。如果能从蜀地出发，先去身毒，再去大夏，则是一条安全快捷的通道。

汉武帝非常赞成。于是张骞奉武帝之命，负责打通由西南夷而达身毒，再达西域的通道。

他通过蜀郡犍为（今四川宜宾），同时派遣四路使者：第一路出駹（今四川茂汶），第二路出莋（四川汉源），第三路出徙（四川天全）、邛（四川西昌），第四路出僰（四川宜宾附近）。

不过四路使者在行程一两千里时，分别受阻，未能达到预期目的。前文也提到，阻挠的国家其中就有引发汉武帝挖昆明池的昆明国。

元狩四年（前119），汉朝发动了对匈奴的决定性战役——漠北之战。为了彻底打垮匈奴，汉武帝多次召见张骞，询问大夏等西域各国的情况。张骞向汉武帝禀报，昔日匈奴西边的小国乌孙有着与大月氏相同的遭遇，对匈奴有着同样的仇恨。如今乌孙已发展成为不可小觑的西域大国。他提出了联合乌孙，"断匈奴右臂"，进而经略西域的建议。汉武帝欣然采纳。

汉武帝任命张骞为中郎将，率领300人，每人备两匹好马，驱赶着上万只牛羊，携带着价值千百万的赏金币帛，同时配有多名持节副使，出使西域附近诸国。

张骞率领使团开启了第二次出使西域的远征。虽然乌孙距长安8900里，但由于没有了匈奴的侵扰，张骞使团当年就到达了乌孙国，见到了乌孙王昆莫，传达了汉武帝谕旨："大王如能率乌孙族东迁故地，赶走匈奴人，则大汉遣公主作为大王夫人，汉和乌孙结为昆弟。"

但此时乌孙子嗣争权，民众一分为三，乌孙王昆莫年事已高，锐意皆无。况且昆莫也不了解汉朝的大小强弱。他觉着与汉朝相隔遥远，毗邻的匈奴十分强盛，而且他已经习惯了长时间地附庸于匈奴。再加上乌孙大臣都被匈奴打怕了，也不愿东归故地。乌孙王只是献上几十匹马以作答谢，派人护送张骞一行安全返回。

武帝元鼎二年（前115），乌孙使者数十人来到长安，目睹了汉朝地大物博，国力强盛，人民富裕，大为惊叹。乌孙使者回国后，竭力宣扬汉朝国威，使乌孙国对汉朝更为重视。

张骞第二次出使西域，虽然没有达到联合乌孙攻击匈奴的目的，但是收到了意想不到的效果。同时，张骞分别派遣副使出使大宛、康居、月氏、大夏等国，进一步密切了汉朝同西域各国的联系。

元朔六年（前123）二月和四月，大将军卫青率领六位将军出击匈奴，张骞以随军校尉之职，跟随大将军卫青驰骋疆场，发挥了很好的向导作用。取得胜利后，他也因军功而被封为博望侯。

作为西汉大事件之一的"张骞出使西域"，本意是为了政治，实际最大的成就却是沟通了东西方商路。

由此开始，中国人才知道帕米尔之西还有另一个世界。而张骞对到过中亚国家的风俗习惯、政治状况的记录，扩大了中国人的视野。所以《史记》中称张骞通西域是"凿空"，意思是"开通大道"。

而著名的丝绸之路，也以张骞通西域为开端。

张骞出使西域促进了东西方各国的相互了解和交流。在丝绸之路上进行贸易往来不单单是丝绸，张骞还从中亚带回了葡萄和苜蓿等中原没有的物种，优良马种大宛马也从西域传入中国，中国的梨和桃也从这个时期开始传入中亚。这些物质交流丰富了东西方各国人们的生活。

作为外交使者，张骞两次中亚之行都未达到目的。但作为地理探险家，张骞的中亚之行却具有划时代的意义。此后不久，中国与西亚诸国进行的宗教、文化和艺术方面的交流，给古老的中华民族注入了新的血液。

张骞先后两次出使西域，打开了中原与中亚、西亚、南亚以至通往欧洲的陆路交通。西汉政府每年都派出大批使团、商队跨越沙漠、草原，进入里海北部、伊朗高原，甚至到达地中海、罗马等地，进行贸易。

既然叫"丝绸之路"，就说明从中原通过西域输出到西方的丝绸是最独特的奢侈品。此外，还有茶叶、漆器、铁器、软玉、陶器及各种装饰品。

这些商队满载着丝绸等东方专有物品去西方，他们肯定不会空手而回。那么，这些商队又为中原带回什么东西呢？

当时，毛织品是游牧民族的特产，西域的乌孙、月氏、安息等国的毛织品在汉代即源源不断地从丝绸之路输入到中原，并获得中原人民的喜爱。

张骞从西域东归长安时，乌孙国派使者跟随张骞到汉朝答谢，随同携带了数十匹乌孙马。当时乌孙马品种优良，被誉为"天马"。

后来，大将军李广利从大宛国得到大宛马（又称汗血宝马）后，"天马"的美名便被"大宛马"取代，乌孙马改称"西极马"。这些优质马匹被成批运入关中，促进了汉代的社会经济发展和军事力量的壮大。

除了马匹和毛织品外，张骞通西域后，还从中亚传入中原许多农作物，比如胡麻、胡桃、胡椒、葡萄、苜蓿、石榴、胡萝卜和地毯等物品。

西域文化传入中原也是一个很重要的部分，西域的乐曲、乐器、胡舞和杂技也在两汉时期陆续传入中原。西域的乐曲和胡舞颇受中原人民的喜爱，甚至在唐代，还掀起了一个小高潮。

佛教也是在两汉时期由西域逐渐传入中原，并深刻影响了古代中国的诸多领域。中原大地上开始出现僧人、寺庙，佛教也逐渐发展壮大。

总之，自西汉统一西域后，丝绸之路大盛，使者、商贾、僧侣不绝于途，中原与西域的经济、文化关系日益加深，丝绸之路也成为中原与西域文化交流与传播的重要途径。

在接下来的几个世纪，中国丝绸的魅力很快征服了亚欧各国。另一方面，来自西方的农作物、牲畜、宝石和生活器具，也通过这条贸易之路引入了中国，从此改变了中国人的生活方式。

比如葡萄，原产小亚细亚（今土耳其），在公元前2世纪已成为地中海地区最重要的酿酒作物。张骞凿通西域后，大宛国将葡萄种子进献给汉朝，中国人终于也尝到了葡萄酒的味道——虽然在汉族地区的酒文化中，葡萄酒一直不是主流。

再比如石榴，原产波斯（今伊朗、阿富汗一带），由张骞从安石国引入。石榴在当时被大家看作一种甘美的水果，并认为它具有药用价值。

还有黄瓜，原产印度，本是一种味道苦涩、尖刺扎人的野生植物，后逐渐被培育成今天的样子。黄瓜刚引入中原时，被称为"胡瓜"。五胡十六国时后赵皇帝石勒忌讳"胡"字，将其改称黄瓜。

胡萝卜，原产阿富汗一带。

蚕豆，在地中海东部地区被最早栽培，引入中国后一度被称为"胡豆"。

核桃，原名"胡桃"，原产西亚和中国东南部。我国本土也有山核桃、野核桃等类似种类。今天吃的核桃，可能是由洋核桃和国产野生核桃杂交而来。

西瓜，原产非洲，传说由张骞引入中国，不过在南宋时才有"西瓜"一词，之前叫"寒瓜"。也有一种说法是西瓜在唐代才被引入中国，成语"瓜田李下"（出自三国时曹植的《君子行》）里的"瓜"，不一定是指西瓜。

大蒜，原产中亚，后来成为地中海、西亚和欧洲各民族餐桌上的必备调味菜，中国人得到它之后也一样离不开了。

香菜，被很多人诅咒的黑暗系……我们吃的这一种香菜，学名芫荽（yán suī），原产地中海地区。

苜蓿，主要用作饲料，号称牧草之王，原产西亚。

大宛马，体格高大强健，奔跑迅捷。重视骑兵作战的汉武帝对它们大流口水。其中优良者便是传说中的汗血宝马，还有许多与中国的蒙古马杂交，融入了后世中国军马的血统。

猫，十二生肖里没有喵星人，因为它应该是个外来户，没赶上十二生肖的排名。最早驯养猫的记录出现在塞浦路斯、以色列和埃及。我国陕西一处5300年前的村落遗址虽有驯养猫的遗迹，但汉代之前对猫几乎没有记载。很可能直到张骞通西域之后，中国人才有了做猫奴的机会。

和田玉，中国先秦时代的软玉主要出自蓝田、南阳等地，张骞通西域后，产自新疆和田地区（当时叫于阗）的优良玉石逐渐进入中原。

椅子，引进时叫"胡床"，到唐代逐渐普及。汉代的传统是跪坐，认为垂足而坐，还把脚露在外面，是很不雅观的。不过毕竟舒服才是第一位，也算是一种改良风。

 ## 番外篇：投桃报李：汉代人能吃到哪些水果

汉朝以前的很多诗歌、典籍中出现频率最多的两样水果应该是桃子和李子。

《诗经·大雅·抑》："投我以桃，报之以李。"也就是我们常说的投桃报李。能拿两个水果的名字来作诗或表达作者的感情，这就说明桃子和李子在汉朝之前已经是很常见的水果。

《诗经·卫风·木瓜》里有一句："投我以木瓜，报之以琼瑶。"和投桃报李一样的用法，只不过换了一种水果——木瓜，但是春秋时期的"木瓜"不同于今天的木瓜，今天的木瓜全称为番木瓜。

柚子在水果中应该也算是元老级的了。《吕氏春秋》中就有："果之美者，云梦之柚。"《本草经集注》称柚子为"柚"，这都说明柚子很早以前就被人们所熟知了。

《晏子春秋·内篇杂下》里有一句："橘生淮南则为橘，生于淮北则为枳。"这说明橘子在汉朝以前也有了。

当然，汉朝以前应该还有其他水果，梨、杏等等。

有道历史题目很有意思：张骞通西域之后，西汉百姓能在长安城内买到

（　　）①汗血马　②石榴　③葡萄　④西红柿　⑤猕猴桃　⑥胡萝卜

A.①③④⑥　　B.①②③⑥　　C.③④⑤⑥　　D.②④⑤⑥

结合上文，是否可以作答？

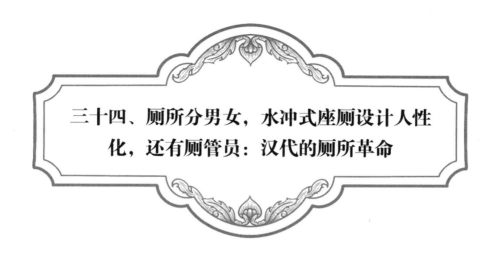

三十四、厕所分男女，水冲式座厕设计人性化，还有厕管员：汉代的厕所革命

世界厕所组织发起人杰克·西姆曾说："看一个城市的文明程度，最好去看它的公厕。公厕怎样，城市文明就怎样。"从某种意义上说，厕所服务的完善与否，已成为衡量一座城市文明程度的重要标尺。

学术界有种观点认为，中国最早的公厕，是建于道路旁边的"路厕"。

《周礼·天官》记载："宫人，掌王之六寝之修，为其井匽，除其不蠲，去其恶臭。"意思是宫人专门负责给周王打扫房间卫生，建厕所，清除不洁之物，消除臭气。所谓"匽"，就是厕所，又称"偃"。

东汉学者郑玄把"匽"解释为路厕。清代学者王念孙则认为"井匽"是隐蔽的厕所。

而且从史料看，周代的厕所已设有漏井，秽物可自然落入池内。近代学者尚秉和就此在《历代社会风俗事物考·厕溷》中认为其"颇与今日之洋茅厕相类"。

先秦的公厕已有选址和建筑标准。《墨子·旗帜》中称："于道之外为屏，三十步而为之圂，高丈。为民溷（hùn），垣高十二尺以上。"所谓"屏"，就是围墙作厕；"溷"则是古人对厕所的另一种叫法。

围墙周长"三十步"，越过了40米；高一丈，超过了2.3米。这是军人使用的厕所。如果是民厕，围墙则高达一丈二，越过了2.7米。这么高的围墙，想偷窥是很困难的。

汉代，贵族们的私人厕所卫生程度和舒适性更进一步。现代考古已发现了不少汉代厕所。如在河南商丘芒砀山梁孝王刘武墓中，竟发现了一处卫生间。内有完整的石质坐便器，蹲位旁边有石质扶手，设计相当人性化。坐便器的正后方墙上，还凿出了一条冲厕的水管，可以用水冲洗。此墓距今2000多年，根据当时古人视死如生的墓葬设计，被认为是中国迄今发现最早的水冲式厕所。

西汉梁孝王墓厕所

另外在满城中山靖王墓，徐州狮子山、驼篮山楚王墓等已发掘的汉墓中，均有"厕所"的设计，厕所旁边往往还有配套的"浴室"，和现在住宅设计几无二致。有的还有两厕并立（男厕和女厕）。

当然这是贵族们的高档厕所。秦汉时期普通百姓用带猪圈的厕所——"溷"。即建造时把厕所架高，有梯子坡道供人上下，让粪便由此落入下面的猪圈内。这样人畜粪便集中在一起，有利于积肥。

在汉代，"溷"包含有厕所之意。溷一般包括猪圈和厕所。

东汉许慎在《说文解字》中对溷的注解是："厕也，从口，象豕（shǐ）在口中也，会意。"溷属于会意字，就像猪在四面封闭的圈中一样。

汉代普通百姓的猪圈与厕所是连在一起的，这是当时养猪积肥的重要手段。这与中国 20 世纪八九十年代的农村厕所一样，属于"猪厕合一"综合利用。

这种带厕的溷是随着养猪业的发展而大量出现的。汉朝时人们已经充分认识到了肥料的重要性。家猪的圈养在汉代已成为普遍方式，将猪圈和厕所建在一起，溷中的猪粪尿、人粪尿、饲料残料以及垫圈物充分混合，沤成腐熟了的肥料，用于农业耕作。

古代厕所，很多时候男女共用，只讲"先来后到"。但从现代考古出土物来推断，至迟在汉代，厕所已分男女。

在陕西汉中市汉台区，曾出土西汉末年王莽时期的"绿釉陶厕"。这座陶厕有房顶，山墙一侧开有两个门，厕所里有墙分隔，门外亦有一道短墙，区分男厕与女厕。

中国农业博物馆的藏品中，有件汉代陶厕，猪圈两边各建一个厕所，应分别为男厕与女厕。

但古代的女厕位不会多于男厕位。这是古代女性外出活动少，社会活跃程度低的反映。

另外汉代也出现了"厕管员"。除了前面《周礼》记述的"宫人"，传说中最早有名有姓"看厕所的"是汉高祖刘邦的孙子淮南王刘安，也是发明各种吃食的那位。

《太平广记·神仙》中说，刘安死后升天途中，遇到天仙时犯了"大不敬"，被罚给天庭看了三年厕所，才成了长生不老的仙人。虽然这是神话传说，但是反映了古代厕所有专人管理的事实。

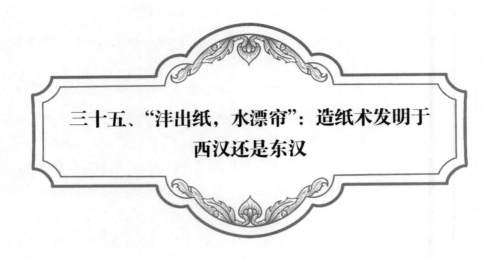

汉代《三辅旧事》记载了一个故事：

卫太子刘据鼻子很大，汉武帝不喜欢他。江充给他出了个主意，教他再去见武帝时"当持纸蔽其鼻"。太子听了江充的话，居然当真了。他用纸将鼻子掩盖住，进宫去见汉武帝。结果，汉武帝大怒。这件事发生于汉武帝时期，说明此时已经有纸的存在。

现在考试中就以此为题：

文献《三辅旧事》载："卫太子鼻大，武帝病，太子入省。江充曰：'上恶大鼻，当持纸蔽其鼻而入。'"1986年甘肃天水放马滩5号汉墓出土一张西汉早期的纸质地图。对两段材料进行解读并推断，得出的结论最为合理的是（　　）

A.汉武帝时日常使用纸已经十分普遍

B.考古发现的纸质地图与文献记载的纸可以互相印证

C.由文献记载于考古发现可推定使用纸不晚于西汉

D.文献记载的纸与考古发现的纸都是绘图用纸

这里暂时不揭晓答案，文末会有解析。

又如《汉书·赵皇后传》记载：汉成帝妃曹伟能生皇子，遭皇后赵飞燕姐妹的迫害。她们送给曹伟能的毒药就是用"赫蹄"纸包裹。"纸"上写道："告伟能，努力饮此药！不可复入，汝自知之！"

据东汉人应劭解释，"赫蹄"即"薄小纸也"（后来称为丝棉纸）。

许慎在《说文解字》中谈到"纸"的来源时认为："'纸'从系旁，也就是'丝'旁。"

这句话是说当时的纸主要是用绢丝类物品制成，与一般意义上的纸完全不同。

许慎认为，纸是丝絮在水中经打击而留在床席上的薄片。这种薄片可能是最原始的"纸"，有人把这种"纸"称为"赫蹄"。

这可能是纸发明的一个前奏。关于这种"纸"的记载，可以追溯到西汉成

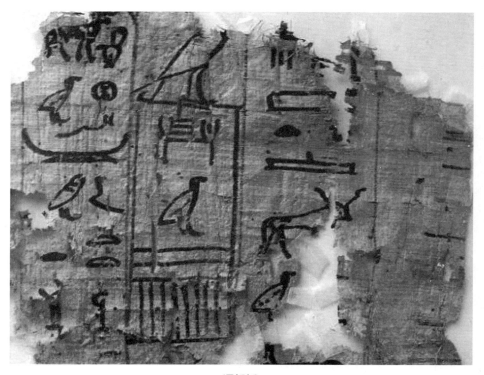

灞桥纸

帝元延元年（前 12）。由此推测纸可能与丝有一定关系。

再如《后汉书·贾逵传》记载，公元 76 年汉章帝令贾逵选二十人教以《左氏传》，并"给简、纸经传各一通"。

以上有关纸的文献记载，都早于公元 105 年，即蔡伦向汉和帝献纸那一年。

我们现在通常认为纸张是东汉时期蔡伦发明。其实根据考古出土的文献，我们可以知道纸发明于西汉时期。1933 年，在新疆罗布淖尔汉代烽燧亭故址中出土了一片麻纸，同时出土的木简有汉宣帝黄龙元年（前 49）的年号。

1957 年，在西安市东郊灞桥出土了公元前二世纪的古纸。纸呈泛黄色，已裂成碎片，最大的长宽约 10 厘米，最小的也有 3 厘米。经鉴定，它是以大麻和少量苎麻的纤维为原料。其制作技术比较原始，质地粗糙，还不便于书写。

1977 年，考古工作者在甘肃居延肩水金关西汉烽塞遗址的发掘中，也发现了麻纸二块。其中之一，出土时团成一团，经修复展开，色泽白净，薄而匀，一面平整，一面稍起毛，质地细密坚韧，含微量细麻线头，显微观察和化学鉴定都表明，它只含大麻纤维。同一处出土的竹简最晚年代是汉宣帝甘露二年（前 52）。

1978 年，在陕西扶风又发掘出土了西汉宣帝时期的纸。

1901 年，先后发现两张东汉纸。1942 年，在内蒙古额济纳河旁的东汉烽燧遗址中，考古工作者又掘得东汉时期约公元二世纪初的纸张，即所谓额济纳纸，上有六七行残字。这可以说是现存最早的字纸实物。1959 年，在新疆民丰县也发现了一张东汉纸。1974 年，在甘肃武威县一座东汉墓中，更发掘了一批东汉纸。这些纸比起西汉纸有着明显的进步。十数张纸上都有书写的字迹，有的是书信、诗抄，也有的是日常文书。可见，这时的纸已经比较普遍地被人们用作书写材料。

东汉时期，不仅中原地区使用纸，而且传播到了新疆、内蒙古等地区。另外，也不仅限于上层统治者使用，而是连民间也开始广泛地使用纸了。可以说，东汉时期是造纸技术比较成熟的时期。

从出土的实物中，我们可以知道，早期的纸都是以大麻为原料制成的。

其制造工艺大致为：沤麻，即把麻浸泡水中，使它脱胶。接着，把麻加工成麻缕。然后，把麻缕捣烂，又称打浆，使麻纤维分散开。最后，捞纸，也就是使麻纤维均匀地散布在浸入水中的篾席上，再捞出干燥，就制成了纸张。

这个工艺过程与漂絮法极其相似，表明造纸工艺正是脱胎于漂絮法。

当然，早期的纸还很粗糙。麻纤维捣得不够烂，纤维在成纸时分布得很不均匀，因此还不便于书写，大都只是用来包装物品。但这毕竟是世界上最早的纸张。正是由于它的出现，才引起了书写材料的革命。在这场书写材料的革命中，蔡伦以其重大的贡献而留名青史。

因而普遍认为造纸术是东汉宦官蔡伦发明的。

《后汉书·蔡伦传》记载："自古书契多编以竹简，其用缣帛（即按书写需要裁好的丝织品）者谓之为纸。缣贵而简重，并不便于人。伦乃造意（发明、创造）用树肤、麻头及敝布、鱼网以为纸。元兴元年，奏上之。帝善其能，自是莫不从用焉，故天下咸称'蔡侯纸'。"

因此，后来的一些中外著作，都据以尊东汉时代的蔡伦是纸的发明者，把他向汉和帝刘肇献纸的公元105年，作为纸的诞生年份。

应该是蔡伦认真总结了前人的经验，扩大了造纸原料的来源，改进造纸技术，提高纸张质量，从而使纸张为大家接受。

蔡伦首先使用树皮造纸，树皮是比麻类丰富得多的原料，这可以使纸的产量大幅度提高。树皮中所含的木素、果胶、蛋白质远比麻类高，因此树皮的脱胶、制浆要比麻类难度大。这就促使蔡伦改进造纸的技术。

西汉时利用石灰水制浆，东汉时改用草木灰水制浆，草木灰水有较大的碱性，有利于提高纸浆的质量。

汉元兴元年（105）蔡伦把他在尚方制造出来的一批优质纸张献给汉和帝刘肇。汉和帝很称赞他的才能，马上通令天下采用。这样，蔡伦的造纸方法很快传遍各地。

两汉时期的造纸术，是将麻头、破布等原料经水浸、切碎、洗涤、蒸煮、漂洗、舂捣、加水配成悬浮的浆液、捞取纸浆、干燥后即成为纸张。

史书记载：汉和帝曾到缑氏巡视，有可能是参观这里的造纸作坊和纸庄（现分前纸庄和后纸庄，位于洛阳汉魏故城东约2000米，面临洛河）。缑氏很可能是汉代造纸作坊所在地。这两个地方，附近有造纸需要的优越的地理环境，有比较丰富的造纸资源（如麻、楮林等）。

否定造纸术是蔡伦发明的观点认为："发明造纸术的是西汉劳动人民。东汉劳动人民在继承西汉造纸技术后，又有所改进、发展和提高。至和帝时，尚方令（职掌管理皇室工场、负责监造各种器械）蔡伦组织少府尚方作坊充足的人力、物力，监制出一批精工于前世的良纸，于元兴元年奏上，经推广后，'自是天下莫不从用焉'。"这是争论中的一种意见。

另一种意见则坚持认为，蔡伦是我国造纸术的发明者，理由是根据汉代许慎《说文解字》中有关纸的解释，在蔡伦之前古代文献中所提到的纸，都是丝质纤维所造的，实际上不是纸，只是漂丝的副产品。自古至今要造成一张中国式的植物纤维纸，一般都要经过剪切、沤煮、打浆、悬浮、抄造、定型干燥等基本操作。

而灞桥纸不是真正意义上的纸。理由是从外观看，其纸腩松弛，纸面粗糙，厚薄相差悬殊。经过实体显微镜和扫描电子显微镜观察，发现绝大多数纤维和纤维束都较长，说明它的切断程度较差，是由纤维自然堆积而成，没有经过剪切、打浆等造纸的基本操作过程，不能算真正的纸。或许只是沤过的纺织品下脚料，如乱麻、线头等纤维的堆积物，由于长年垫衬在古墓的铜镜之下，受镜身重量的压力而形成的片状。

此外，其余几种所谓西汉古纸，也都十分粗糙，充其量不过是纸的雏形。蔡伦及其工匠们在前人漂絮和造纸的基础上总结提高，从原料和工艺上把纸的生产发展一个独立的生产行业，使纸能够用于书写。

诚然，"蔡伦纸"并不是蔡伦一手制作，但没有他的"造意"，单凭尚方工匠也制造不出这种植物纤维纸来。因此，即使在雏形纸出土的今天，把蔡伦作为我国造纸术的发明者或代表人物仍然是正确的，是有充分历史根据的。

另外，《后汉书》中有关蔡伦造纸的记载主要取自刘珍的《东观汉记》。刘珍和蔡伦是同时代的人，应为可信。从记载中可知，蔡侯纸既能进贡皇帝，又能代替缣帛用作书写，纸质必定达到一定水平。

有些学者还认为，灞桥纸是不是西汉产品，也值得进一步考证。他们提出的理由是在墓葬人的生活时代未能确切查明以前，很难对古纸的生产年代做出令人信服的科学判断。何况该墓葬有扰土层，曾受外来干扰，不能排除后代人夹带进来的可能性。

理由是同是汉墓的长沙马王堆，保存得那样完好，墓主有姓名可查，史料可靠，出土文物如此丰富，但除了千百根简策和丝织古纸帛画，并无一片麻纸。有的研究者还从出土的灞桥纸上辨认出上面留有与正楷体相仿的字迹，酷似东晋写本《三国志·孙权传》上的字体，据此认为灞桥纸可能是晋代的产物。

东汉末年，东莱人左伯也是一位造纸能手。他造的纸，比蔡侯纸更为白洁细腻。赵岐的《三辅决录》中提到左伯的纸、张艺的笔、韦诞的墨，说它们都是名贵的书写工具。笔、墨和纸并列，说明纸已是当时常用的书写材料。纸成为竹简、木牍、缣帛的有力竞争者，到公元三四世纪基本上取代了简帛，成为唯一的书写材料。

答案解析：

纸普遍使用是在魏晋南北朝，故 A 项错误。

考古发现的纸质地图是实物，第一手史料；文献记载的纸是第二手史料，故 B 项错误。

依据文献记载"武帝病"和考古发现"一张西汉早期的纸质地图"可知，使用纸不晚于西汉，故 C 项正确。

依据文献记载"当持纸蔽其鼻而入"不能看出纸是绘图用纸，故 D 项错误。故选 C。

三十六、盐铁会议：西汉的一次经济政治总结大会

汉武帝元狩三年（前120），汉武帝擢用桑弘羊为财政大臣，实行盐铁官营等经济政策。虽然这些政策增加了政府财政收入，但弊端百出，激起了民怨。

汉昭帝始元六年（前81）二月，汉帝国召开了一次经济扩大会议。会议经谏大夫杜延年提议（很可能霍光授意），大司马大将军霍光以皇帝名义，令丞相田千秋、御史大夫桑弘羊，召集贤良文学60余人，就武帝时期的各项政策，特别是盐铁专卖政策，进行全面的总结和辩论。此即为盐铁会议。

盐铁会议，又称盐铁之议，是汉昭帝时霍光组织召开的一次讨论国家现行经济政策的辩论大会，其本质是对汉武帝时期推行的各项政策进行总的评价和估计。

此外，还涉及农业的基本政策，对社会现状的估计和伦理道德观念的理解，以及如何看待古与今的关系等问题，这次会议也成为汉武帝一代政治得失的会议。

汉宣帝时，桓宽根据当时会议的记录，整理为《盐铁论》。其内容就是诸贤良文学（贤良是已经取得功名的儒生，文学是在某种学问上有一定成就的名士，他们都不是国家官吏，而属于民间知名人士。留下姓名的有茂陵唐生、鲁国万生、汝南朱子伯、中山刘子雍、九江祝生等。贤良文学也是经过一定挑选的，并不是每个郡平均出人）等与御史大夫桑弘羊的辩论记录。

在会议上，从民间来的贤良文学对盐铁官营等财政措施进行了全盘否定，并进而攻击汉武帝时期的内外政策；作为这些财政措施的经办人，桑弘羊坚决捍卫汉武帝的内外政策，不仅就盐铁等政策的存废与贤良文学展开了激烈论辩，而且充分肯定了诸如抗击匈奴、加强中央集权、大力抑摧豪强和农商并举政策的作用。

贤良文学全盘否定官营政策，指责盐铁官营、均输、酒榷等"与民争利"，并导致民风败化，把盐铁等官营视为民所疾苦的根源；主张让农民从事本业（农业），抑制末业（商业），即重农抑商。其本质则是抑制官商，即反对官营。

他们认为盐铁官营之后，只注重产量，质量差，价格高，生产的农具多大而不适用；同时还存在不准挑选、购买不便、强买强卖和强迫农民服役等问题。

均输法推行后，均输官征收当地没有的物品，采取欺诈手段，低价买进，高价卖出，给农民造成了更大的负担和痛苦。

平准法的施行，导致物价上涨，出现营私舞弊、官商勾结甚至囤积居奇的现象。

桑弘羊承认盐铁等官营事业由于一些地方官不按国家规定行事，造成了一些流弊，但他同时批驳了贤良文学们对汉武帝时期政策全盘加以否定的看法。

他认为兴盐铁、酒榷、置均输平准，扩大了财源，是抗击匈奴，消除边患的经费来源，而且，这些政策便于堵塞豪强大家的兼并之路，且可济民救灾，有益于农民。如果政府不实施官营政策，增加收入，就要增加农民的赋税，反而更会加重农民的负担。

关于重义与重利导向的争论，关系着对经济活动如何引导，决定着统治者的策略取向。贤良文学以儒家为旗帜，主张人性善良，不能只讲利，还必须有义的约束。坚持崇尚仁义才是真正的治国之本。

桑弘羊是以法家为代表的功利主义者，主张重利轻义，认为人性自私，趋利避害，重利是加强中央集权、抗击匈奴和赈济灾荒的需要，并明确指出财富是仁义的基础。

同年七月，会议闭幕。会议结束后，朝廷仅仅罢去了郡国酒榷和关内铁官，其他各项政策仍维持不变。但桑弘羊在政治上受到一定的挫折。霍光借助贤良文学，赢得了比较广泛的舆论支持，经济上也使得官营政策有所收缩。

桑弘羊在《史记》和《汉书》都没有单独的列传，但从《盐铁论》里可以看到他的治国理政思想。

会议上，桑弘羊是真正的舌战群儒，一个人PK60＋，完整地阐述了他的为政观点，最主要的部分是对盐铁官营、酒榷、平准均输的阐述与维护。

盐铁官营就不说了，酒榷是对酒的专卖；平准是官府在大城市对物价的维护，物价高就抛售，低就买进；均输是在各个地区之间的低买高卖。

桑弘羊明确表示，平准均输不仅可以平抑物价，还可以用国家力量征集物资，保证边境的国防需求，对受灾地区进行就近赈济。

从盐铁论来看，桑弘羊对政府的职责有清晰的认识。这在当时皇室、朝廷某种程度不分（三公九卿中的很多部门是皇室私人部门，皇室和朝廷明确区分要在唐宋时期。宋朝才正式明确了哪些是皇帝的，哪些是朝廷的，有了皇帝内库和三司国库的区别）的时代里极具先进性。

盐铁会议以后，正式明确了官府不从事直接商业经营的原则，相当于明确了哪些是官府应该管理的，哪些是私人可以从事的，从而划定了国企（政府）和私企的界限。

桑弘羊的眼光对当时人的超越不仅表现在盐铁官营为代表的这些措施上，还表现在他清楚地说明了政府负有抵御外敌入侵，承担对受灾地区的救灾，平抑物价，保证百姓生活质量，发展生产力，提高百姓生活质量等一系列社会任务。

这些理论，有的被当时的人接受了，有的没有被当时的人接受。这些都忠实地记录在《盐铁论》里。

盐铁之议征召的参与人员之广泛，会议中讨论的自由度之高，都是汉代历史乃至整个中国古代历史上少有的，是特定历史条件下的产物。

盐铁会议的本质是对汉武帝时期推行的各项政策进行总的评价和估计。桑弘羊代表了全面肯定汉武帝轮台诏以前的各项政策，并希望继续推行这一政策。而贤良文学则代表了否定汉武帝轮台诏以前的各项政策，要求加以全面地评估和修改。

贤良文学毕竟来自基层，他们虽然并不了解农民的疾苦，但是知道汉武帝时期一些好大喜功的政策给民间造成的危害。所以他们的意见也反映了群众的一些呼声。这些也正是汉武帝发布轮台诏的原因。

从桑弘羊来说，他一直在汉武帝身边，是汉武帝执行的财经政策的主要决策者。他对这些政策给封建国家带来的好处有深切的体会，但对它给人民造成的危害，却很少了解。所以他在汉武帝发布轮台诏之后，仍然认识不到过去政策在社会上激起的矛盾，而一味地坚持汉武帝过去的方针。这是他思想落后于形势的表现。

组织者者霍光（时任大司马、大将军，尊比丞相。又以"大司马大将军领尚书事"的名义当政，权力在宰相以上，"政事一决大将军光"《霍光传》）并没有出席这次会议，但是他显然不同意桑弘羊的意见。从他当政之后所实行的政策看，他是按汉武帝轮台诏的精神进行的。这就是他和桑弘羊在政见上的分歧所在。

但是霍光也不完全赞同贤良文学全面否定汉武帝前期政策的看法。他没有接受贤良文学要求全部罢除盐铁、均输等官营事业的建议，而只是罢去郡国酒榷和关内铁官。他也没有采纳贤良文学主张对匈奴实行感化政策，放弃防御和抵抗，仍然加强了边防建设。

霍光通过这次会议，利用贤良文学的激进情绪，批评和打击了自己的政治对手。所以，这次会议从政治上来说，是有利于霍光，而不利于桑弘羊的。会议结束后，霍光给了参加会议的贤良文学一个列大夫的官爵。这说明了霍光对他们的优待。

因与霍光政见发生分歧，同为辅政大臣的桑弘羊则在元凤元年（前80）九月卷入燕王刘旦和上官桀父子的谋反事件，而受到牵连被杀。

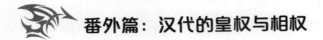

番外篇：汉代的皇权与相权

汉代皇帝和宰相，其实各有一个"秘书处"。皇帝有六尚，尚是掌管之意。六尚是尚衣、尚食、尚冠、尚席、尚浴与尚书。五尚都是只管皇帝私人的衣服饮食起居。只有尚书是管文书的，算是皇帝的"秘书"。所以尚书其职权地位本不高，最先只是六尚之一。这是皇帝的秘书处。

宰相的秘书处则有十三个部门，即所谓十三曹。一个曹等于现在一个司。一西曹，主府史署用。二东曹，主二千石长吏迁除，并包军吏在内。二千石是当时最大的官，以年俸有二千石谷得名。可见朝廷一切官吏任免升降，都要经宰相的秘书处。三户曹，主祭祀农桑。四奏曹，管理政府一切章奏，略如唐代枢密院，明代通政司。五词曹，主词讼，此属法律民事部分。六法曹，掌邮驿科程，这像现在的交通运输部。科程是指一切交通方面之时限及量限等。七尉曹，主卒曹转运，是管运输的，略如清代漕运总督。八贼曹，管盗贼。九决曹，主罪法。此两曹所管属于法律之刑事方面。十兵曹，管兵役。十一金曹，管货币盐铁。十二仓曹，管仓谷。十三黄阁，主簿录众事，这是宰相府秘书处的总务主任。

这十三个机关，合成一个宰相直辖的办公厅。当时政务都要汇集到宰相这里，并不归属于皇帝。而且十三曹的权位也很重。可见汉代的一切实际事权，照法理，应该在相府，不在皇室。丞相才是政府的真正领袖。

但遇到特别厉害的皇帝，丞相一般都不好当。比如汉武帝手下的丞相就特别不好当。他在任期间一共有 13 位丞相，而其中有 4 个在任上自杀了，有 3 个则被汉武帝给杀了，剩下的 6 个当中大多数也没有得到善终。

汉代中央政府的组织有三公、九卿，这是政府的最高官。

丞相、太尉、御史大夫称三公。丞相管行政，是文官首长；太尉管军事，是武官首长；御史大夫管监察，辅助丞相来监察一切政治设施。他是副丞相。按照汉代惯例，须做了御史大夫，才得以升任丞相。

太尉虽与丞相尊位相等，实际除却军事外，不预闻其他政事。因此当时最高行政长官是丞相。依照文字学原义，丞是副贰之意。所谓相，也是副。

所以丞是副，相也是副，正名定义，丞相就是一个副官，是皇帝的副官。皇帝实际上不能管理一切事，所以由丞相来代理，皇帝可以不负责任。

丞相也叫宰相。与丞相不同的是，宰相并不是一个具体的官职，而是一个"尊称"。所以历史上的丞相一定是宰相，但是宰相却未必是丞相。所谓"宰"，就是主宰的意思；所谓"相"，就是帮助治理的意思。

为什么又叫宰相？在封建时代，贵族家庭最重要的事是祭祀。而祭祀最重要的事是宰杀牲牛。象征这一意义，当时替天子诸侯乃及一切贵族公卿管家的都称宰。

秦汉统一后，由封建转为郡县，古人称"化家为国"，家，是指大家族，更是王族。秦统一以前，有很多家王族，秦统一后，只有一个家变成了国家。于是他家里的家宰，就变成了国家的政治领袖。

正因如此，秦汉时的宰相，不但要管国家政务，还要管皇帝的家务。

但丞相忙于国事很忙，于是在御史大夫、即副丞相之下，设有一个御史中丞，他便是御史大夫的副职，这个人就住在皇宫里。彼时凡具中字的官，都是指住在皇宫的。皇室的一切事，照例都归御史中丞管理。

御史中丞属于御史大夫，御史大夫隶属于宰相，如实则皇室一切事仍得由宰相管。

皇帝有什么事，交代御史中丞，御史中丞报告御史大夫，御史大夫再转报宰相。宰相有什么事，也照这个手续，由御史大夫转中丞，再转入内廷，这是汉代皇帝与政府关系之大概。

再说汉代的九卿：太常、光禄勋、卫尉、太仆、廷尉、大鸿胪、宗正、大司农、少府。他们的官位都是二千石，又称中二千石。因他们都是中央政府里的二千石，以示别于郡太守地方行政首长也是二千石而名。

太常在秦代叫泰常，这个常字，本当作尝。他是管祭祀祖先鬼神的。依四时奉献时物，让祖先鬼神时时尝新，故称泰尝。在古代，宗教意味犹在政治意味之上。古代的住宅，东偏是祠堂，即庙，西偏是家屋，即寝。生宅死宅，连在一起。后代民间此制虽废，皇宫仍沿旧轨。

古代的家庭，最重要的，可以说不是活人而是死人，祭祖自属大事。宰就是掌管杀牛祭祖的。所以汉廷九卿的第一卿，也是管祭祀的。这个官，正名定义，该属于皇家，管皇家的庙，管皇家祭祖的一个家务官。不好算是朝廷公职。

其次是光禄勋。这个官名，直到清代还有，但这三字的原义，却早就忘失了。依文义讲，勋应该就是阍，古音相同，这是皇家的门房。光是大义，光禄该即是大麓，禄麓音同相借。

为什么门房称大麓呢？此因古时代的皇帝，多半靠山住家，所以皇帝居山，房门就设在山麓。尚书上说舜管尧的大麓，那便是舜做了尧的宰相。换言之，乃是当了尧的门房。因此光禄与勋是古今语，都指门房言。

卫尉是一个武职，掌门卫屯兵，这是皇宫的卫兵司令。当时凡属军事方面的官都称尉。

太仆犹之是皇帝的车夫。《论语》："子适卫，冉有仆。"仆是赶车的。皇帝出去，太仆就替他赶车。太仆是皇帝的汽车司机。

廷尉是掌法的，犯了皇帝的法，都归他管。

大鸿胪，一直相沿到清代，就等于外交部。也如现在之礼宾司，是管交际的。胪是传呼义。古礼主宾交接，由主传到主身边的相，再由主身边的相传到宾边的相，由是而再传达到宾之自身。鸿即大义。大鸿胪是传达官。

宗正是管皇帝的家族，其同姓本家及异姓亲戚的。

以上七个卿，按照名义，都管的是皇家私事，不是政府公务。由这七卿我们可以看出汉代政治，还有很多是古代封建制度下遗留的陈迹。然而，那时已经化家为国，原来管皇帝家务的，现在也开始管国家大事。譬如太常就兼管教育，因为古代学术教育都是在宗庙进行的。西方也一样，直到现在，他们的教育和宗教还是分不开的。光禄勋原是皇帝的总门房，现在皇宫里一切侍卫都要他管。那时皇宫里的侍从，还不完全是太监，而且太监很少，大部分还是普通人。当时一般要进入政府做官的人，第一步就得先进入皇宫充侍卫，侍奉皇帝，让皇帝认识，然后得机会再派出去当官。这些在皇宫里服务的多半是年轻人，当时称作郎官，都归光禄勋管。

太仆因管车马，所以国家一切武装他也连带管了。廷尉就变成司法，大鸿胪就变成外交。这是历史演变。

此外还有两个卿，就是大司农和少府，都是管财政经济的。大司农管的是政府经济，少府管的是皇室经济。大司农的收入支销国家公费，少府收入充当皇室私用。皇室不能用大司农的钱。所以我们说，当时皇室和政府在法理上是鲜明划分的。当时全国田赋收入是大宗，由大司农管。工商业的税收，譬如海边的盐，山里的矿，原来收入很少，由少府管。这九卿，全都隶属于宰相。我们上面讲九卿，照名义来历，都是皇帝的家务官，是宫职，而系统属于宰相，宰相本就是皇帝的总管家。

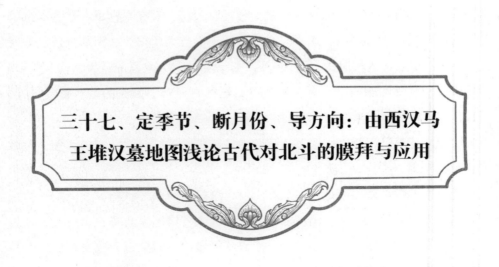

三十七、定季节、断月份、导方向：由西汉马王堆汉墓地图浅论古代对北斗的膜拜与应用

湖南的西汉时马王堆三号墓出土了 3 幅绘制在丝帛上的西汉古地图（现陈列于湖南省博物馆）。这 3 幅地图有一个共同特征——它们的图示方位都清晰地标注着"上南下北，左东右西"。

在中国古代，人们把大熊星座中的七颗亮星看作一个勺子形状，这就是我们常说的北斗七星。

在距今一万年的内蒙古翁牛特旗白庙子山新石器时代遗址，发现有早期的北斗七星岩画。距今 6500 多年的山东莒县凌阳河大汶口文化遗址，出土了刻有北斗星斗形的陶器（用 7 个圆圈象征七星）。距今五六千年前的河南濮阳西水坡墓葬遗址，发现有蚌壳堆积塑造的三角形与两根人胫骨组成的北斗形象。蚌塑三角形代表斗身，胫骨代表斗柄。殷商时期的甲骨文卜辞中，有大量的关于拜祭北斗的记载。湖北随县擂鼓墩发掘的战国早期曾侯乙墓，出土的漆箱上有彩绘的北斗天象图。

北斗七星是北半球天空的重要星象，由天枢、天璇、天玑、天权、玉衡、开阳、摇光（又作瑶光）七颗星组成，因北斗七星曲折如斗，故而得名。北斗

汉画像石拓片"北斗星君"图

星也是中国先民最早的膜拜星宿，而且用北斗星来确定季节，推断月份，导航方向。据《史记·天官书》记载："分阴阳，建四时，均五行，移节度，定诸纪，皆系于斗。"

北斗七星随着不同季节的变换，出现在天空的不同方位，其斗柄绕北极星顺时针旋转一周，就是地球公转一年，四季交替一个周期。古人便依据七星旋转规律和黄昏时分斗柄指向确定春夏秋冬，厘定二十四节气等时令——这就是我国古代天文历法中经常提到的"斗建"。

据先秦时期楚国古籍《鹖冠子·环流》记载："斗柄东指，天下皆春；斗柄南指，天下皆夏；斗柄西指，天下皆秋；斗柄北指，天下皆冬。斗柄运于上，事立于下；斗柄指一方，四塞俱成。"

中国最早的历法夏历《夏小正》就是以北斗星为准，确定节侯。

在确定四季的基础上，古人把北斗星绕北极星顺时针旋转一周的天空划为十二等分，以天干命名，用"招摇"星即斗柄端处的第七星"摇光"的指向确定月份。"招摇"指向十二天干的寅位为正月，"十二月指丑，一岁而匝，终而复始"。

北斗七星也是古人观察农时、管理农事的重要依据。

中国传统文化中重要的一项——二十四节气最初就是依据北斗的斗转星

移制定，北斗七星循环旋转，斗柄顺时针旋转一圈为一周期，谓之一"岁"（摄提）。

现行的"二十四节气"是以 1645 年起沿用依据太阳在回归黄道上的位置制定的"定气法"，即把太阳周年运动轨迹划分为 24 等份，每 15 度为 1 等份，每 1 等份为一个节气，以春分点为 0 度起点（但排序仍习惯上把立春列为首位），按黄经度数编排。太阳在黄道上每运行 15 度为一个"节气"，每"节气"的度数均等，时间不均等。

二十四节气是 24 个时间点，"点"具体落在哪天，是天体运动的自然结果。"定气法"划分的节气，始于立春，终于大寒。

比如冬至时节北斗斗柄指向正北的"子"位，太阳黄经达 270 度。现在每年公历 12 月 21 日 –23 日交节。

所以冬至一般是 12 月 21 日、22 日、23 日这三天中的某一天。

那在此前用的是什么法呢？

这就要说到汉朝。西汉时，二十四节气名称首见于文献《淮南子·天文训》。

据《史记·孝武本纪》记载，齐人公孙卿向汉武帝说："黄帝得宝鼎神策（一作筴），是岁己酉朔旦冬至，得天之纪，终而复始。于是黄帝迎日推策，后率二十岁，得朔旦冬至。"这个记载表明黄帝时期把冬至日作为岁首。

因此汉武帝将二十四节气纳入《太初历》作为指导农事的历法补充，即采用"平均时间法"（又称平气法）划分节气时，即以冬至为首。"平气法"用测影确定黄河流域的日短至作为冬至日，将冬至与下一个冬至之间的日期平均分成十二等分，称为"中气"，再把相邻"中气"之间的日期等分，称为"节气"；平均每月有一个"中气"与一个"节气"，统称为"二十四节气"。"平气法"是时间平均法，每个节气间隔时间约 15 天，计算不考虑太阳在黄道上运动快慢不匀。"平气法"划分的节气，始于冬至，终于大雪。

其实早在周秦时期，冬至这一天就被当作祭祀日和重要节日。《易》曰："先王以至日闭关，商旅不行。"

据《尚书·洛诰》记载：周公"树八尺之表，夏至日，景长尺有五寸；冬至日，景长一丈三尺五寸"。即竖起高为 8 尺的标杆，在夏至日观测，中午的日影是 1.5 尺，冬至日中午的日影是 13.5 尺。此即"土圭测景"。周朝便把经土圭法测得一年中"日影"最长的一天，作为新的一年开始，冬至也就成了周代的"大年初一"。

在夏朝制定的夏历中，和现在一样，新的一年是以正月为始。商朝改成以农历十二月（即现在的腊月）为一年之首月，周朝又往前推进一个月，以农历十一月起为一年之首月。

秦代把每年首月定在十月，汉初沿用秦制，以冬十月为岁首。

到汉武帝时，"改正朔易服色"，将一岁之首改回到正月（元月）。需要指出的是中国古时也曾将二十四节气中的立春，视为一年的开始。

虽然汉武帝将一年的首月改为正月，但节日与节气是不同的概念。

北斗七星接近北天极，终年常显不隐，在北方夜空中非常容易辨识，由此成为夜间指示方向的重要参照坐标。据《淮南子·齐俗训》记载："夫乘舟而惑者，不知东西，见斗极则寤矣。"

完整记录北斗七星的书籍出现在汉初，但较汉代更早，我们的远古先人就已经开始使用北斗七星来确定方向。所以我们自主研发的卫星导航系统即以"北斗"命名。

前文提到的 3 幅汉代地图分别是《驻军图》《长沙国南部地形图》《城邑图》。

其中《驻军图》是中国乃至世界上迄今发现的最早标有军事情况的地图。

《长沙国南部地形图》对所绘内容的分类分级、符号设计、主区详邻区略等较为科学的制图原则，至今仍在沿用，是迄今为止发现最早、编制最准确的军事地图。

这 3 幅地图的图示方位都清晰地标注着"上南下北，左东右西"。这和现在地图的方向"上北下南，左西右东"恰恰相反。

据考古研究，古人绘制地图时区分南北，主要是利用日光和北斗七星。地球自转轴向两侧无限延伸，其中一侧的延长线，就从天空中北斗"勺子柄"位置的北极星附近经过。四季轮回，斗转星移，古人通过肉眼或专用测量工具"望筒"等，很早就发现了"北极星位置基本不变"的现象。

其实，汉代甚至汉以前的华夏先民，就已经能够比较准确地测量方位。比如先秦时期，古人运用北斗等星象与地理信息的对应关系判断方位。

到了汉代，人们对北斗"导航"的认识更为普遍。

正因古人的信仰世界里赋予北斗七星如此多的功用，北斗又成为力量的象征。《淮南子·天文训》曰："北斗所击，不可与敌。"认为北斗斗柄所指之处得到上天庇佑，所向匹敌，无法抗衡。

早在先秦时，军队就将北斗画在战旗上，祈求天意护佑。秦汉时期军队出征前，都要举行祭祀北斗仪式，借助七星神力鼓舞士气，确保出师大捷。

汉武帝元鼎五年（前112）秋，汉朝征讨南越，"以牡荆画幡日月北斗登龙，以象太一三星，为太一锋，命曰'灵旗'，为兵祷，则太史奉以指所伐国"。武帝告祷太一神后，将画有日月、北斗、登龙的战旗交于太史，在作战时指向所伐之地。是年冬，南越国灭，其地划为大汉九郡。

中国古代对北斗七星的信仰，无疑发轫于其定明四季节气、辨明东西南北的功能。在天上北斗与地上人间的关系互动中，人们掌握了以北斗七星为代表的星辰运动规律，把无序变为有序，将天象变幻转换为人世图景。

因北斗七星能厘定时节，导航方向，古人逐渐赋予其掌管天下众生富贵寿夭命运的神性。古人认为北斗是宇宙的中心，藏有元气，繁衍万物。春生夏长秋收冬藏，都随北斗斗柄的指向而变换。北斗在古人的信仰世界中成为造化之枢机，人神之主宰，有回死注生之功，消灾度厄之力。

大约汉末三国时期成书的《三辅黄图》中，记有西汉时长安百姓"就北斗星辰求长命"的习俗。东汉桓灵之际，辞赋家赵壹才华横溢，傲视权贵，遭遇党锢之祸被株连，幸得友人解救才免于一死，感叹朋友搭救之情如"收之于斗极，还之于司命，使干皮复含血，枯骨复被肉"。

另据东晋干宝的《搜神记》记载，三国管辂曾言："南斗注生，北斗注死。

凡人受胎，皆从南斗过北斗。所有祈求，皆向北斗。"

小说《三国演义》中，诸葛亮为兴复中原，点七星灯，踏罡步斗，祈禳北斗延寿，也源自北斗主控生死寿数的信仰观念。

在古人的观念中，北斗除掌握人间阳寿，还主控世人富贵。在天枢、天璇等名字外，古人给北斗七星另取了7个别名，"第一曰破军，第二曰武曲，第三曰廉贞，第四曰文曲，第五曰禄存，第六曰巨门，第七曰贪狼"。从七星名称上看，北斗操控着官员仕途上的福禄、将军战场上的胜败等。

而在古代人间最能操控世人富贵命数的莫过于皇帝。天上星辰万千，都随北斗七星围绕北极星旋转，有"众星拱北斗"之说，所以北斗又和帝王有深度关联。

在古人的天文信仰中，北极星为帝星，北斗七星自然为天帝之车。《史记·天官书》有"斗为帝车，运于中央，临制四乡"之说。意即北斗星是天帝的座车，由它的转动带动众星运行。

《汉书·五行志》曰："北斗，人君象"，可以出号布政，控御四方。故秦始皇统一天下后，曾下令建造专门祭祀北斗的祠庙。

在古代天人感应的政治氛围中，给帝王身上打上北斗神秘印记的做法，既增强了帝王的神圣性与权威性，也给制约皇权留下了很大的操作余地。

古人认为，"北斗有七星，天子有七政"。北斗七星的明暗变化，可以作为君主德行好坏的象征，国家治乱兴衰的预示。

古人以北斗喻君，斗柄由此获得权柄之含义。天子所在京城的建筑布局，也往往模仿北斗之形，使京城位于天地之中，以彰显天子权威，同时祈求得到上天庇护，实现江山万年，长治久安。

据说西汉长安城即是对北斗星图的模仿，模拟"斗在天中，周制四方"之义。加之渭水环绕长安，恰好对应天上银河位置，所以长安城又有"斗城"之名。

《三辅黄图》有言："（长安）城南为南斗形，北为北斗形，至今人呼汉京城为'斗城'是也。"

从厘定节气到指引导航，从掌控寿数富贵到神化限制皇权，从规划都城到克敌制胜，北斗七星广泛影响了华夏先民的生产生活，深刻参与了华夏信仰文化的生发生长。

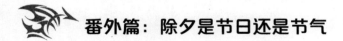

番外篇：除夕是节日还是节气

其实二十四节气中既是节气又是节日的只有两个，其中一个就是冬至。

"冬至"字面意思很好理解，就是真正的冬天到了。"冬至"也是俗称的"四时八节"之一。四时：春、夏、秋、冬。八节：立春、春分、立夏、夏至、立秋、秋分、立冬、冬至。

《汉书》谓："冬至阳气起，君道长，故贺……"换成现代话就是"庆祝冬至"，彼时称"贺冬"。

汉武帝采用夏历后，仍设置"冬至节"，也称"冬节"。

据南朝范晔的《后汉书》记载："冬至前后，君子安身静体，百官绝事，不听政，择吉辰而后省事。"

古人认为，自冬至起，天地阳气开始兴作渐强，代表了下一个循环开始。

"日冬至则斗北中绳，阴气极，阳气萌，故曰冬至为德。"（《淮南子·天文训》）

简而言之，在汉代冬至是个好日子，需要庆祝。

因为政府要举行"贺冬"，官方例行放假，军队待命，边塞闭关，商旅停业。而老百姓"贺冬"的方式主要是烧香祭祀，美食相赠，相互走访，欢乐地过一个"安身静体"的节日。

冬至过节从汉武帝兴起，盛于唐宋，明清仍然重视，相沿至今。

而且明清皇权中心的中心建筑紫禁城太和殿龙椅正上方的"建极绥猷"匾额，在一年中只有冬至日阳光能够照亮，这一天皇帝登上宝座，大殿一片金碧辉煌。

冬至也一直被视为冬季的大节日。在民间有"冬至大如年"的说法，所以古人称冬至为大冬、亚岁、小年、履长节等。

冬至，古代还有"日短"或"日短至"之称。陈志岁《载敬堂集》记载："夏尽秋分日，春生冬至时。"又谓，冬至，日南至，日短之至，日影长之至。"冬至"是太阳南行的转折点，这天过后它将走"回头路"，太阳光直射点开始从南回归线向北移动，北半球的白昼将会逐日增长。

冬至日也是北半球各地一年中白昼最短的一天。过了冬至以后，太阳直射点逐渐向北移动，北半球白天开始逐渐变长，正午太阳高度也逐渐升高。

俗话说："吃了冬至面，一天长一线。"

古人认为冬至为"阴阳"相争之日，是预测一年晴雨、冷暖的好时机，甚至可占卜来年的人间祸福。

平气法划分的节气将冬至分为三候："一候蚯蚓结；二候麋角解；三候水泉动。"

传说蚯蚓是阴曲阳伸的生物，冬至阳气虽已生长，但阴气仍然强盛，土中的蚯蚓仍然蜷缩着身体。麋即俗称四不像，虽与鹿同科，却阴阳不同。古人认为麋的角朝后生，所以为阴，而冬至阳气开始复生，麋感阴气渐退而解角。由于阳气初生，所以此时山中的泉水可以流动并且温热。

但天文学上把冬至作为冬季寒冷气候的开始。

冬至之后，虽然太阳高度角渐渐升高，但这是一个缓慢的恢复过程，每天散失的热量仍旧大于接收的热量。到了"三九天"，积热最少，温度最低，天气也就越来越冷了。此时如果有冷空气的影响，天气就更为寒冷。待到过了这个"冷锋"之后，天气就会渐渐变暖。

需要指出的是，冬至是"九九"指冬至或夏至后的八十一天，也叫"冬九九"的开始。即从冬至这天起就算进九。

这天文人们会开始画"九九消寒图"。从冬至那天算起，以九天作一单元，连数九个九天，到九九共八十一天。如从冬至这天起，画一枝素梅，枝上画梅花九朵，每朵梅花九个花瓣，共八十一瓣，代表"数九天"的八十一天。每朵花代表一个"九"，每瓣代表一天。每过一天就用颜色染上一瓣，染完九瓣，就过了一个"九"。九朵染完，就出了"九"，九尽春深。

《淮南子》还记载："距日冬至四十六日而立春。"农谚："冬至宜雨不宜晴。""冬至无雨过年雨，冬至下雨过年晴。"可见冬至这日有雨最佳。

三十八、一千多年前的豪车：汉代人的座驾

中国是世界上最早发明和使用车的国家之一。相传黄帝时已知如何造车。

先秦时期最能显示身份的叫"路车"，也叫"辂车"。是二人挽着绑在车辕上用来牵挽的横木，再一人推之。

据《周礼·春官宗伯下》记载，"路车"依据材料的不同有称为"王之五路"的五种车型：车辕及衡端毂头与轭之末皆以玉为饰的"玉路"，车材之末皆以金为饰的"金路"，车材之末皆以象牙为饰的"象路"，还有以皮革包裹车上的"革路"及仅加漆的"木路"。

周王曾经将装饰豪华的路车当作重要待遇赠给诸侯和宗室贵族、亲戚乘坐、享受。

在周代则有款式同样的重翟、厌翟、安车、翟车、辇车，被称为王后之五路。其中的辇车是以人力牵引的小车。

先秦时贵族还拥有打猎时用四匹膘肥体壮的马牵拉田车，还有一种带帷幕，供王的使臣乘坐的轓车。

先秦两汉主要是拼马车。

马车在中国已有 3000 多年的历史。古代的马车除了作为战争工具外，主要为皇室贵族出门乘坐，是权力与高贵的象征。

秦汉马车的种类复杂，名目繁多，如皇帝乘坐的玉辂。皇太子与诸侯王乘坐的王青盖车、"金钲车"，行猎用的"猎车"、丧葬用的"辒辌车"、载猛兽或犯人的"槛车"等等。

尽管类型众多，名称各异，但如果就乘者的姿势而言，还可以分为站乘的高车和坐乘的安车两大类。

在汉代，乘车代表着一个人的身份高低。

《汉书·董仲舒》记载："乘车者，君子也；负担者（挑重物的人），小人之事也。"

意思是说，有地位的人都坐车，而身份卑贱的人都步行。但即便是坐车，也可以通过车型和牲畜的不同划分出不同的等级与身份。

汉代高级贵族用车按乘坐者的姿势可分为驷马高车和驷马安车，前者是立乘，后者是坐乘（驷马，指四匹马拉车，是贵族出行的标配车）。

驷马高车上竖有遮阳避雨的伞盖，地位越尊贵，伞盖就越高。

颍川太守黄霸是汉代最有名的循吏之一。皇上赏他用一丈高的车盖，以示宠幸。

驷马安车，指坐乘的车。在汉代，如果帝王用安车征聘某人，则表明此人受到了皇上的青睐。《后汉书》曾记载，汉桓帝用布帛做礼物，用安车去征聘韩康（汉代名士）。此举体现了皇上给予韩康的一种特殊礼遇。反之，以安车送行也是一样的意思。

西汉初年，乘车时要行俯首之礼，保持端正姿容，因此多立乘高车。汉廷规定，乘车者必须要有："坐车之容、立车之容、兵车之容"，认为站立不直、坐不端正、身体懈怠、神态骄傲、左顾右盼、动静无度、语速太快、运气不顺等（太苛刻），都不符合乘车礼仪。

至西汉中期后，统治者开始追求舒适与享受，坐乘才渐成风习。东汉以后，立乘就已基本销声匿迹了。

由于当时"贵者乘车，贱者徒行"，所以出门乘车与否彰显着人们的身份与地位。而乘哪种车，有多少骑吏和导从车，又表明了乘车者的官位大小。

汉代不同等级的官吏都有相应的"座驾"。这些车虽然名称各异，但外形基本相似，有差别的只是构件的质地、车饰的图案、车盖的大小和用料、马的数量等。

另外，除大小贵族和官吏本人乘坐的主车外，还规定了导从车和骑吏的数量。如三百石以上的官吏，前有三辆导车，后有两辆从车。三公以下至二千石，骑吏四人；千石以下至三百石两人。骑吏皆骑马佩剑在前开道。

辎（辎，音同资）车，汉代辎车主要指妇女乘坐的车。史书中有多处记载皇帝的母亲、皇后以及后妃出门时乘坐辎车。

辎车最大的特点是车厢与车盖相连接而将车厢掩蔽。车厢为两侧开窗，后方开门，且车厢内可躺卧休息，因此它是汉代妇女的出行用车。而有身份的男子通常不乘坐辎车，因为汉代对于乘车出行有着严格的礼仪规范。

中国自古以农业为本，因此重农轻商，商人虽富，但是无任何政治地位，被划归为"庶民""小人"之列。在崇尚马车，以马车显尊卑的朝代，乘牛车被视为是件"卑贱"的事。所以，大小奴隶主贵族死后，随葬品只用马车，而绝对不用牛车。

汉代车舆制度曾有文规定："贾人不得乘马车。"所以牛车在汉代就成为商人们运货载人的主要交通工具。不少富商拥有成百上千辆的牛车。

汉代，牛车称为"两"，已成为一种重要的交通运输工具。

汉画像砖牛车

《史记·平准书》记载："天下既定，民亡盖藏，自天子不能具钧驷，而将相或乘牛车，齐民无盖藏。"刘邦刚建立汉朝时，经济窘迫，出行时还不能凑齐四匹毛色相同的马，大臣们有的只能乘牛车。

《史记·五宗世家》记载："其后诸侯贫者或乘牛车也。"可见乘坐牛车象征着贫困。

不仅如此，牛车是不能上大台面的，官员乘坐牛车还有可能丢官。

《后汉书》记载，巨鹿太守谢夷吾由于春日出巡时乘坐牛车，而被认为有损国仪，于是将他贬官，降为下邳令。

相对于马车、牛车，一些贫寒文人或落魄之士，因无资格乘马车，于是乘坐一种辘车。

汉代井上汲水多用辘轳，是一种轮轴类的引重传动器，而这种手推车就是由一个轻便的独轮向前滚动，形似"辘轳"，所以称其为"辘车"。

辘车起源于村野穷乡，乘客自然就是广大的穷苦劳动人民，并历经两千余年而未绝迹，至今在我国一些偏远山区中仍在使用。

但流行风轮流转，汉代乘坐马车礼仪繁缛，这些令汉以后兴盛起来的士族阶层倍感拘束。

东汉末年，由于长期战乱马匹大量减少，无马车可乘，于是宫廷、贵族逐渐开始接受并使用牛车，汉献帝刘协出行的坐骑便是牛车。

选用拉车的牛是很讲究的，要选用性情温和的黄牛。

汉代的牛车有通幰、偏幰、敞篷三种牛车。车顶由前向后罩着一顶大幰子的通幰牛车档次最高。偏幰牛车的幰子只能遮住车篷。敞篷牛车则没有篷子。

牛车行走缓慢而平稳，车厢宽敞高大。所以自魏晋以后，牛车逐渐得到了"土豪"们的青睐。乘坐牛车不仅不再是低贱之事，反而成为一种贵族间的时尚新潮流。于是他们逐渐将喜好转向牛车。

同时，西晋时乘坐牛车也形成了一套等级分明的制度。不同等级的官员，乘坐的牛车各不相同，成了身份的象征。

《隋书·礼仪志》记载：

晋制，诸王三公都乘牛车。南齐制，副三公乘牛车。梁制，二千石四品以上及列侯皆乘驾牛的辎车。北齐制，正、从一品执事敬官及仪同三司乘牛车，七品以上官都乘牛车。

在行制上，高官的牛车一般装饰精美，有屏蔽，形制大致是双轮双辕。

特别是东晋南渡以后牛多马少，这也成为牛车兴盛的原因之一。

乘牛车也和乘马车一样，有上下等级之分。诸王乘犊车，因以云母饰车，故又称"云母车"。这是一种带屏障、配八牛的豪华"座驾"。三公有德行者乘"皂轮车"，配四牛。

及至南北朝时，牛车更是日益风行。北魏皇帝出行时乘坐的大楼辇，要配12头牛。可见北朝使用牛车之盛，比两晋有过之而无不及。北朝如此，南朝也毫不逊色。

更能说明一点的是，在魏晋南北朝时期的墓葬中，以陶牛车入葬，是一种全国性革新式的葬俗。

正是由于士族门阀们追求舒适，沉沦于享受，各种高级牛车便急速发展起来，以致行驶速度较快的汉代马车完全绝迹。甚至满朝上下，士大夫们皆"无乘马者"。谁要骑马或乘马车，还会遭人弹劾。

汉代民间开始普遍使用并逐渐出现了驴车、骡马车。其实驴、骡马是从西域过来的，但由于驴可以驮人、拉车又适用于羊肠小道和山地运输，而且很便宜，所以很受民间推崇。

尽管在中国历史上，大部分时间马车是主要的交通工具，但是从东汉后期到初唐的这400多年中，牛车作为一种时尚而存在，成为风靡一时的"豪车"。历史的轮回流转，就是这么神奇且有意思。

三十九、"上言长相思，下言久离别"：从汉简书信看汉代的邮政

所谓历史不妨看作就是每个人的生活史，个人的经历在历史中往往更具真实感。

在出土的居延汉简里，有两封当时在居延地方戍边的两名下级官吏写给各自妻子的书信。

一封是名叫"赏"的写给妻子"子卿"。现存原信文字约50字。开头为："赏伏地再拜请子卿足下"，内容是感谢在家的贤妻恪尽孝道，代他敬事父母，并嘱她冬寒要注意身体，多穿衣服，按时吃饭。

一封是名为"宣"的候长一类官员写给妻子"幼孙"的信。开头为："宣伏地再拜请幼孙少妇足下"，内容是让妻子代向妻兄和岳父请安，并告诉妻子寒暑时节"强衣足食"，注意身体。还谈到妻兄幼都曾乘便来到边境探望自己，可惜幼都行时仓促未曾见到，故写此信告知此事。

信中还提及宣以前曾通过邮亭另写信给妻弟幼孝一事。

这两封书信可能是因为没发出去，才能让我们得以一窥当时的很多信息。

首先，汉代人即便是两口子也很客气，写信都很讲究。由此我们对汉代一些称谓有所了解。另外赏和宣身为边境小吏，给家里发封信也没那么容易。

汉朝古乐府诗《古诗十九首》中就有一首写道："客从远方来，遗我一书札，上言'长相思'，下言'久离别'。置书怀袖中，三年字不灭。"

一封信在袖中藏了三年，足见书信的珍贵和通信之难。

敦煌汉简中有一件一个叫"政"的人致"幼卿""君明"的书信，诉说五年多来由于自己"官薄身贱"，书信不通。可见，即使是边防小吏，也由于身份低下，不能随便地发邮件。

在秦汉时期，邮递与军事密切相关。

湖北云梦睡虎地秦墓出土的《行书律》是目前所见中国历史上最早的邮政法。《行书律》规定，文书应该分两大类：急行文书和普通文书。急行文书包含皇帝诏书，必须立即传达，不能有片刻稽留。普通文书也要当日事当日毕，不许耽搁。有耽误的以法律处置。传送律令公文，有关部门必须登记发文和收文时间，收到后需及时回复。公文若有遗失，应立即报告有关官府另行做出应变处理。

秦时邮传事务传递者身份低下，以民间役夫充任。凡年老体弱和不诚信的人，不可担任文书传递工作。秦朝更将春秋战国时期对于邮驿通信的不同称呼"驲""置"等统一称为"邮"——负责长途公文书信的传递任务，近距离的则派人步行传递。不同于西周专人送达模式，秦代传送方式改为固定路线的接力通信，沿政府规定的固定路线，由负责邮递的人员一站站地接力传递下去。

为了保证途中不泄密，秦王朝做出若干法律规定。比如，不同的文件使用不同的文字："简册用大篆小篆，符传用刻符，印玺用缪篆，幡书用鸟书，公府文书用隶书"等。在书信邮寄之前，一般还要将竹简包扎捆好，绳结处使用封泥，盖上玺、印，以防私拆。

按秦制，30里一传，10里一亭，亭设有住宿的馆舍，不仅负责信使的传马给养，还负责供应行人口粮。

这里需要说明的是，除开设于交通干线上的亭与邮驿事务有关外，其他的亭皆为基层行政组织的一部分。亭长相当于基层小吏，主要负责维持当地治安，如曾担任泗水亭长的刘邦。

刘邦建汉之初，就着手对战争时遭到破坏的邮驿设施进行恢复。西汉帝国的巩固，邮传起到了重要作用。

比如在平定英布叛乱时，就有效利用了英布手下将领贲赫"乘传"（即乘坐驿车。传即驿车，也指传达命令的马车）到长安及时递送的情报。解除樊哙兵权，也是因派陈平"乘驰传"（可理解为快递），带着周勃去接收樊哙的部队。

景帝时七国之乱，大将周亚夫奉命讨伐，得益于乘"六乘传"（汉文帝从代王为天子坐过，应该是一种专用高级快车）迅速到达前线。

西汉的邮传还被赋予政治需要，用来向全国及时宣告犯罪分子的罪行和进行押送。如七国之乱后吴王刘濞被处死，朝廷命令将他的头"驰传"当地示众。淮南王刘安因谋反发配四川，他的囚车便是顺着邮车的大道行进。

当然邮传也多用于国防。边防上一些重要紧急文书，都是靠邮传递送。

出土的大量汉简还记叙了当时邮驿通信的程序："以邮行""马行""驰行"。说明了当时邮驿制度根据轻重缓急的不同情况，规定信件的投递方式。

"以邮行"就是步递，"马行"就是以马为主力，"驰行"是快马急传的文件。这些都在邮件的封面上明白标注。类似现今平信、快信的区分。

此外，汉简中还可以看出当时公文信件标明的发出方向，有的简上写着"人西书"，有的标明"南书""北书"，如同现在的邮政编码，使投递时不至混乱。

从汉简上还可看出汉代封发公文的格式：一般在公文中都写上寄件人发信日期、地址以及姓名，同时写上收件人的官名、地址和姓名。这些格式都和现代寄快递类似。可见当时的邮递制度已经有了严格的程式。

在汉简中还可看出，当时对公文信件的收发规定十分严格。若投递转送中有失误，要负法律责任。有一份汉简中就有这样的记载："日限奉书，不及以失期，毋状，当坐罪留。"意思是说限制书信送到的日期，假如按期不到，则应受到法律的处罚。

从官员设置上也可以看出两汉政府十分重视邮传工作。三公中的御史大夫也兼管邮传，对邮传使者的凭证进行监察。太尉府中的法曹也主管邮驿，负责邮驿规章制度的制订和一般管理。

在中央部一级的九卿中，少府中的尚书令和符节令，便是专管政府公文收发和符节的分发和管理。大鸿胪，兼管邮使的接待。和邮传关系最直接的是九卿中的卫尉，他的属下有一官员叫"公车司马令"，负责接待由传车征召来上书的民间贤士，所以又叫"公车上书"。名臣朱买臣就是通过这一途径晋见武帝的。

地方邮驿管理也比秦代更为正规化。邮驿系统由州、郡、县三级管理。郡太守府里最受重视的一个官吏便是"督邮"。督邮最早的职能是督送邮书，举凡国家政令、郡治政策，以及相关政令的文书等，都需要督邮负责传递到各县。这就要求有便捷的交通和邮驿为督邮提供方便。后来不仅主管邮书，还兼管督察长吏，是个实权位置。

小说《三国演义》中有个张飞鞭打督邮的故事。其实正史上是刘备鞭打督邮，由此可见那时督邮的权势。

而汉代在邮驿系统上最大的改革，就是实行了驿和邮的分流。长途骑马传递都被称为"驿"；而短途步行传递信件的，都被叫作"邮"。而对应驿和邮的管理机构也分别叫作"驿置"和"邮亭"。

汉代驿舍设传吏（驿舍的官吏）、传马（驿站所用的马）、传车（驿站的专用车辆）、传乘（驿站的车马）、传宰（管理驿站的小官）。

由于传车过于笨重，汉武帝以后朝廷财政困难，设备繁杂豪华的传车也就顺应时势逐渐让位给轻便的单骑传递。而这种以马骑为主的递信方式，便以"驿"正式命名。

"改邮为置"也是汉代邮传制度的一大创新。

东汉应劭的《风俗通》中记载："改邮为置。置者，度其远近置之也。"即把原来称为"邮"的邮传设施，改称为"置"。

为什么叫置呢？就是根据测量出来的远近来设置办公机构。驿与驿之间的距离一般为30里，称为一置。

置，实际上是邮传信使的中途休息站。"所以驿置"即后来的"驿站"。

在汉代，每30里设立一个驿站，而每10里则设置一个邮亭。而且还给这些驿使和邮差定制了统一的制服：头着红巾，臂佩红袖，身负红白两色包裹，异常醒目。

一般而言，驿置是指长途传递信件文书的设施。汉朝的紧急和重要公文都由它来传运。驿置的长处在于传递迅速，通常以轻车快马为主。驿置预先备好车马，随时供兼程来往的驿使使用。

至于原来"传"的名称，两汉时虽仍然在使用，但多用于表示一种政府招待所性质的场所，"传舍"，其专门迎送过往官员，为其提供饮食车马。

驿加上传，往往合称为"驿传"或"驿置"。这两个词在两汉史书中是常见的。

除以马传为主的"驿置"外，汉代短途步行投递书信的机构——"邮亭"的亭，也作为步传信使的转运和休息站。汉代亭的称呼更普遍，邮亭的通信业务通常是步传接力运递。

《汉旧仪》记载："十里一亭，五里一邮，邮人居间，相去二里半。"即是指邮间距离是五里，亭间距离为十里。邮亭的信差，在两邮中间的两里半处接力。据说现在河北一些地方还有"二里半"的地名，或许就是古时邮亭制的遗风。

但需要说明的是，汉时的亭并不全是负责邮传任务。兼管邮务的亭，一般在交通要道沿线，有专门负责传书的"邮人"。比如西汉时青海地区的西宁称为西平亭，西平亭就兼有邮亭的功用。

而大部分亭则是地方基层行政单位，负责征丁收税及治安捕盗之事。这一点和秦朝一致。

当然，为了皇帝生活需要，邮传也会给皇帝办点私事。比如汉宫中常年要求南海向长安进贡荔枝，也是通过快马速递，而把新鲜水果及时送到京城。

谢承的《后汉书》记载："旧献龙眼荔枝及生鲜，献之驿马昼夜传送之，至有遭虎狼毒害，顿仆死亡不绝。"

送一趟鲜荔枝，路途十分辛苦，有可能被虎狼吃掉。为了皇帝吃上新鲜水果，都会死上不少人。

当然我们现在幸福多了，因为我们有了强大的物流和快递，想吃海南的水果也不麻烦。

张骞通西域后，顺带也开辟了国际邮路。当时邮驿通信速度是比较快的，马传一天可行三四百里，从西边金城郡（今兰州市西北）用快马到长安，1450里的距离，7天可跑一个来回。

《传置道里薄》记录了武威郡到敦煌郡14个置之间的里程。信件如果不能及时传达，按照汉朝驿传制度规定，半日不到笞刑五十。一天不到罚款二两（相当于驿使近三个月工资）。遗失包裹责任更大。

包裹信件的保密方面有封泥、印章、封检，只要查看是否有损就能看出是否被人动过。这些情况都会被驿站登记造册，称为"邮书簿"。也就是说如果有问题，汉朝追责会层层检查究竟哪个环节出现了问题。可见驿传制度十分严格。

嘉峪关魏晋墓葬中画像砖上的驿使图

《汉书·赵充国传》记载：西汉时河湟地区的驿传急递效率非常高。赵充国屯田河湟时，一些紧急文书从河湟地区传递到长安，4000里路途，往返也只需要七天。

据记载，张衡制作的地动仪西边一个龙头含珠有一次掉落在下面对应的蛤蟆嘴中。几天后，陇西飞马来报发生了地震的消息，足见传递信息效率之高。

三国时代，曹魏制定了《邮驿令》，里面内容不仅涉及国家邮驿系统的建设，还对战争中如何进行通信做出了规定。还创造出了一种新的通信系统：信幡，这是一种由不同颜色和图案制成的旗帜，可以在敌我对阵的敏感场合，有效地传达保密信息。而与之对峙的东吴，也因地制宜，创造出了水驿，开辟了水上通邮的新方式。

邮亭和驿置最经常传递的是国家的官方文书。这些官文书中数量最大的是皇帝下达的军政命令。皇帝诏令一般由丞相府下达郡县，然后再层层传送到每一个边防烽燧。

甘肃敦煌悬泉置西
汉悬泉置竹简

此外，还有中央一级大臣发给州郡的文书，也由邮驿传送。中央和地方之间的日常政务联系，如年终人口钱粮的统计、盗贼狱讼等向中央的定期汇报，也都通过邮驿。官员互相之间的通信联系，往往通过官邮系统来进行。官员有时向上汇报情况时顺便捎带几封私人书信，有时则凭借权势迫使官邮为自己服务。

所以底层官员和平民百姓很难使用这套邮政系统。

当然有权有势的"诸侯王"会自己搞一套私邮系统。西汉初年，不少诸侯王曾设立过自己的私人通信网。比如淮南王刘安就有不少宾客为他组建了一套通信系统，以此来收集各地情报。

汉武帝时，酷吏王温舒也自己组织了一班人马作他的私驿。据说他曾拥有"私马五十匹为驿"。从河内（今河南省武陟西南）到长安达700余里，王温舒的私驿马跑两天接力便可往还。

当然这是个例。

所以边关小军官"赏"和"宣"那两封本应寄给妻

子的信就没能传递出去，而成为一段历史的实证。

想起了一首歌词：从前的日色变得慢，车，马，邮件都慢，一生只够爱一个人。

现在，我们有了互联网，书信逐渐将成为历史。